近代日本の仏教思想と〈信仰〉

呉　佩遥　著

法藏館

近代日本の仏教思想と〈信仰〉＊目次

凡例　10

序章……11

第一節　問題の所在　11
第二節　近代日本仏教史における「信仰」の語り方　13
第三節　宗教概念研究の展開と「信仰」　16
第四節　本書の対象と手法　20
第五節　本書の構成　22

第一章　「文明」の時代における「信」の位相
——島地黙雷の宗教論を中心として——……29

はじめに　29
第一節　島地黙雷と明治初期の政教関係をめぐる先行研究　31
第二節　明治初期の啓蒙系雑誌から見た「信」の語り方　33

第三節　島地黙雷における護法論の展開
——文明・道徳・国民教化——　39
第四節　国民教化における「信」の位相　44
おわりに　48

第二章　「仏教改良」と「信仰」
——明治中期における仏教知識人の言説空間を中心に——……57

はじめに　57
第一節　僧侶による実践の「改良」
——『令知会雑誌』から見る仏教改良論——　59
第二節　「旧仏教」と「新仏教」
——『令知会雑誌』における仏教改良論の展開——　62
第三節　「仏教改良」と「信仰」
——田島象二『仏教滅亡論』に着目して——　65
第四節　「黙従教」とキリスト教
——「宗教」なる概念をめぐる論争——　68

おわりに　72

第三章　「迷信」と「信仰」のはざま
――境野黄洋における「詩的仏教」の構想――……79

はじめに　79
第一節　明治期の「迷信」「妖怪」と宗教的真理　82
第二節　「詩的仏教」という発想
――争点としての経典――　87
第三節　経典解釈への視座
――仏教史研究の目的――　92
おわりに　97

第四章　「新仏教」とユニテリアン
――広井辰太郎の信仰論を中心として――……106

はじめに　106

第一節　仏教とユニテリアン　108
第二節　新仏教徒とユニテリアンの対話　110
第三節　「智」と「信」の調和を求めて
　　——広井辰太郎における「信仰」の位相——　114
第四節　加藤玄智の信仰論とユニテリアン　119
おわりに　123

第五章　「新仏教」の夜明け

——雑誌『新仏教』における「信仰」言説——……130
はじめに　130
第一節　「健全なる信仰」の系譜
　　——古河老川の「信仰」論——　133
第二節　世紀転換期における「信仰」の語り方　137
第三節　「健全なる信仰」の構築
　　——精神主義とニーチェ主義への批判を題材に——　142
おわりに　148

第六章　「信仰」と「儀礼」の交錯
——明治後期の姉崎正治と宗教学の成立に見る——……156
はじめに　156
第一節　宗教学と「修養」
——世紀転換期における道徳的な宗教の探求——　159
第二節　姉崎正治『宗教学概論』における「信仰」と「儀礼」　164
第三節　姉崎正治の修養論
——主我主義・他律主義・自律主義をめぐって——　169
おわりに　174
第七章　明治後期・大正期の「人格」と「信仰」
——仏陀と阿弥陀仏をめぐる議論について——……181
はじめに　181
第一節　「偉人」としての釈迦の創出　183
第二節　「人格」と「信仰」の調和
——井上円了と村上専精における「仏陀」——　186

第三節　釈迦と阿弥陀仏の問題
——歴史的事実と非歴史的想像のはざま——　192
おわりに　198

第八章　日本仏教論における「信仰」
——「他者」としての中国仏教と日本仏教の自己認識——……207

はじめに　207
第一節　「日本仏教」の誕生における「信仰」の位相
——村上専精と鷲尾順敬の日本仏教論——　209
第二節　「新仏教」から「日本仏教」へ
——境野黄洋における日本仏教論の展開——　215
第三節　「支那仏教」と「支那思想史」
——「支那人論」への展開——　221
第四節　「他者」としての中国仏教
——対華二十一カ条要求における布教権問題をめぐって——　225
おわりに　232

終　章……………………………………………………………………239
第一節　近代日本における「信仰」の歴史的展開　239
第二節　「信仰」と宗教概念　246
第三節　今後の展望　250

あとがき　253
索　引　*1*

近代日本の仏教思想と〈信仰〉

凡例

・年代表記は、基本的には西暦のみを記し、明治五（一八七二）年までは、和暦と西暦を併記した。ただし、引用文においてはこの限りではない。なお、人物の生没年は西暦のみで示し、現存する人物の場合はそれを省略した。
・人物の生没年は、各人物の初出に示した。
・引用文中において、引用者による補足情報は括弧〔　〕で括って示し、省略はリーダー……で表した。なお、引用にあたっては、原則として旧字を常用漢字に改め、合字は開いている。また、適宜句読点を補った場合がある。
・本書においては、「小乗仏教」など、現在の認識から差別用語と見なされるような言葉は、筆者の分析用語でなく、史料用語として用いている。

序　章

第一節　問題の所在

現代日本において当たり前のように受け入れられている「宗教 religion」という概念については、近年、日本国内外から多くの研究成果が発表されてきた[1]。そこではまず、「宗教」という言葉自体が実は明治期以降に定着した近代漢語であること、そしてそれが、プロテスタント諸国からの同概念の流入と近世日本社会に流布していた「宗門」「教法」「聖道」などの言葉が再編成されることにより形成されたことが、しばしば指摘されている。かかる過程で、その下位概念である「仏教 Buddhism」も再構築されていくが、「宗教」とほぼ並行して形成された、belief や faith の訳語としての「信仰」もその文脈で語られるようになった。

しかし、宗教概念に関する研究が蓄積される一方で、「信仰」概念の形成に着目した研究はほとんど見当たらず、わずかに、星野靖二「明治中期における「仏教」と「信仰」――中西牛郎の「新仏教」論を中心に[2]」、同「清沢満之の「信」――同時代的視点から[3]」、碧海寿広『近代仏教のなかの真宗――近角常観と求道者たち[4]』が挙げられるにとどまる。これらに共通しているのは、一九世紀から二〇世紀への移行期（世紀転換期）において「体験」あるいは「実存的宗教論」として「信仰」という言葉が一般化していったという指摘であり、なかでも星野靖二は、「信仰」という語が明治初期に「belief」「faith」と結びつけられるようになったと指摘している。

このように世紀転換期における信仰論の展開に光を当てた研究は存在しているものの、それまでに「信仰」が仏教の文脈でいかに再解釈され、そしてそれが前近代から用いられてきた「信心」「仰信」などの語彙と密接に関わっていた浄土真宗の教えといかなる思想的な交渉を経たか、また、「信仰」の日露戦争後の変容などについては、詳しい考察がなされていない。

さらに、近代日本において「信仰」を中核とした仏教が構築されたのと同様のコンテキストのもとで国民国家も創出され、それは「印度」および「支那」の仏教と対等な「日本仏教」なる物語の形成ももたらしたことに注目する必要があろう。しかし、この「日本仏教」なるカテゴリーの形成に関する研究もまた、十分とは言い難い。「日本仏教」の成立過程における「信仰」の言説的な役割に光を当てることは、同時に宗教とナショナリズムとの関わりという大きな問題系を探究する一つの視角となるといえよう。

要するに本書の目的と視座は、「宗教」「日本」や「科学」など、近代に形成された諸概念との関係から「信仰」の位置づけを明らかにし、ビリーフ中心化の物語として構築されてきた宗教概念史の再検討をおこなうことにある。また同時に、「近代性」という発想のもとで閑却されてきた「前近代」と「近代」のつながりに注目し、新たなカテゴリーの形成によって「伝統」がいかに再解釈・再構築されてきたかという課題への貢献も目指している。

第二節　近代日本仏教史における「信仰」の語り方

明治維新以降の日本仏教史――それは必ずしも単線的なプロセスではなく、紆余曲折を経たものだが――に焦点を当てた研究は、すでに先行研究で指摘されているように、戦前では主に「明治仏教」の枠組みでなされていたが、戦後になって「近代仏教」という領域で新たな展開を見せた。とりわけ、「ビック3」と称される吉田久一（一九一五―二〇〇五）・池田英俊（一九二九―二〇〇四）・柏原祐泉（一九一六―二〇〇二）という三名の学者が、豊富な研究成果により「近代仏教」なる領域を開拓したとされる。(5)

やがて二〇〇〇年代に入ると、同領域の研究者は、「ビック3」の近代主義的な姿勢をいかに批判的に継承できるか、という問いから出発し、検討を重ねてきた。たとえば大谷栄一は、「ビック3」に牽引された近代仏教史研究では、内面的な信仰の確立や社会性の強調が仏教界の動向を評価するうえで重要な指標点となっていることを指摘している。つまり、近代の仏教が長らく「ビリーフ」中心の立場から叙述されてきたということとなる。(6) そのため、「ビリーフ」中心の傾向を再考するうえでの鍵概念の一つである「信仰」に焦点を当てる必要が生じてくる。しかし、「ビック3」による歴史叙述のなかで「信仰」という言葉自体がいかに語られ、そしてそれを「近代仏教」なる物語の形成過程へいかに位置づけることができるのか、といった問題に関する検討は、皆無に等しい。

戦後の近代仏教史研究の先駆けとなった吉田久一・池田英俊・柏原祐泉らにとって、絶対主義国家の形成や植民地経営などへのアンチテーゼとしての「近代性」を追求することが共通の課題であった。(7) そこでまず、吉田久一の近代仏教史研究における「信仰」への言及を確認したい。

吉田は、清沢満之（一八六三―一九〇三）とその門下が率いた精神主義運動と、青年仏教徒を中心に展開された新仏教運動を「近代仏教」の到達点とし、「前者は、人間精神の内面に沈潜することによって、近代的信仰を打立てんとし、後者は積極的に社会的なものに近づくことによって、近代宗教の資格を獲得しようとした」と述べている。(8) しかし吉田には、「内面派―社会派」という二元論を乗り越えようとする姿勢もうかがえる。たとえば吉田は、伊藤証信（一八七六―一九六三）が提唱した無我愛運動に参加し、のちにマルクス主義経済学の研究に没頭していく河上肇（一八七九―一九四六）を取り上げ、彼を「近代人」として高く評価した。(9) ここでは、「近代人」が「内面」と「社会」を統一した存在として描かれており、ここからは吉田が理想としている「近代」も読み取れるだろう。(10)

吉田が仏教史研究の意義をどのように考えていたかについては、「仏教の歴史的研究の役割は、仏教の教理的研究が厖大な教義体系を誇示していることに対し、実践を生み出すエネルギーである仏教信仰と、それを受とめる社会に焦点を当てることにあると思われる」という記述からうかがえる。(11) また吉田は、仏教の教理と信仰が持つ「超歴史性」に目を配りつつ、「日本仏教に限っていえば、その時代と信仰をつくことを殊更にさけて、世俗的権威に焦点を合せてきたことも事実であった」(12) と、日本仏教の歴史における「時代と信仰」、すなわち内面的な要素と時代課題の関わりをめぐる研究の不在を指摘している。

次に、吉田とともに近代仏教史研究の先駆的な存在の一人とされる池田英俊について見てみよう。

池田は「ビック3」のなかで「戒律」に最も関心を寄せた人物であった。たとえば、池田は「新仏教」という分析用語をもって近代仏教の展開過程を描くに際して、吉田と同じく新仏教運動と精神主義運動をその到達点と捉えたが、「戒律」自体に仏教の「覚醒」の契機を求めようとしたことに特徴がある(13)。

最後の柏原祐泉は、真宗大谷派の寺院に生まれ、大谷大学国史学科に入学し、そこで教鞭を執っていた徳重浅吉（一八九三―一九四六）と、当時の東北帝国大学法文学部教授・村岡典嗣（一八八四―一九四六）の影響を受け、実証的な研究姿勢とともに「思想」への視角を確立した。また、宗門人としての信仰と研究者としての客観的な学術的態度との両立を生涯をかけて求め続けた柏原は、必ずしも「仏教の近代性」に集約されない「仏教の本来性」を日本仏教史（中世―近世―近代）のなかで見出そうとした(14)。

「明治仏教」から「近代仏教」へと変容していく過程においては、内面性を特徴とする「信仰」が一貫したキーワードとなっていた。「明治仏教」と「近代仏教」の連続と断絶の問題については、戦前から戦後にかけて展開される「明治仏教」と「近代仏教」への批判のなかで、「信仰」の「形式化」、あるいは「信仰」の不在が重要な指標点となっている。この「形式化」という言葉からうかがえるように、その批判は世紀転換期に巻き起こった新仏教運動による「旧仏教」批判などとも共通性を有するものである。しかし戦後の近代仏教史研究では、その「形式化」の側面が具体的にいかに表現されているのかという問題に対して、異なる解釈が提示された。それにもかかわらず、「形式化」は、ある意味で仏教の「本来性」が欠けているという意味の批判であるため、逆説的に何らかの仏教の「本質」を想定することがその前提となっている。このように、「近代仏教」にまつわる歴史叙述は、常に仏教の純粋さと真正さを追求する立場から出発したものであるといえるだろう。

第三節　宗教概念研究の展開と「信仰」

本書は、「信仰」なるものの体験的な側面の解明や信仰が広がる実態を把握することよりも、宗教概念をめぐる議論がなされた後の学問状況を踏まえ、近代日本において「信仰」がいかに語られたかということを検討するものである。ここでは、近年の宗教概念研究を振り返り、近代日本における「宗教」の成立過程で内面性の問題がいかに取り上げられ、「信仰」がいかに検討されたかについて見ていきたい(15)。

一九九〇年代以降に展開した宗教概念論の代表的なものは、タラル・アサドの研究である。アサドは、西洋由来の近代的な宗教概念とそこに潜在する「西洋社会」と「非西洋社会」の不均等な権力構造を問い、「ビリーフ」と「プラクティス」の切断を歴史的に追跡している(16)。このアサドの議論を踏まえ、近代日本の「宗教」を検討する際に、たとえばかかる変容プロセスを示す分析用語として、欧米のプロテスタント諸国との交渉から形成された「プロテスタント仏教」という言葉がしばしば用いられる。また、たとえば磯前順一のように、近代日本宗教史における「プラクティス」（儀礼的実践等の非言語的慣習行為）の後退とその半面としての「ビリーフ」（教義等の言語化した信念体系）の重視を強調する研究者もいる(17)。

こうした磯前の議論を前提に踏まえた大谷栄一は、「近代仏教」というカテゴリーに焦点を当て、精神主義運動や新仏教運動を含めた「ビリーフ」中心の思想と活動を「狭義の近代仏教」と位置づけたうえで、その底流を流れる「新しい仏教」という言説について綿密な考察を進めている[18]。しかし、「新しい仏教」を提唱した新仏教運動の展開過程において、いかなる「信仰」論が提唱されたのかを内在的に解き明かす研究はほとんど見られない。これは精神主義運動とそこでの「信」にまつわる問題がとりわけ真宗教学の枠組みで進められてきたこととは対照を成している。

また近年では、近代日本における「プラクティス」の展開に着目する研究などにより、こうした「ビリーフ」と「プラクティス」という図式自体の問い直しもなされている。たとえば亀山光明は、磯前順一などの先学により提示された近代日本の宗教概念の特徴を踏まえ、「ビリーフ」と「プラクティス」という二つの領域が必ずしも断絶するものではなく、混成する「併存」の状態であると指摘している[19]。また、このような「宗教」をめぐる二元論的な問題提起に対し、たとえばジェイソン・ジョセフソンは、「宗教」「世俗」「迷信」のような三角の図式を提示している[20]。

他方で、こうした図式を設定することによって「宗教」の生成過程を考えること自体が、果たして有意義な議論を生み出すだろうか、ということが、現在問われている。本書もまた、これまで宗教概念の核として自明視されてきた「信仰」を、むしろ一つの言説として捉え直し、その言説史を跡づけることの必要性を問うものにほかならない。

「信仰」が「宗教」の中核的な要素であるという理解を疑問視し、「信仰」の問題を宗教概念との関連性で考察する必要性を示したのが、星野靖二の研究である[21]。星野は、超越性を「宗教」の本質と見なす観念が合意を得ていくなかで、「信仰」が重要な意味を帯びていくと指摘し、「信仰」を歴史的構築物として捉えている。

現代日本語における宗教の語感において、信仰はその重要な核となる要素としてある。そしてそのような観点から近代日本宗教史を振り返るならば、重要な転回点として内村鑑三と清沢満之の名前を挙げることができるだろう……本書は内村や清沢が信仰を論じる明治後期よりも、むしろその前の段階でどのように宗教が語られてきたのかということについて論じるものであり、これまで見てきたようにそこではむしろ信仰が積極的に語られていない――後述するようにそれは信仰が実践されていないということではない――ということが特徴となる。(22)

ここからうかがえるように、星野は現代的な語感における「信仰」の意味をそのまま近代日本の宗教概念に当てはめるのではなく、むしろこうした予定調和的・目的論的な「信仰」の捉え方に批判を加えている。本書はこの星野の問題意識から示唆を受けているが、先述したように星野は、主に明治中期と世紀転換期の「信仰」の語り方を取り上げてはいるが、それまでに「信仰」が仏教の文脈でいかに再解釈され、そしてそれが日露戦争後にいかに変容していったかについては、詳しい考察をしていない。

さらに、日本のみならず東アジア世界における「信」という概念、そして「信」を形成する言説の多層性についての研究も注目を集めている。そこで浮上したのは、「信」をめぐる「伝統」と「近代」

という課題である。
たとえばクリストフ・クライネは、「信」をプロテスタンティズムの影響の産物とする論調に対し、東アジア世界においては、むしろ「信」が常に「仏教全般、とりわけ東アジアの浄土教における中心的な概念」であったことを指摘している。[23] クライネによれば、「信」の「伝統」は古インドアーリヤ語の śraddhā（シュラッダー）に遡ることができ、その実、「信」は śraddhā の訳語として成立した。そして「信」は仏教の修行内容である「五根」（信根・精進根・念根・定根・慧根）と五力（信力・精進力・念力・定力・慧力）を構成する最も重要な概念の一つでもある。また、東アジアの浄土教において、中国の浄土教の祖師とされる曇鸞・道綽・善導から日本の法然・親鸞へと連なる系譜は、一貫して「信」や「信心」（クライネは faithful mind と訳している）をキリスト教の「信仰」（fides）とほぼ同じ意味で説いたという。そのため、近代となると、いわゆる「前近代的な信」が「キリスト教的な信仰概念」へと変容したというのは、あくまでも西洋中心主義的な立場からの発想であると批判している。[24]
クライネが指摘したように、「信」の概念を考えるに際しては、「近代的な西洋」と「そのほか」という二項対立的な発想を乗り越える必要がある。そして、彼が提示した近代以前の東アジア世界における「信」の交渉も、たしかに注目すべき課題である。しかしながら、前近代的な「信」が「信仰」として語り直されるのも、日本列島が近代国民国家に向けて激変する時代においてである。そして、そのなかで同時に、仏教もまた「宗教」として議論されていくのである。そのため、「信」の連続性とともに、「近代」という新たな時代がもたらした断絶性も、ともに強調されなければならないのではないだろうか。

たとえばハンス・マーティン・クレーマが指摘したように、近代日本仏教における「信」は、まさに「近代」というコンテキストにおいてしか理解できない概念である。つまり、「信」は近代になると、「近代性」の象徴として機能するようになっていたのである。(25) 本書では、前近代的な「信」をめぐる諸概念（いわゆる「伝統」）がいかに近代の「信」や「信仰」へと再編成されたかという問題に光を当て、それを通して近代東アジア世界における「信」をめぐるより大きな課題への貢献をも目指している。

第四節　本書の対象と手法

筆者がこれからおこなおうとしている「宗教」の姉妹概念としての「信仰」の言説史に焦点を当てる研究は、近代宗教概念研究のフィールドでは自明なものとして、時には本質論的に語られがちな「信仰」を一種の「構築物」として検討するものである。こうした検討は、言説としての「信仰」への着目という新たな視角を宗教学の分野に提供することができよう。また本書では、「信仰」という言説を次の意味で扱う。すなわち、「宗教」に関連する一つの言説としての「信仰」は、テキストのなかで提示され、歴史的に位置づけることができる一貫した意味のシステムを形成している。そしてそれは、しばしば「宗教」にまつわるほかの概念との関わりのなかで語られている。

本書で取り上げる人物の多くは、真宗的なバックグラウンドを持ち、あるいは真宗から大きな影響を受けつつも、通宗派的な立場を主張している者である。それは、本書が真宗的な「信仰」の展開を主題としていることや、また真宗の特殊性を主張したいからではない。むしろ、林淳が「(真宗が)仏教界を有利にリードし、いち早く近代的な教団形成に着手し、他の宗派は真宗のあとを追従していったと見ることができる」と述べているように[26]、「信仰」の再解釈の過程においても真宗が先駆的な役割を果たしてきた、ということに由来している。真宗における「信仰」の強調は、同時代の認識からうかがうこともできる。たとえばキリスト教知識人・内村鑑三(一八六一―一九三〇)は、「宗教に二種ある、二種以上はない、行為本意の宗教と信仰本意の宗教と是である、仏教は素々行為本位の宗教である、基督教は本来信仰本意の宗教である、然し乍ら同じ仏教の内にも禅宗の如くに純行為の宗教があるに対して真宗の如くに純信仰の宗教がある」と述べている[27]。内村は自らの「信仰本意」の立場を表明するために、「宗教」を類型化しているわけであるが、大正時代に至ってもなお、「信仰」という言葉が真宗のイメージと強く結びついていることがわかるだろう。

このように、近代日本における「信仰」の構築において、真宗が果たした役割はたしかに大きいが、碧海寿広が指摘したように、「真宗中心史観」には「真宗の特質が、近代仏教の研究者たちの「仏教」観や「宗教」観ときわめて相性が良かった」という側面もある[28]。こうした「真宗中心史観」を乗り越えるために、「真宗の特質」と、そうした「仏教」観や「宗教」観を相対化しつつ、それらがいかに歴史的に形成されたかを追跡することが一つの手がかりとなるであろう。本書では、信仰概念の展開を検討することにより、近代仏教史における真宗の役割を確認しつつ、新たな視点からそれを再認識したい。

先述したように、本書は近代日本の「信仰」概念の本格的な検討をおこなうものである。この作業を通じて、まず宗教研究全体の課題として、近代日本における宗教概念研究への貢献を目指したい。そして、仏教研究全体において、仏教と他宗教や、日本仏教と他国の仏教といった語り方の相対化を図るとともに、「ビリーフ」中心の物語として捉えられがちな近代日本仏教史の問い直しを試みたい。具体的な研究方法として、仏教とキリスト教の対話とそれによる宗派伝統の再解釈や、「信心」などの前近代的な概念と信仰言説の関連性などのテーマに着目し、関連する著書・新聞・雑誌・公文書などを史料として幅広く蒐集・整理し、「言葉」に潜んでいる広義の権力と政治性に着眼する言説研究の手法を用いて分析する。

第五節　本書の構成

第一章では、近代日本初期の渡欧僧の一人である島地默雷（一八三八―一九一一）に着目し、江戸期との連続と断絶を念頭に置きつつ、「文明」がキーワードとなった明治初期の時代思潮のなかでいかなる信仰論が展開されたかを解明する。近世から近代への過渡期を生きた島地は、明治初期の政教関係の形成に重要な役割を果たした仏教側の人物として知られるが、それと同時に、彼は真宗の立場から「宗教」や「信」などの言葉を積極的に仏教の文脈に導入しようとした。第一章では、明治初期の国民教化の枠組みで、彼がいかに幕末維新期以降の真俗二諦論を再解釈し、またそれとの関わりのなかでいかに「信」を語ったかについて考察する。

第二章では、明治中期の仏教改良論と「信仰」との関わりに着目する。『令知会雑誌』などの仏教系雑誌や、この時期に盛んに出版されている仏教書において「仏教改良」が唱導されるなかで、理想的な仏教のあり方をめぐって議論が展開されていく。その一つの流れとして、「宗教」を「黙従教」と理解し、そのモデルとしてのキリスト教の「信仰」が仏教の文脈に当てはめられた。第二章では、明治中期のキリスト教に対する自他認識の転換を踏まえつつ、「仏教改良」の風潮と「信仰」との関連性について検討する。

第三章では、引き続き仏教改良論が提唱されていた一八九〇年代における、「信」にまつわるもう一つの概念である「迷信」に焦点を当て、それが「信仰」の確立にいかなる影響を与えたかを考える。具体的には、世紀転換期に巻き起こった新仏教運動の旗手の一人である境野黄洋（一八七一―一九三三）の「詩的仏教」の構想を取り上げる。一八九〇年代頃における「迷信」批判の風潮のなかで、境野がいかに「迷信」の要素を含めた「旧仏教」を「新仏教」たらしめる改良の方策を提示することを試みたかを考察し、彼が提示した「詩的仏教」という新たな経典解釈の方法の歴史的意義を解明する。

第四章から第五章にかけては、新仏教運動の機関誌『新仏教』の論説を中心として、新仏教運動でいかなる信仰論が提示されたか、そしてそれは同時代の信仰論と比較した際にいかなる特徴を有するかを考察する。第四章では、キリスト教のリベラルな一派とされ、三位一体や原罪説を否定したユニテリアンと新仏教運動との関わりを扱い、両者の「対話」のなかでいかなる「信仰」が提示されたかについて検討する。それに際し、『新仏教』の常連寄稿者であるユニテリアン教徒・広井辰太郎（一八七五―一九五二）の論説をとくに取り上げ、分析をおこなう。

世紀転換期にかけて「信仰」とその内実をめぐる議論が白熱するなかで、新仏教運動の最も重要な主張の一つである「健全なる信仰」を力説した境野は、同時代の信仰論を激しく批判した。第五章では、境野がこうした批判を通して、それらの「信仰」とは異質な「健全なる信仰」をいかに提唱したかについて考察する。そこで重要なのは、「信仰」と学知の関係である。境野がいかにその関係を捉え、それを前提としていかなる「信仰」の内実を論じ、近代社会に定位したかについて検討する。第四章と第五章の作業により、世紀転換期における「信仰」の重層的な把握を目指したい。

第六章から第八章にかけては、「宗教学」や「宗教研究」といった近代的な学問領域が成立した後に、こうしたアカデミックな場で語られる「信仰」を扱う。すなわち、「信仰」がいかに宗教（学）者の自己理解のみならず、学問的な用語、すなわち、ある規範性を有した言葉として成立したかについて考察する。

第六章では、世紀転換期の「修養ブーム」のなかで、「信仰」がいかに「儀礼」との関連性で語られたかを、主に姉崎正治（一八七三―一九四九）の『宗教学概論』（東京専門学校出版部、一九〇〇年）を用いて分析する。また、こうしたアカデミックな場に成立した「宗教学」における「信仰」と「儀礼」との交錯を扱うことによって、近代に確立された、精神的・内面的な信仰（ビリーフ）と身体的・外面的な宗教的実践（プラクティス）という二元論的な認識枠組みの問い直しを試みたい。

第七章では、仏陀と阿弥陀仏の「人格」の問題を取り上げる。この問題については、第六章に続いて同じく「修養ブーム」における「信仰」の語り方を考察対象としている。明治後期から大正期にかけて「人格」と宗教言説との親和性が高まり、その過程で「偉人」としての釈迦が構築された。他方で、こうした「人格」としての釈迦をいかに自らの「信仰」の拠り所とするかということは、同時に大乗非仏説に晒されていた日本の仏教者にとって重要な問題であった。第七章では、とりわけ阿弥陀仏をめぐる矢吹慶輝（一八七九―一九三九）と羽溪了諦（一八八三―一九七四）の「仏陀」論を取り上げ、彼らがいかに釈迦と阿弥陀仏を同じく「仏陀」の体系で説明したかについて考察する。その作業を通して、「仏陀」に含まれる歴史性と超越性という問題に対して、いかに「信仰」の次元でその調和が試みられたかを明らかにする。

第八章では、明治後期から大正期にかけて、「信仰」がいかに「日本仏教」の言説と結びつけられ、そして「日本仏教」の優越性を証明するものとしていかに機能したかを考察する。「宗教」としての仏教の普遍性を主張した日本の仏教者たちは、近代国民国家の枠組みで「支那仏教」や「日本仏教」といったカテゴリーを設けることで、それぞれの仏教の固有性の証明を試み、差異化を図った。第八章では、仏教改良論の枠組みで構築された「旧仏教」対「新仏教」という図式が、いかに「日本仏教」ではない仏教」対「日本仏教」に転換され、その過程で「信仰」が仏教の「堕落」という物語のなかでいかに再定位されたかについて検討する。

終章では、以上の各章から得られた知見をまとめ、「信仰」がいかに「文明」「科学」や「修養」などそれぞれの時代の思潮と複雑なもつれ合いを示し続けながら、宗教概念の中核的な要素として変容していったかについて振り返る。そしてこの近代日本仏教史の物語が、いかに近代東アジアにおける「信仰」の世界につながるかについて展望を試みたい。

註

（1）日本では二〇〇〇年代以降に展開された宗教概念研究として、たとえば磯前順一『近代日本の宗教言説とその系譜——宗教・国家・神道』（岩波書店、二〇〇三年）、星野靖二『近代日本の宗教概念——宗教者の言葉と近代』（有志舎、二〇一二年）、オリオン・クラウタウ『近代日本思想としての仏教史学』（法藏館、二〇一二年）などが挙げられる。また、英語圏でおこなわれた研究として、JOSEPHSON, Jason Ā. *The Invention of Religion in Japan* (Chicago; London: University of Chicago Press, 2012) や MAXEY, Trent E. *The "Greatest Problem": Religion and State Formation in Meiji Japan* (Cambridge, Mass.: Harvard University Asia Center, 2014), KRÄMER, Hans M. *Shimaji Mokurai and the Reconception of Religion and the Secular in Modern Japan* (Honolulu: University of Hawaiʻi Press, 2015) などがある。

（2）星野靖二「明治中期における「仏教」と「信仰」——中西牛郎の「新仏教」論を中心に」（『宗教学論集』二九号、二〇一〇年）。

（3）星野靖二「清沢満之の「信」——同時代的視点から」（山本伸裕・碧海寿広編『清沢満之と近代日本』法藏館、二〇一六年）。

（4）碧海寿広『近代仏教のなかの真宗——近角常観と求道者たち』（法藏館、二〇一四年）。

（5）林淳「明治仏教から近代仏教へ」（『禅研究所紀要』四二号、二〇一三年）参照。

（6）大谷栄一『近代仏教という視座——戦争・アジア・社会主義』（ぺりかん社、二〇一二年）。

（7）この点については、林淳「近代仏教と国家神道——研究史の素描と問題点の整理」（『禅研究所紀要』三四号、二〇〇六年）や前掲註(6)大谷『近代仏教という視座』を参照されたい。

（8）吉田久一『日本近代仏教史研究』（吉川弘文館、一九五九年）、三五五頁。

（9）吉田久一「無我愛運動と河上肇」（同『日本近代仏教社会史研究』吉川弘文館、一九六四年）。

（10）繁田真爾「吉田久一——近代仏教史研究の開拓と方法」（オリオン・クラウタウ編『戦後歴史学と日本仏教』法藏館、二〇一六年）。

（11）吉田久一「近代仏教の形成」（『講座近代仏教　1』法藏館、一九六三年）、六一頁。

（12）吉田は仏教史研究における「信仰」の重要性について、「教団史や教義史、また逆に一辺倒な政治史や経済史的角度によることを避けて、仏教信仰そのものと、日本近代社会の関係を探ってみたい」「私は仏教思想・信仰（安心・信心）を無視した仏教史を叙述しようとは思わないが、また社会を無視した仏教史を執筆しようとも思わない。「信仰」と「事実認識」の関係こそ、「宗教的レアリズム」の生命であると考えている」とも述べている（吉田久一『近現代仏教の歴史』筑摩書房、一九九八年、一六―一七頁）。

（13）亀山光明「近代という窮地――「戒」なき時代の日本仏教をめぐって」（『日本思想史学』五一号、二〇一九年）。

（14）引野亨輔「柏原祐泉――自律的信仰の系譜をたどって」（前掲註(10)クラウタウ編『戦後歴史学と日本仏教』）。

（15）「宗教」という概念については、ジョナサン・Z・スミス「宗教（諸宗教、宗教的）」（マーク・C・テイラー編〈宮嶋俊一訳／奥山倫明監訳〉『宗教学必須用語22』刀水書房、二〇〇八年〈原著一九九八年〉）や、増澤知子著〈秋山淑子・中村圭志訳〉『世界宗教の発明――ヨーロッパ普遍主義と多元主義の言説』（みすず書房、二〇一五年〈原著二〇〇五年〉）参照。これらの研究で指摘されるように、キリスト教のプロテスタントをモデルとする「宗教」が、ある程度の規範性を有するカテゴリーとして成立する過程は、同時に仏教などほかの信念体系が「世界宗教」として認識されていく過程でもある。

（16）「宗教」の意味形成を系譜学的に探究する必要があるというアサドの主張については、タラル・アサド著〈中村圭志訳〉『宗教の系譜――キリスト教とイスラムにおける権力の根拠と訓練』（岩波書店、二〇〇四年〈原著一九九三年〉）の第一章「人類学の範疇としての「宗教」の構築」参照。「宗教」における「ビリーフ」と「プラクティス」の問題については、ASAD, Talal. "Reading a Modern Classic: W.C. Smith's 'The Meaning and End of Religion'" (*History of Religions*, v.40/3, 2001), p. 220 参照。

（17）前掲註(1)磯前『近代日本の宗教言説とその系譜』参照。

（18）前掲註(6)大谷『近代仏教という視座』、とりわけ「第Ⅰ部第二章　明治期の「新しい仏教」の形成と展開――仏教青年たちのユースカルチャー」参照。

（19）亀山光明『釈雲照と戒律の近代』（法藏館、二〇二二年）、一一―一六頁参照。

(20) 前掲註(1)JOSEPHSON. *The Invention of Religion in Japan* 参照。なお、ジョセフソンがこの三つのキーワードを「Religion」「Real/the Secular」「Delusion/Superstition」としている。彼によれば、近代においてこの三つの要素が相互作用し、それぞれのカテゴリーの形成と変遷をもたらしていったとのことである。

(21) 前掲註(1)星野『近代日本の宗教概念』、二一三—二一六頁参照。

(22) 同前、二一四頁参照。

(23) KLEINE, Christoph. "Japanese Buddhist Concepts of Faith (shin 信): the Postmodern Narrative of the Conceptual Hegemony of Western Modernity Reconsidered", In *From Trustworthiness to Secular Beliefs: Changing Concepts of xin 信 from Traditional to Modern Chinese*, edited by Christian Meyer & Philip Clart (Leiden: Brill, 2023), p. 191参照。

(24) Ibid., pp. 172-193.

(25) KRÄMER, Hans M. "Shin 信 as a Marker of Identity in Modern Japanese Buddhism", In *From Trustworthiness to Secular Beliefs*, pp. 361-362参照。

(26) 林淳「近代日本における仏教学と宗教学」(『宗教研究』七六巻二輯、二〇〇二年)、三二一頁参照。

(27) 内村鑑三「余輩の立場　他」(『内村鑑三全集』二五巻、岩波書店、一九八二年)、二四六頁。初出は『聖書の研究』二三五号(一九二〇年)、署名なし。

(28) 碧海寿広「真宗中心史観(近代仏教)」(大谷栄一・菊地暁・永岡崇編『日本宗教史のキーワード——近代主義を超えて』慶応大学出版会、二〇一八年)、三六五頁。

第一章 「文明」の時代における「信」の位相

――島地黙雷の宗教論を中心として――

はじめに

明治初期における国民国家の構築と「宗教」なる問題に関して、居留民の「信教自由」の保障や教会設立の容認を含む条約改正など、「文明国」を目指した明治新政府が「宗教」をめぐる諸問題に直面したということは、先行研究で指摘されるとおりである。[1] こうした一連の動向は、近代日本における宗教概念の成立を考えるうえできわめて重要である。

たとえば星野靖二は、「文明」と「開化」を切り分けてそれぞれの意味を考察した後、福沢諭吉（一八三五―一九〇一）のような明治初期の啓蒙知識人が「宗教」を「開化」の道具として捉え、その過程で西洋から導入された近代科学的な知がキリスト教と一体となって受容されたことを指摘する。星野によれば、こうした「文明の宗教」というキリスト教理解は、単なる日本側の読み直しではなく、キリスト教の弁証論として宣教師たちによって積極的に提示された側面もあるという。[2] かかるキリスト教の語り方に対抗し、仏教側も「文明」と仏教の関連性を主張し、それに加えて仏教と国家の密接な関係を強調したことも知られている。

このように、religion の訳語がまだ「宗教」として定着していなかった明治初期には、「文明国」にふさわしい「宗教」とは何かをめぐって論争が巻き起こっていた。それを鑑みるとき、当時のキリスト教、とりわけプロテスタントの中核的な要素とされる「信仰」がいかに「宗教」の枠組みで捉えられ、また、それがいかに仏教の文脈で再解釈されたかということが問題となるであろう。むろん、前近代から浄土系の宗派を中心に、「信心」や「仰信」というタームがすでに使用されていたものの、「宗教」と「信」がもつれ合う近代において、その語り方は再解釈をせまられていく。

本章では「文明」の時代という枠組みを設定して明治初期における「信」の展開を検討するが、この時代区分について、「文明開化」を近代的な国民国家の形成史の視角から捉えようとした先学によると、「文明」の時代とは慶応年間（一八六五—六八）から一八八五年の内閣制度の創設、あるいは一八八九年の憲法発布までの時期を指している。[3] そして「文明」の時代の特徴は、欧米諸国の科学技術の導入や生活習慣の改革、思考様式の転換を含めたいわゆる西洋化の風潮であり、その過程で「宗教」という新たな概念が受容された。ハンス・マーティン・クレーマは、近代日本における「宗教」の構築に大きな役割を果たした渡欧僧の島地黙雷に焦点を当て、島地が近代科学と対話するなかで「信」を「宗教」なる領域の特徴として強調したことを指摘し、島地を一九世紀のグローバル宗教史のなかへ位置づけた。[4] この指摘を踏まえたうえで本章では、近代日本の信仰概念の展開における島地の位置づけを解明すべく、島地を中心として「信」をめぐる明治初期の議論を考察する。それに際して、「信」に関する一連の言説における「伝統」と「近代」の交錯という問題にも焦点を当てたい。

具体的には、「文明開化」がキーワードとなる明治初期の時代思潮のなかで、島地がいかに「信」

を自らの宗教論に取り入れ、いかにそれを政治や道徳言説との絡み合い（discursive entanglement）のなかで展開させたかを検討し、島地の信仰論を同時代の社会的・思想的なコンテキストに位置づけることを試みたい。その際、啓蒙思想の指針として知られる『明六雑誌』や、明治期から大正期にかけて活躍した在家仏教者・大内青巒（一八四五―一九一八）が創刊した『報四叢談』などの資料を取り上げる。

第一節　島地黙雷と明治初期の政教関係をめぐる先行研究

近世から近代への過渡期を生きた島地黙雷は、日本の近代仏教史を語るうえで欠かせない人物である。本節では島地の生涯、とりわけ明治初期の彼の活躍とともに、先行研究における島地の位置づけを確認する[5]。天保九（一八三八）年に周防国佐波郡（現・山口県周南市）の専照寺で生まれ、浄土真宗本願寺派の僧侶として教育を受けた島地は、維新後の廃仏毀釈隆盛の最中、赤松連城（一八四一―一九一九）や大洲鉄然（一八三四―一九〇二）とともに宗門の改革に着手した。明治五（一八七二）年、西欧諸国の教状視察のために渡欧していた間に、日本国内で起こった大教院問題を受けて、「三条教則批判建白書」（明治五〈一八七二〉年一二月に起草され、一八七三年に提出されたと考えられる[6]）を明治新政府へ提出した。このなかで島地は、政府から教導職に布達された「三条教則」の内容、および大教院における神道中心的な教化の方針に反発し、「政」と「教」の分離を説いた。帰国後の島地は大教院分離運動を展開したが、この運動は最終的に仏教界全体を巻き込み、大教院の体制を崩壊に導いた。結果として、大教院は一八七五年四月に解散となり、明治新政府の神道国教化政策もこれで挫折したとされる。

かかる島地の思想と活動についての研究は、枚挙にいとまがない。本章では主に戦後の研究に着目し[7]、それらの研究視角と島地の位置づけを検討する。まず、従来の研究の多くは、明治初期の政教関係の形成における島地の役割に着目しており、たとえば安丸良夫の研究がその典型といえる。安丸は「日本型政教分離」を提示し[8]、島地がリードした大教院分離運動と彼の政教分離論を取り上げ、それが明治初期の「国家神道」という体制の破綻を示すものと捉えている[9]。他方で、「政教分離」よりも「政教相依」を支持する立場にある仏教者として島地を捉える主張も見られる[10]。さらに、葦津珍彦《うずひこ》や藤原正信は、島地をいわゆる神道非宗教論を含む「国家神道」の体系を準備した僧侶と捉えて論じている[11]。また柏原祐泉は、島地や真宗大谷派の僧侶・渥美契縁《かいえん》（一八四〇―一九〇六）の神道非宗教論を分析し、それが「いわば政府の国家神道政策を先取りするものであり、非宗教を説くことにより却って神道に超宗教的な絶対性を付与し、天皇制国家確立に寄与する役割をも果たすことになった」と論じている[12]。

このように、明治初期の政教関係における島地の位置づけは「国家神道」の議論とも密接に関わっており、さまざまな説が展開されているが、そもそも島地自身がいかに「教」というカテゴリーを理解し、そして「宗教」の下位概念としての「仏教」を再構築したかについて探究する必要がある。たとえば島薗進は、宗教概念の視角から島地の政教論に焦点を当て、島地が洋行経験から得た「宗教」に関する知識を用いて「尊王の「教」、国民統合と宗教集団のあるべき関係について明確な規範」を立てたが、神道や皇道にあたる概念を見出せなかったと指摘している。[13] また、クレーマは島地のような真宗系の仏教者がプロテスタント的な「信仰」を「近代」の象徴として捉え、それを自らの「伝統」――宗祖である親鸞や中興の祖と称される蓮如の教え――と結びつけたことを指摘している。[14] しかし、「信」をめぐる「伝統」と「近代」のもつれ合いを考えるうえで、プロテスタンティズムに特徴的な「信」、すなわち内面的な信仰に親和的な島地が、いかに真宗の伝統的な枠組み、とりわけ真俗二諦論との関連のなかに「信」を位置づけたのかという問題も重要であり、それについては十分に論じられていない。

本章では、先述したクレーマの問題意識に大きな示唆を受けながらも、「はじめに」で述べた近代における「信仰」言説の展開を念頭に置き、島地の宗教論に見られる明治初期の「信」の位相を探りたい。具体的には、まず先行研究を踏まえながら、『明六雑誌』における「信」の語り方と、『明六雑誌』をモデルに創刊された『報四叢談』における「信」の議論を考察し、島地がいかなる時代状況のなかで「信」を強調したかを検討する。そのうえで、島地における「信」の語り方に着目し、とりわけそれと国民教化との関連性を解明したい。

第二節　明治初期の啓蒙系雑誌から見た「信」の語り方

本節では、まず明治初期に流行した啓蒙思想における「信」の位置づけを検討すべく、「文明開化」を理想に掲げ、近代的な知識を学んだ啓蒙知識人を中心として創刊された『明六雑誌』の議論を取り上げる。そして、『明六雑誌』で主張される「啓蒙」を強く意識した仏教系雑誌である『報四叢談』では、「信」がいかに語られたか、またそれは『明六雑誌』の議論といかなる関わりを有するかを考察する。

『明六雑誌』では、「宗教」の問題がしばしば「文明」との関連性で議論されていた。そのなかで、とりわけ西周（一八二九―九七）が著した「教門論」[15]では、「信」の問題が考察の対象となっている。たとえば「教門論」における「政治」と「教門」について、西は次のように述べている。

> 曰クソレ政治ノ権ハ教門ノ道ト素ヨリ其本ヲ同ウセス。故ニ人民政府ノ法度ニ従フハ即チ其方サニ生ル、ノ日ニ始マリ、其方サニ死スルノ日ニ終ル。其心ノ存スル所ノ如何ヲ問ハスシテ、其法度ニ服スル如何ヲ問フノミ……若夫教門ノ道ノ如キハ正サニ之ト相反ス。其関スル所現在ノ世ニ限ラス、顧ミテ過去ニ至リ望テ未来ニ及フ。其法度ニ服スルノ如何ヲ論セス、其心裏ニ存スルノ如何ヲ問フノミ。其主トスル所帰依スル所ノ人ヲ聚メ、心裏ノ善悪可否ヲ問ヒ、善ニ服シ悪ヲ改メシメ、以テ死後ノ苦楽ヲ判ス。亦何ソ現世ニ在テ政令法律ノ外ニ出ルコトヲ得ムヤ。故ニ政治ノ(ママ)教門トハ全然其本ヲ別ニスル者ナリ。亦何ソ相関(ママ)渉シテ教門ノ為ニシテ政治其害ヲ受クルコトアラムヤ[16]。

すなわち西によれば、「政治」の権力は「人民」が「法度」に沿って行動するように規定するものであり、それに対して「教門」は「死後ノ苦楽」をもって「心裏ノ善悪」を説くものである。そのため、こうした西の議論は「政治」が「教門」のことに干渉すべきではないという、いわゆる「政教分離」の主張と理解される[17]。

さらに、かかる「政治」と「教門」の区別を踏まえながら、西は「信」と「知」の問題を取り上げている。西は、「教門ハ信ニ因テ立ツ者ナリ。信ハ知ノ及ハサル所ニ根サス者ナリ」と述べたうえで[18]、「故ニ信ニ本末ナシ正変ナシ。唯其真トスル所ヲ信スルノミ」という[19]。このように西は、「信」と「知」が異なる領域に属し、知識の進歩により信仰の内実も変わっていくが、「信」そのものには「本末」も「正変」もないと論じている。

大久保健晴が指摘したように、「経験論的」な「知」のあり方を提唱した西は、「信」の側から「知」の領域に侵食する従来の国学や神道の学問観を批判し、「知」と「信」の二元論に基づきながら、新たな「信」の次元を切り開こうとしたのである[20]。また、学術の進歩にともない宗教も進化していくという主張が、西のみならず彼と同じくオランダに留学した津田真道（一八二九―一九〇三）にも見られ、「「宗教」と「開化」が調和する時点の存在」を認めるものであるということは、星野靖二が指摘したとおりである[21]。一方で西は、「文明開化」の立場から「信」と「知」の関連性を論じつつも、「信」が「知」の及ばないところにあるとすることにより、「信」の領域の独自性を認め、それによって両者の二項対立を乗り越えようとしたと見ることもできよう。

さて、明治初期に啓蒙思想が盛んとなった背景には、「文明開化」をスローガンに掲げ、西洋の科学や哲学を積極的に吸収しようとする時代の流れがあった。しかし、従来の研究では、この過程において特定の宗教的なバックグラウンドを持たない「世俗的な知識人」（たとえば明六社の人々）の役割は注目されてきたが、同じく「文明」や「開化」といった言葉を用いて近代社会にふさわしい「宗教」のあり方を模索した宗教者の存在はしばしば見過ごされてきた[22]。そこで本節では、「仏教啓蒙誌の嚆矢[23]」とされる『報四叢談』の議論に光を当て、その間隙を埋めたい。

『報四叢談』は、一八七四年八月下旬に創刊され、現在確認できる限りでは、一号から二一号まで発行されていた。「報四」は、国君・四海の兄弟・聖賢・父母の四つの恩に報ずること、すなわち「四恩報酬」を意味している。大内青巒によると、同誌の創刊は慶應義塾の『民間雑誌』や明六社の『明六雑誌』を意識したものであるという[24]。メンバーとしては、当初から創刊に関わった島地や大内のほかに、浄土真宗本願寺派の僧侶・大洲鉄然や曹洞宗の学僧・原坦山（一八一九―九二）などが数多く寄稿している。同誌一号の序言において、『報四叢談』は、「必スシモ社員ヲ定メス……汎ク大方君子ノ正論確説ヲ請求」と記されているが[25]、実際のところ、寄稿者は島地や大内と親密な関係にある仏教徒が中心であった。

このように明治初期の仏教系雑誌として成立した『報四叢談』では、『明六雑誌』と同じく「政」と「教」、そして「教」と「信」の問題が議論された。たとえば、明治五（一八七二）年にのちに真宗大谷派法主となる大谷光瑩（一八五二―一九二三）とともにヨーロッパの教状視察に赴いた大谷派僧侶・石川舜台（一八四二―一九三一）は、先述した西周の「教門論」に対して「西子教門論評説」を発表し、「政」と「教」の分離という西の主張に賛意を示しつつも、「狐狸」と「如来」「天人」を同等に扱うその宗教観を批判している[26]。また石川は、「国教論」を発表し[27]、「近時新出書中我神道ヲ称シテ国教ノ文字ヲ用ユル太タ多シ」という状況に対し、神道を「国教」とする意見を激しく批判している。石川は、西や島地と同様の問題意識に基づき、「教法」とは「神事」であり、「人事」と混淆することができないと説いているが、(28)「信」の対象は自らが「真」とするものであるため、国家による「教」を選別し「真ナル者」を見出す行為そのものが逆に「不信」を生むと論じている。(29)

また、同誌では欧米諸国の宗教状況に言及しつつ日本の宗教問題を扱う議論が多く見られた。たとえば、原坦山は「教原」で、「欧米ノ教」と「東洲ノ教」を比較し、前者は時勢の変化にしたがってその教義と実践を改良してきたのに対し、後者は「上古ヲ推尊シテ変通ナシ故ニ偏見陋習ヲ脱スル能ハス、甚キハ治化ヲ妨ケ人智ヲ晦塞スルニ至ル」と述べる。そして、こうした「東洲ノ教」の現状は「其徒ノ罪ニシテ其法ノ過ニ非ス」と説き、「東洲ノ教」の一つである仏教が「治化」と「人智」の進歩を妨げるものとなってしまった理由を僧侶の「偏見陋習」に求め、批判を加えている。(30)また、実際に洋行経験を持つ石川は「観教時様」を発表し、欧米諸国と日本における文明の発達の違いをもって直接にキリスト教と仏教の「教法」の優劣を判断し、キリスト教への入信を説いた「学士」を非難し、両教の「ドグマ」すなわち「教旨」から見れば仏教のほうが優越性を有すると論じている。石川は「時様思想ノ謬誤」として、「欧風米熱」のためにキリスト教に入信した人々を次のように批判する。

我ガ邦無信慣習ノ士太夫ニシテ、欧風米熱ノ為ニ感傷セラル。蓋シ其見聞スル所、平生意想ノ外ニ出ツ、豈ニ感ゼザルヲ得ンヤ。然レドモ元来無信慣習ノ地ニ生育養成セラル、ノ人ナレバ、タマ〳〵風熱ノ感ズル所トナルモ、十ニシテ八九ハ捕風捉影ノ信ニシテ……畢竟風熱感冒ヨリ生ズル見ナレバ、信モ真信ニ非ズ、見モ定見ニ非ズ、要スルニ胡言浪道ノミ。(31)

ここで石川は、当時の日本を「無信慣習ノ地」と捉えたうえで、すでに「本邦ノ教法」に「信」を有さない人がキリスト教に入ることは「欧風米熱」のためであり、その「信」も「真信」とはいえないとしている。石川によると、「篤信慣習ノ地」である欧米社会とは異なり、日本では仏教の僧侶たちが「幾許ノ威権ヲ保有」しているが、「其宗教ハ人民ノ形従陽奉ニ止ツテ、内心一物ナシ」と、むしろ「無信」の状態が典型的であるという。そしてそれは、「宗教ノ優劣」より「僧侶ノ優劣」に起因するものと論じている[32]。

「教旨」の優劣について石川は、「神」の「奇異不思議ノ「ピサンス《威力》」〔フランス語の puissance の訳語か〕」を感じ、そして「自己ハ此威力ニハ決シテ及バザル」のを意識することに、「信仰」と「恐怖」という感情が生じてくるとし、それを「宗教」の起源としている[33]。しかし、この「威力」の「善悪」をめぐって、仏教ではそれが「神ノ外ヨリ加ルニ非スシテ、自ラ招クニ在リ」と説かれるが、キリスト教ではそれが「全ク神ノ擅裁」と見なされている。

こうした両教「教旨」の理解に基づきながら、石川はそれをさらに一歩を進め、「仏教ハ立憲ノ国ニシテ、自主自由ノ民ノ如ク、耶蘇教ハ擅制ノ政ニシテ羈絆ニ控御セラル、民ノ如シ」と述べている[34]。かくして石川は、キリスト教が専制的・独裁的であるのに対し、仏教では自主性が保たれると論じ、後者を称揚している。そして、両教から同じく「信仰」の感情が生じるが、仏教のほうが「高尚ナル見識アル者」の「信」であり、キリスト教が「愚人」の「信」であると説いている[35]。それに加え、石川は「宗教学」の枠組みでキリスト教を批判し、仏教の優越性を説く必要があると提示したが[36]、その後、彼は自身の述べる「宗教学」の枠組みにおいて弁証することはなかったようである。

いずれにしても、先述したように、石川はいわゆる「信教の自由」を認めつつも、西のような啓蒙思想家の功利的な宗教理解に異議を唱え、「宗教」の優劣、とりわけキリスト教と仏教の優劣を論じることに重きを置いているということは注目に値する。それはまた、「信」の優劣の主張とも結びついていくことになったのである。

本節で確認したように、島地が創刊から関わっていた仏教系の啓蒙雑誌『報四叢談』では、『明六雑誌』に見られるような「文明開化」とそれにともなう「政教分離」の主張がある。そして『報四叢談』で発表された宗教論には、「信教の自由」を認めつつも、キリスト教に対抗する意識が読み取れる。しかし、ここで注目すべきは、石川の議論からうかがえるように、キリスト教を批判しつつも、新たに成立しつつある「宗教学」の枠組みによってキリスト教の「信」と仏教の「信」を比較しながら論じる必要があるという認識であろう。次節以降では、同様に『報四叢談』を舞台として活躍し、「文明の時代」における仏教の役割を強調した島地の信仰論を分析し、その位置づけを試みる。

第三節　島地黙雷における護法論の展開
――文明・道徳・国民教化――

本節では、先述した同時代の社会的・思想的なコンテキストを踏まえたうえで島地の信仰論を考察すべく、まず彼の護法的な立場と、そうした立場におけるキリスト教理解を確認する。

近世から近代にかけて展開された護法論を検討した森和也は、江戸時代の護法論において排仏論、とりわけ仏教の出世間主義批判への応答として「真俗二諦」が強調されたことを踏まえ、近代的な護法論の特徴を次のようにまとめた。すなわち、仏教と天皇、国家の関係が江戸時代の公的なものから、神仏分離に関する一連の政策を経て私的なものとなることを余儀なくされ、そのため「天皇に対する片務的な「皇運の扶翼」を担わされる地位に回収され」たという[37]。そして森は、「護法論とは、仏教とはいかなるものであると、仏教者が認識していたかということを知ることのできる資料」と述べ、異なる内実を持つ護法論を仏教者の自己認識として分析することの必要性を説いている[38]。後述するように、島地の「信」をめぐる一連の議論の背景には、「政教分離」の原則と護法的な立場が結びついて存在しているため、彼の信仰論を検討する前に、その立ち位置を明らかにすることが必要である。

明治新政府が神祇官復興、神仏分離に象徴される一連の神道国教化政策を打ち出し、明治二（一八六九）年に「宣教使」を設置して大教宣布運動を展開したが、官員の少なさや教義の未確立などによって挫折し、方針の転換を余儀なくされた。明治五（一八七二）年、宣教使の代わりに教部省が設けられ、神官のみならず僧侶を含めた「教導職」が設置された。その際、こうした国民教化の基本的な理念として「三条教則」が示された。また、このように国民教化の任にあたる教導職の説教内容の講究と任用試験のために、「十一兼題」と「十七兼題」が定められた[39]。こうした時代状況のなかに身を置いた島地は、「十七兼題」をいかに仏教とりわけ真宗の立場から説くべきかについて講義をおこない、その筆録である「十七論《（ママ）》題修斉通書」と「三条弁疑・十七論《（ママ）》題真俗鉤鎖」が『報四叢談』に掲載された。島地によれば、「文明開化」というスローガンを掲げている以上、物質的な側面のみならず、道徳的な「教化」も重要であるという[40]。彼は当時のいわゆる西洋化の潮流を批判し、「物ノ開化ハ学問ニ依テ知識ヲ磨クニ根ス、心ノ開化ハ教化ニ依テ其ノ心ヲ忠実ニスルニ根ス、教学ノ二ツ並進テ初テ真ノ文明開化トナル」と述べ[41]、「心ノ開化」という側面における「教化」を強調し、「学」と「教」の並行によらなければ「真ノ文明開化」に到達できないとする。

また島地は、「三条弁疑・十七論題真俗鉤鎖」において、「文明」というレトリックを用いて仏教とキリスト教の優劣を論じている。島地は、「今日造物者ヲ立ル者ハ今日ノ教家ノ私創ニ非ズ、昔時伝来ノ説ヲ遵守スルノミ」と述べたうえで、「造物者」である上帝の説を持つキリスト教は「文明ノ今日」にふさわしい教えを提示することができないと、その「荒唐渺茫」を批判している[42]。そして釈迦の説いた仏教のみが「実理ノ究極ヲ開顕」する教えであると、その優越性を説いている。

ここで留意したいのは、島地がこの論説の目的について、「教院十七題ヲ以テ教職検査ノ問題トス」と述べ[43]、「十七論題」を「俗諦門」に属するものであると捉えているということである[44]。島地は「真諦ハ本仏摂化ノ本意ナレバ、所謂道変スヘカラスト一ニシテ、一立古今然不動ノ者ナリ。俗諦ハ通義ニ随テ立ツカ故ニ、所謂制時ニ随フヘシト同ク文運愈々進メバ講究愈々精ク、先キニ是トスル所ノ通或ハ翻テ非トスルニ至ルアリ」と、「文運」すなわち文明が進歩するのにともない、「俗諦」の内実も変化していくことを述べている。

このように、島地は「真諦」と「俗諦」により国民教化における仏教の果たすべき役割を主張したのである。そのことからうかがえるように、大教院体制のもとで仏教が世俗的な知識や道徳を説く教義的な根拠は、幕末維新期から近代にかけて新たに展開した真俗二諦論に遡ることができる。

福間光超や柏原祐泉が指摘したように、近代真宗教学における真俗二諦の理念と直結するかたちで「真俗二諦」という言葉が初めて用いられたのは、西本願寺派勧学・万福寺性海（一七六五―一八三八）の『真俗二諦十五門』においてであった。しかし、性海は「王法為本という「掟」」を強調するにとどまっていたのに対し、幕末期になると真俗二諦は政教関係における真宗の基本的な枠組みとなっていった[45]。こうした幕末維新期における真俗二諦の再解釈に着目した岩田真美は、本山家臣の松井中務（一八〇九―六三）や超然（一七九二―一八六八）・月性（一八一七―五八）らの活動によって「俗諦」の内容が「勤王」の思想と結びついて語られるようになったと述べている[46]。たとえば月性は、西洋諸国による植民地支配の先兵としてキリスト教が流行することを、仏教をもって予防することを主張した護国的護法論『護法意見封事』（安政三〈一八五六〉年、月性の没後に改編のうえ『仏法護国論』と題されて出版）において、「ソレ仏法無上トイヘトモ、独立スルコトアタハス。国存スルニ因テ、法モ亦建立スルナリ」と述べていることが知られる[47]。そして明治初期には、明治新政府の宗教政策のもとで新たな政教関係のあり方を探ろうとした真宗教団は、真俗二諦をその基本方針として再解釈を続けていく。

島地がいかに真俗二諦を理解したかについては、たとえば彼が明治二（一八六九）年に著した「真宗教導大意」から看取することができる[48]。

夫レ阿弥陀仏願ノ威力ニ憑テ、能ク信心ノ正因ヲ発シ、此際一毫ノ疑念ヲ容レズ、内心ニ深ク包蔵スル者ハ、其智愚利鈍ヲ問ハズ、皆当生ヲ報土ニ得テ、必ズ悲智円満ノ仏悟ニ証契シ、其現世ニアルモ、亦一心堅固猶若金剛、誰カヨクコレヲ惑スルモノアラン。是則真諦ノ帰処ニシテ、所謂転迷開悟ノ出世間法ナル者ナリ。能倫常ノ道ヲ守リ、謹テ国家ノ法ヲ奉ジ、入テハ孝悌ノ行アリ、出テハ忠信ノ心アリ、世ニ処シ生ヲ遂ゲ、此際一毫ノ迷疑ナク、以テ死ニ至リテ憾ナキコトヲ得ルモノ、之ヲ名ケテ俗諦トイフ。所謂勧善懲悪ノ世間法コレナリ(49)。

このように、島地は真俗二諦論に基づき「文明開化」の時代状況における「真諦」と「俗諦」との連関性を強調している。それは、真宗僧侶である彼の立場からすれば当然のことであるということもできるが、ここでとりわけ重視したいのは、真俗二諦が強調された背景である。

具体的には、島地にとって真俗二諦の「俗諦」は、「国家ノ法ヲ奉ジ」という表現からうかがえるように、すでに「文明開化」を掲げ、近代的な国民国家の確立を目的としてさまざまな施策を講じていた明治新政府という世俗権力であったのである。したがって、「俗諦」の内実は、世俗的な知識や道徳、そして国民教化における仏教の役割を説くことであった。これは、島地が「王法ヲ本トシ以テ世俗ニ従フ、是中興主ノ最モ勧勉告諭スル所ニシテ、コレヲ今日ニ施ストキハ、所謂世俗トハ文明日新、人々知識ヲ拡充シ利用ヲ講修スルヲ云フナリ」と述べていることからもうかがえよう(50)。また、「真諦」については、島地は真宗的な教えに基づきながら、「教」における「信」の重要性を強調し、「夫教ハ悟ヲ以テ宗トシ、悟ハ信ヲ以テ門ト為ス。信アレバ則チ疑念ナク、疑念ナケレバ以テ悟ニ入ルベシ」と述べ(51)、「信」の欠如を「教」の危機として捉えているのである(52)。

本節で確認したように、近世から近代への過渡期を生きた島地は、真俗二諦論を再解釈することによって仏教の国民教化への参入を図った。そしてその過程で島地は、「信」を中心とする「教」を「真諦」とし、それが内面的な次元から「俗諦」の実践を支えていると説き、両者の相依相資の関係を強調している。このように、明治初期の島地においては「信」の必要性が新たな国民教化の枠組みで強調されたのである。また、こうした島地の試みは、日本が近代国民国家として成立していくなかで、仏教と国家を結びつける護法論の変容を反映しているといえよう。

第四節　国民教化における「信」の位相

本節ではまず、島地が一八七五年に発表した「教の心得」を検討し[53]、彼がいかに「教化」と「信」の問題を捉えたかについて考察する。そして一八八〇年代における島地の信仰論を取り上げ、明治初期から中期にかけての「信」の展開を見ていきたい。

島地が大教院の解散と同じ年に著した「教の心得」は、国民教化の役割を担う真宗僧侶に向けて書かれたもののように考えられ、具体的には、「教師」が何をいかに教えるべきかを説明するものであり、そのなかでは「教化」と「信」の関連性に重きが置かれている。島地はまず、「教」は「心を感動せしむる」ものであるとし、それが「形」に現れるものを対象とする「政事」とは異なっている、という「教」と「政事」の二元論をもって、「心」に訴えるという教化のあり方を説く[54]。そして「職を以て教ふる」「言をもつて教ふる」「身を以ておしふる《（ママ）》」「心を以ておしふる」という四種の教化方法のなかで、「真心」をもって「信仰」を育てる「教化」が最も重要であり、それによって教えを受ける側の「信教念道の感動心」と「死して変ぜざるの金剛信」を育てるべきであると主張する[55]。島地がいかに「宗教」の立場からの「教化」を「信」と結びつけて強調しているかについては、次のような記述がある。

況んや真心よりいかにもしてこの尊き理を聞得させん、霊魂の永き苦みを救はんものをと、大慈大悲の心を以て教へさとしなば、いかなる邪見放逸の者にてもこの真心には感ぜざる理なきものなるに、斯く真心を以て教をなす人は今日の有様にては更に見も聞もせざる迄に至りぬれば、人の信仰の真心より感じ来らざるも理なり。されば、今の世の教をなす人は大むね教職といふ役人の心にて、自ら信ずる信ぜぬに関係なく教を役目とする分のみなれば、聞く人もまた自ら役目に聞くの思ひありて、いかで真の教を奉ずるの信心を起さんや。(56)

このように、島地は「教法」と「政事」を明確に区別せずに、ただ権威をもって説教をおこなうという、「信仰」を持たない当時の教導職の教え方を批判している。(57)またそれは、「他国の人」から「無教の国」と批判される理由ともなりうるとも述べている。(58)それに対して「真心」の「教」、すなわち教化される側を内面的な「信仰」の確立に導くことの重要性を説いている。加えて、彼は「真心」を「信仰」と結びつけ、「その真心にておしふるとは何なるところをいふぞといふに、偽りなき心が即ち誠なれば、我が信じて疑はざるところを示すの外なし」と述べ、(59)「信じる」ことを教化の中心的な要素としている。(60)このように、島地が「信仰」を「心」の問題として規定しつつ、説教などを通して「信仰」を育てることに力点を置き、国民教化の枠組みで「信」を位置づけていることは注目に値する。

ところで、一八八〇年代になると、島地は「信教の自由」を念頭に置きつつも、「信」の内面性をもってキリスト教を批判し、仏教の弁証をおこなっていく。たとえば、明治新政府が条約改正を進めている最中にあって、日本が「文明国」として欧米諸国に認められるためには、日本国内の宗教もまた「西洋風」、すなわちキリスト教に改めるべきであるということが主張されていた。こうした動向を受けて島地は、『時事新報』六七八号から六七九号にかけて掲載された福沢諭吉の論説「宗教モ亦西洋風ニ従ハザルヲ得ズ」(一八八四年六月六・七日)を取り上げ、「信」の「自由」という観点から激しくこれに反駁した。

島地によれば、「信ハ内心ニ蓄フヘキ者トシ、人ニ交リ世ニ接スルトキハ、自宗他宗ノ簡ヒナク、人間普通ノ道義ニ従ヒ、敢テ愛憎ヲ其間ニ挟サマス其交リヲ一ニセサルヲ以テ教ノ最モ要領トスル者ナリ」と、「信」を「内心」の領域に限定する(61)。ここからうかがえるように、島地は明治初期から中期にかけて、「信」の「自由」という観点を積極的に提示し続け、その立場を一貫させている。それに加え、明治初期においては日本国内における政教関係や、神道と仏教の関係を論じるに際して主張されていたものが、一八八〇年代においては日本と西洋諸国の外交関係やキリスト教と仏教の関係の議論において主張されるようになったことがわかる。また、ここでも島地は、内面的かつ自律的な「信」を確保すると同時に、その実践的な側面を「人間普通ノ道義」、すなわち道徳に帰結させており、こうした「信」と国民道徳的なものとの結びつきという構造から外れる事態を想定していないようにもうかがえる。このように、明治初期と中期における「信」の「自由」という語りの文脈は異なりつつも、「信」とその実践としての道徳との結びつきが島地の信仰論を貫いているといえよう。

一八八〇年代の島地は、『令知会雑誌』を主な舞台として執筆活動を続けていた。この時期の島地は「護法布教何レカ今日ニ切実ナル」を発表し、「護法」が「布教」によってはじめて実現されると述べる[62]。そして「護法」と「布教」の目的は、仏教の真理をもってキリスト教に対抗し、人民に「確乎不抜ノ深信ヲ生セシメ以テ新ニ仏祖ノ徳光ヲ煌耀」させ、「新ニ法王治下ノ臣民ヲ造出」することにあるという[63]。また、彼は一八八八年に『令知会雑誌』で「空論を去て実用に就けよ」を発表し、布教と仏教に基づく道徳実践の重要性を説いている。島地によれば、「実行」には「法ヲ宣説」することと「徳ヲ実行」することという二つの側面があり[64]、とりわけ後者に関しては、僧侶が「来世」のことよりも、「至徳具足、転悪成善、知恩報徳、常行大悲ノ如キ、現世ニ得ヘキ徳益」を説くべきであると主張する[65]。こうした記述から、真俗二諦論から出発した島地の国民教化の構想がうかがえ、その点では先述した明治初期の議論の枠組みを引き継いでいる。他方で、ここでは仏教の「信」を個人の実存的な経験と結びつける議論はまだ見られず、あくまでも道徳の「実行」の宗教的な裏づけとなるものとして語られているといえる。

本節で確認したように、島地にとって、「信」は宗教の重要な位置を占めている。彼は真宗の文脈における「信心」の意義を真俗二諦論の枠組みで積極的に説くことを通して、真俗二諦の再解釈を試みていた。また、島地は、内面的な「信」の自律性を一貫して主張していたが、その実践については主に道徳の遂行と結びつけられているということにも目を向ける必要があるであろう。

おわりに

本章では、「文明」をキーワードとする時代思潮のなかで、明治初期の仏教者がいかなる信仰論を展開したかを解明すべく、主に島地黙雷による「信」の語り方を考察した。また、仏教系の啓蒙雑誌の嚆矢とされる『報四叢談』で発表された原坦山や石川舜台の論説にも着目し、島地がおこなった近代的な「信」の構築を、より広いコンテキストに位置づけた。

内面的な領域に属する宗教概念の形成と真宗の特殊性について、クレーマが島地の事例を取り上げ、宗教概念が形成される過程を通じて、真宗の枠組みで親鸞から継承されてきた「信心」が再解釈されていくと指摘した点は重要である(66)。こうした再解釈の結果として、真宗の伝統的な教義がプロテスタントをモデルとした「宗教」の枠組みで説かれるようになり、同時に、真宗そのものも「宗教」というカテゴリーによって変貌していった。

他方で、「宗教」の核心とされる「信仰」も近代を通して構築された概念であることを忘れてはならない。すなわち、欧米諸国におけるキリスト教の「信仰」がいかに「宗教」の周辺概念として理解され、それがいかに「宗教」の下位概念である「仏教」に当てはめられたかについては、さらなる解明が求められる。たとえば本章で考察した石川舜台の議論では、欧米諸国におけるキリスト教の「信仰」のあり方と比較して、日本を「無信慣習ノ地」とする主張が見られるが、島地はむしろ、真宗的な真俗二諦論に基づき、積極的に「信」とその実践的な側面である道徳を国民教化の枠組みで説いていったのである。その際、「信」の実存的な側面や、救済との関連性が捨象され、その点において序章で述べたような、世紀転換期の信仰言説とは一線を画している。

島地は「信」や「信心」を多く用いており、「信仰」を仏教の立場からあまり積極的に取り上げていない。しかし、ここで留意すべきは、島地がすでに意識的に新たに成立した「宗教」の領域で「信」を語っている点である。すなわち、島地は真宗の伝統から「信」や「信心」を見出し、それを新たなカテゴリーである「宗教」に定位することにより、前近代的な「信」とは異なる近代的な「信」の構築を試みたのである。その意味で島地は、主に仏教の一宗派である真宗のアイデンティティーを表明する文脈で用いられていた真宗の「信」や「信心」を、「宗教」と近代国家との関係性を論じるための鍵概念とした、過渡期の重要人物であるといえよう。こうした島地の思想的営為は、明治初期における「信」の語り方の一側面をたしかに反映したものであり、近代的な「信」の成立、そして「信」をめぐる仏教の「伝統」と「近代」の問題を考えるうえで重要である(67)。

本章では、明治初期における「信」の語り方を島地黙雷という人物に焦点を当てて考察し、プロテスタンティズム的な「信仰」を念頭に置いていた島地が、いかに内面的かつ自律的な「信」の領域を語ったかについて見てきた。次章では、明治二〇年代に展開した「仏教改良」についての議論を題材に、キリスト教に対する認識が変化するなかで、「信仰」がいかに語られたかについて考察をおこなう。

註

（1）MAXEY, Trent E. *The "Greatest Problem": Religion and State Formation in Meiji Japan*（Cambridge, Mass.: Harvard University Asia Center, 2014).

（2）星野靖二『近代日本の宗教概念――宗教者の言葉と近代』（有志舎、二〇一二年）、とりわけ第二章「開化・宗教・キリスト教」を参照されたい。

（3）林屋辰三郎編『文明開化の研究』（岩波書店、一九七九年）や飛鳥井雅道『文明開化』（岩波書店、一九八五年）参照。

（4）ハンス・マーティン・クレーマ「島地黙雷――近代日本の科学と宗教」（嵩満也・吉永進一・碧海寿広編『日本仏教と西洋世界』法藏館、二〇二〇年）、KRÄMER, Hans M. "Shin 信 as a Marker of Identity in Modern Japanese Buddhism", In *From Trustworthiness to Secular Beliefs: Changing Concepts of xin 信 from Traditional to Modern Chinese*, edited by Christian Meyer & Philip Clart（Leiden: Brill, 2023）参照。

（5）島地の生涯については、二葉憲香・福嶋寛隆編『島地黙雷全集　第五巻』（本願寺出版協会、一九七八年）所収の「年譜」を参照されたい。

（6）「三条教則」は「敬神愛国ノ旨ヲ体スヘキ事」「天理人道ヲ明ニスヘキ事」「皇上ヲ奉戴シ朝旨ヲ遵守セシムヘキ事」からなっている。

（7）戦前の研究で島地に焦点を当てたものについては、小川原正道『大教院の研究――明治初期宗教行政の展開と挫折』（慶應義塾大学出版会、二〇〇四年）で詳しく紹介されている。

（8）安丸は大教院解散後の事態について、「三条の教則の遵奉が独自の布教活動を共約する原則とされており、むしろこうした国家のイデオロギー的要請にたいして、各宗派がみずから有効性を証明してみせる自由競争が、ここから始まったのであった」と述べ、それを「日本型政教分離」と名づけている（安丸良夫『神々の明治維新――神仏分離と廃仏毀釈』〈岩波書店、一九七九年〉、二〇八―二〇九頁）。

（9）前掲註(8)安丸『神々の明治維新』、とりわけ第六章「大教院体制から「信教の自由」へ」参照。

（10）こうした主張については、たとえば藤井健志「真俗二諦論における神道観の変化」（井上順孝・阪本是丸編

『日本型政教関係の誕生』第一書房、一九八七年）や、近年に出版された戸浪裕之「島地黙雷の政教論――「政教相依」論の展開と「布教」」（阪本是丸編『近代の神道と社会』弘文堂、二〇二〇年）などを参照されたい。

(11) たとえば葦津珍彦著／阪本是丸註『国家神道とは何だったのか』（神社新報社、一九八七年）、藤原正信「国家神道確立の一側面――「信教の自由保障の口達」の評価をめぐって」（二葉憲香編『続国家と仏教　近世・近代編』永田文昌堂、一九八一年）がある。

(12) 柏原祐泉『真宗史仏教史の研究Ⅲ　近代篇』（平楽寺書店、二〇〇〇年）、二四頁。その他、神道国教化政策に対し、大教院分離運動を展開した人物として島地を取り上げる研究のなかで、制度史的な考察を詳細におこなったのは前掲註(7)小川原『大教院の研究』である。

(13) 島薗進「近代日本における「宗教」概念の受容」（島薗進・鶴岡賀雄編『〈宗教〉再考』ぺりかん社、二〇〇四年）、二〇四頁。また、宗教概念の視角から島地の思想と活動を考察した研究として、KRÄMER, Hans M. *Shimaji Mokurai and the Reconception of Religion and the Secular in Modern Japan* (Honolulu: University of Hawaiʻi Press, 2015)、村上興匡「明治期仏教にみる「宗教」概念の形成と「慣習」――島地黙雷を中心に」（島薗・鶴岡編『〈宗教〉再考』〈前掲〉）が挙げられる。村上は、同時代の社会的・思想的な枠組みにおいて、島地がいかに仏教の儀式や「慣習」を捉えたかを考察した。村上によると、島地にとってこれらの日常的な実践はあくまでも教の「副次的」なものであった。そして、こうした見方の背景には、「文明開化」を基準軸とした彼の宗教観があったという。

(14) 前掲註(4)KRÄMER. "Shin 信 as a Marker of Identity in Modern Japanese Buddhism" 参照。

(15) 西周の「教門論」は、『明六雑誌』の四号から八号までに連載されている。

(16) 西周「教門論一」（『明六雑誌』四号、一八七四年五月）、六丁裏―七丁裏。

(17) 西を「政教分離」論者として捉えるものとして、たとえば菅原光「「宗教」の再構成――西周における啓蒙の戦略」（『日本思想史学』三五号、二〇〇三年）や、大久保健晴「明治初期知識人における宗教論の諸相――西周と中村敬宇を中心に」（『政治思想研究』四号、二〇〇四年）が挙げられる。

(18) 前掲註(16)西「教門論一」、五丁裏。

(19) 西「教門論一」、五丁裏―六丁裏。
(20) 前掲註(17)大久保「明治初期知識人における宗教論の諸相」、六五頁。大久保によると、西の「教門論」におけるこうした「信」と「知」の捉え方の背景には、西のオランダ留学の経験があり、西は洋行から得た成果を踏まえて「経験主義的な実証主義の確立」を試みたのである（同前、七七頁）。
(21) 星野靖二「「宗教」の位置付けをめぐって――明治前期におけるキリスト教徒達に見る」（前掲註(13)島薗・鶴岡編『〈宗教〉再考』）参照。
(22) ミック・デネケールは、「世俗的な知識人」（secular thinkers）と「仏教系啓蒙知識人」（Buddhist Enlightenment thinkers）という分析用語を用いて、前者の啓蒙言説と活動よりも、後者による「啓蒙」の内実を検討する必要性があると主張している。具体的にデネケールは、「このように、宗教的な背景を持つこれらの人物たちが、従来狭く考えられてきた啓蒙思想家のサークルへ参加したことは、近代日本における宗教変容の問題を乗り越え、宗教が近代にもたらしたものとは何かという問題を私たちに提起している」と指摘している。その点については、DENECKERE, Mick. "Shin Buddhist Contributions to the Japanese Enlightenment Movement of the Early 1870s". In *Modern Buddhism in Japan*, edited by Hayashi Makoto, Ōtani Eiichi & Paul L. Swanson (Nagoya: Nanzan Institute for Religion and Culture, 2014), p. 48参照。
(23) 福嶋寛隆「解題」（明治仏教思想資料集成編集委員会編『明治仏教思想資料集成　別巻二　報四叢談』同朋舎、一九八三年〈以下、『明治仏教思想資料集成』と示す〉）、一二三頁。
(24) 大内青巒「本編序言」（『明治仏教思想資料集成』）、一二頁。初出は『報四叢談』一号（一八七四年八月）。
(25) 同前。
(26) 石川舜台「西子教門論評説」（『明治仏教思想資料集成』）、一六九頁。初出は『報四叢談』一四号（一八七五年五月）。
(27) 石川舜台の「国教論」は『報四叢談』の六号（一八七四年一二月）、九号（一八七五年二月）に分けて掲載されている。
(28) 石川「国教論一」（『明治仏教思想資料集成』）、八七―八八頁。

(29)「然則政府自ラ一教ヲ選取シ、是諸教中ノ真ナル者也トスルハ、是人ヲシテ教ノ軽重取捨スヘキニ足ルヲ知ラシメ、自ラ不信ノ根芽ヲ生セシムルモノナリ」（同前、八八頁）。

(30)原坦山「教原」（『明治仏教思想資料集成』）、七五頁。初出は『報四叢談』四号（一八七四年九月）。

(31)石川舜台「観教時様」（『明治仏教思想資料集成』）、一〇三―一〇四頁。初出は『報四叢談』八号（一八七五年二月）。

(32)同前、一〇三頁。

(33)同前、一〇五頁。

(34)同前。

(35)同前。

(36)石川は「観教時様」の最後に、「而其耶蘇教ノ本邦ノ教法ニ如何ガ優劣スルト云コトハ、宗教学ノ論説ノ境界ニシテハ、之ヲ論スベキ器械ヲ有セス。故ニ本編ニ於テハ宗教ノ面目ヲ挙ゲテ世人思想ノ謬誤セル徴証ヲ説明スマデニテ已ムノミ」と述べていた（同前、一〇八頁）。また、このようにして構想された明治初期の「宗教学 religious studies」という枠組みとその歴史的な意義については、前掲註(22)DENECKERE. "Shin Buddhist Contributions to the Japanese Enlightenment Movement of the Early 1870s", pp. 40-43を参照されたい。

(37)森和也「近代仏教の自画像としての護法論」（『宗教研究』八一巻二輯、二〇〇七年）、二一八頁。

(38)同前、二〇四頁。

(39)前掲註(7)小川原『大教院の研究』、とりわけ第二章「大教院の活動と実態」参照。また、「十一兼題」は、神徳皇恩・人魂不死・天神造化・顕幽分界・愛国・神祭・鎮魂・君臣・父子・夫婦・大祓という一一の項目からなっており、「十七兼題」は、皇国国体・皇政一新・道不可変・制可随時・人異禽獣・不可不教・不可不学・外国交際・権利義務・役心役形・政体各種・文明開化・律法沿革・国法民法・富国強兵・租税賦役・産物制物の一七の項目からなっている。

(40)「教化」には「教導化益」、すなわち徳をもって人々を正しい方向に教え導くという仏教に由来する意味があるが、ここで島地は大教院体制と教導職を念頭に置きつつ「教化」という言葉を用いたため、「三条教則」に代表される特定の知識や道徳を国民に内面化させる「国民教化」を指しているといえる。
(41) 島地黙雷「十七論題修斉通書」(『明治仏教思想資料集成』)、三五頁、初出は『報四叢談』二号附録(一八七四年九月)。
(42) 島地黙雷「三条弁疑・十七論題真俗鉤鎖」(『明治仏教思想資料集成』)、一一三頁。初出は『報四叢談』八号附録(一八七五年二月)。
(43) 同前、一三一頁。
(44) 同前、一三二頁。また、同論説において島地は、インドや日本など「未開ノ諸国」で想像された「神」を「衆神」、キリスト教のような宗教の「神」を「単神家」と呼ぶ。そして、神道の「神」はキリスト教の「神」とは異なり「祖先」にあたるため、神道を「宗教」というカテゴリーから排除したのである。こうした島地の神道認識の背景には、真宗的な神祇観の影響があるということは、すでに指摘されたとおりである(福島寛隆「島地黙雷に於ける伝統の継承」〈『龍谷史談』五三号、一九六四年〉)。
(45) 福間光超「真宗における「真俗二諦」の形成」(二葉憲香博士古稀記念論集刊行会編『日本仏教史論叢』永田文昌堂、一九八六年)や柏原祐泉『真宗史仏教史の研究Ⅲ 近代篇』(平楽寺書店、二〇〇〇年)の第一篇「近代真宗の進展」参照。
(46) 岩田真美「幕末維新期の西本願寺門主消息にみる真俗二諦の形成過程」(『龍谷大学大学院文学研究科紀要』三二号、二〇一〇年)、七一―一〇頁参照。
(47) 安丸良夫・宮地正人編『日本近代思想大系 第五巻 宗教と国家』(岩波書店、一九八八年)、二二五頁。
(48) 「真宗教導大意」は、明治二(一八六九)年九月、朝廷の「宗意御下問」に答えたものである。本願寺がそれを公式的な路線として各門末寺院に配ったという(二葉憲香・福嶋寛隆編『島地黙雷全集 別冊』本願寺出版協会、一九七八年、一七頁)。
(49) 島地黙雷「真宗教導大意」(二葉憲香・福嶋寛隆編『島地黙雷全集 第一巻』本願寺出版協会、一九七三年)、一八四頁。
(50) 島地黙雷「開導利用説」(二葉憲香・福嶋寛隆編『島地黙雷全集 第二巻』本願寺出版協会、一九七三年)、一八六頁。初出は明治五（一八七二）年一月。
(51) 前掲註(49)島地「真宗教導大意」、一八四頁。
(52) 島地は一八七三年に、「大州・石秋・長谷川宛書簡」（一八七三年二月二三日付）で「今日教ノ衰ルハ他ノ誹斥ヨリスルニ非ズ、即自ラ信ヲ失フニ依レリ」と、ほぼ同じ主旨のことを述べている（前掲註(5)二葉・福嶋編『島地黙雷全集　第五巻』、一九三頁）。
(53) 島地黙雷「教の心得」（二葉憲香・福嶋寛隆編『島地黙雷全集　第四巻』本願寺出版協会、一九七六年）。前掲註(5)二葉・福嶋編『島地黙雷全集　第五巻』の「解題」によると、願教院文書ではこの論説の初出は一八七五年八月であるが、掲載誌は不明である。また同論説は、一八八四年六月に『教学論集』（六編）に再録されたと推測される。
(54) 前掲註(53)島地「教の心得」、四頁。
(55) 同前、五頁。
(56) 同前、四―五頁。
(57) 「殊に教法と政事との分ちさへしらずして、上の御趣意なるぞ、聞かねば済まぬぞよと、権威を以て申し付る風情」（同前、五頁）。
(58) 同前、五頁。
(59) 同前、六頁。
(60) 島地にとって「信仰」は国民教化のために必要であるが、「愚かなるもの」と「賢き人」の「信仰」は異なっている。そのなかで、とりわけ「文明」の時代風潮に反する「信仰」――たとえば「神仏信仰」のような「夢想霊験」や「加持御祓」を中心とするもの――は「身にも心にも益するところなき」ものであり、そのため教化によって排除すべきであるとされている（同前、八頁）。
(61) 島地黙雷「時事新報ノ宗教論ヲ駁ス」（『令知会雑誌』四号、一八八四年七月）、六頁。
(62) 「護持ノ文字ハ固有ノ物体ヲ失墜セス之テ永遠ニ保持スル意味ニ属シ、宣布ノ文字ハ未タ有ラサル所ニ新ニ弘布スル意味ニ従ヒ其主義ノアル所自ラ進退ノ勢ヲ殊ニシ、延テ自利ト利他トノ別ヲ生シ、従テ死守活用ノ隔リヲ起シ終ニ利害得失天淵ノ差ヲナスニ至ル」〈島地黙雷「護法布教何レカ今日ニ切実ナル」〈『令知会雑誌』五号、一八八四年八月〉、一―二頁〉。
(63) 同前、一三頁。
(64) 島地「空論を去て実用に就けよ」(『令知会雑誌』五〇号、一八八八年五月)、二五七頁。
(65) 同前、二六三―二六八頁。
(66) 前掲註(4)クレーマ「島地黙雷」および、KRÄMER. "Shin 信 as a Marker of Identity in Modern Japanese Buddhism" 参照。
(67) 「文明開化」を基準軸とした島地は、明治二〇年代頃になると、「国粋主義」を掲げた政教社などの活動と積極的に関わっていく。たとえば一八八八年四月、島地は三宅雪嶺(一八六〇―一九四五)、杉浦重剛(一八五五―一九二四)、井上円了(一八五八―一九一九)などとともに、政教社の成立とその機関誌である『日本人』の創刊に携わっていく。その時期の島地の学問的営為に関する研究は比較的少ない。今後の課題としては、明治二〇年代頃の彼の宗教論とその影響にも着目し、それが明治初期の彼の思想といかなる関係にあるかということを示し、島地の信仰論の行方について考察したい。

第二章 「仏教改良」と「信仰」
——明治中期における仏教知識人の言説空間を中心に——

はじめに

明治初年の神仏分離令が引き金となった廃仏毀釈を共通の原体験として出発した日本近代仏教は、明治二〇年代頃になると「改良」という名のもとに従来の仏教のあり方を批判し、その「革新」や「復興」を求める思潮が盛んとなった。そのなかで、とりわけ「宗教の価値を哲学・理学の真理との一致に求め、近代合理主義に合致するものである」と主張することが、明治中期の「仏教革新論」の中心課題であったということは、戦後の近代仏教史研究を牽引した一人である池田英俊が教えたところである。(1) その背景として、進化論を含む近代科学の導入とその受容や、一八七三年の五榜の掲示撤去に代表される一連の措置により、仏教と同じ土俵に上がったキリスト教の動向、キリスト教を範型とした「宗教」なる概念の展開が挙げられる。

かかる明治中期の「仏教改良」の代表例として、「哲学」を軸として仏教の「復興」を図り、一八八七年に哲学館（現・東洋大学）を創立した井上円了（一八五八—一九一九）がしばしば取り上げられる。(2) いずれの研究においても、円了は進化論などの近代科学や西洋哲学の知識を踏まえながら、キリスト教ではなく仏教にこそ真理があると主張したと強調されてきた。また、明治中期に『宗教革命論』（博文堂、一八八九年）を著し、同時代の青年仏教徒に大きな影響を与えた中西牛郎（一八五九―一九三〇）をめぐる、星野靖二による研究も進展した。(3) このように、明治中期に仏教の「改良」や「革命」を主張した人物に焦点を当て、その議論の特徴や影響力を追った研究は存在するが、一つの共通前提となった「仏教改良」の必要性がいかに認識され、新たなメディアを通じてどのように広がり、そしてそこにいかなるダイナミズムがあったのかについて、詳細な言説分析はあまりなされていない。

そこで本章では、明治二〇年代頃の「仏教改良」がいかに語られ、それがいかなる可能性を持っているかを検討する。それに際し、近年、明治維新以降の日本仏教史の展開で注目される「メディア」の役割を視野に入れる。大谷栄一は、近代における日本仏教の変容の特徴として、仏教者や仏教団体が雑誌や新聞・ラジオ・テレビなどのメディアを用いてその教説と思想を広めたことを挙げている。(4) とりわけ明治期には、多くの仏教結社が創立されると同時に、仏教系の雑誌や新聞の出版も活発におこなわれていた。その多くが継続的な公刊には失敗したが、それ以降の仏教界に深い影響を与えたものも少なくない。

本章では、まず明治二〇年代頃の「仏教改良」をめぐる諸問題を解明すべく、一八八四年四月に創刊され、仏教系雑誌の先駆的な位置を占めている『令知会《りょうちかい》雑誌』（のちに『三宝叢誌』と改称）で発表された仏教改良論を扱い、具体案としての「改良」論の展開を検討する。そして「仏教改良」の語りが地方仏教にまで浸透した結果起こった、二人の在家仏教徒の間で繰り広げられた一つの論争を取り上げ、「改良」の必要性がある程度共通の認識となったうえで、「改良」のモデルをめぐっていかに状況が交錯したかについて考察する。

第一節　僧侶による実践の「改良」
――『令知会雑誌』から見る仏教改良論――

本節が主に扱う『令知会雑誌』は、一八八四年二月一日に浄土真宗本願寺派の僧侶・島地黙雷や真宗大谷派の僧侶・平松理英（一八五五―一九一六）が中心となり結成された令知会の機関誌である。その刊行目的は宗派を超えた仏教の学術研究であるが、主に真宗系知識人が集って活発な議論を展開した。同雑誌に掲載された論説を見ると、「キリスト教への対抗意識」「仏教改革論」「仏教の国家主義的形態への再編成」という三つのテーマが明確に読み取れる。[5] こうしたキリスト教への危機感と仏教を「改革」する志向が、いかに結びついて語られたかを考察すべく、本節では、早い段階で『令知会雑誌』で明確に「改良」を掲げた井上円了と真宗大谷派の僧・吉谷覚寿（一八四三―一九一四）の議論を考察する。

明治中期における仏教者とキリスト教の弁証論を考察した星野靖二は、従来の必ずしも実体を持たず、「耶蘇」のイメージとしてのみ存在したキリスト教が、日本人のキリスト教徒が地方伝道を始めた明治一〇年代には、実体をともなうものとして仏教と正面から対決することとなったと指摘している。[6] それに際してキリスト教は、仏教界の共通の「敵」であると同時に学ぶべき「モデル」として認識されるようになった。[7] かくしてキリスト教との競争のなかで仏教の優越性を主張するために出版されたものとして、井上円了の一連の著作――法藏館から出版された『真理金針・初編』(一八八六年)、『真理金針・続編』(一八八六年)、『真理金針・続々編』(一八八七年)と、哲学書院から出版された『仏教活論・序論』(一八八七年)、『仏教活論・破邪活論』(一八八七年)、『仏教活論・顕正活論』(一八九〇年)――が知られている。

円了の「仏教改良」に焦点を当てた長谷川琢哉が指摘したように、円了のキリスト教批判は単なる「排耶」にとどまらない。仏教を弘めるために、明六社のメンバーに代表される「知識人たちの実学観・宗教観」と対抗し得る「仏教」の構築が、円了の急務であったからである。(8) こうした円了の姿勢は、円了が『令知会雑誌』で発表した「僧門改良ノ今日ニ急務ナル所以ヲ論ス」からも読み取れる。同論説で円了は、宗教の目的が「世ヲ益シ人ヲ利スル」にあるため、仏教も「世間」と「出世間」という二つの側面があるが、「世間ノ目的」を達成することによって「出世間ノ目的」に至るべきであるとする。(9) そして仏教の「衰頽」の原因がその内部――すなわち、僧侶自身――にあり、それゆえに、キリスト教を攻撃するだけでは眼下の仏教の窮状を脱せないと説く。そうした見解に基づいて円了が案出した改良策は、「僧侶タルモノ葬祭ノ外ニ、国益ヲ興シ、民利ヲ計ルヲ以テ自ラ任スルニアリ。即チ人民ノ教育ヲ開キ、道徳ヲ導キ、貧ヲ救ヒ、弱ヲ扶ケ、老テ養ヒ、疾ヲ問ヒ、悪事ヲ戒メ、善行ヲ勧メ、人情ヲ移シ、風俗ヲ化」することである。(10) このように、円了は「世間ノ目的」の具体的な内容を「教育」や「道徳」の養成、「貧弱老疾」のための慈善活動などと想定し、僧侶が従事する実践を問題視し、その「改良」に力点を置いていることがうかがえよう。

ところで、同誌で最も多くの仏教改良論を発表したのは、東京大学で教鞭を執っていた時期に円了と師弟関係にあった吉谷覚寿である。[11] 吉谷は美濃海津（現・岐阜県海津市）の浄厳寺に生まれ、[12] 幼くして同じ大谷派の学僧・観月（一七八七―一八五九）に師事し、また、大谷派の高倉学寮に学んだ。一八七七年、宗門の教育機関である東京教校の教授に就任し、一八八一年から八九年まで、東京大学（一八八六年から帝国大学と改称）でインド哲学の講師を務め、一八八五年に東京教校の校長の位についた。一八九〇年に高倉大学寮教授に転任し、高倉大学寮の「重鎮」と評された。吉谷の「仏教門中最モ速ニ改良スヘキモノアリ」は『令知会雑誌』三〇号、三三号、四二号に連載され、そして「改良ノ基本如何」は四八号に掲載された。

その具体的な内容について、一八八六年、吉谷は条約改正をはじめとして、「社会改良」の風潮が高まっていることに言及し、仏教に関しても「教学ノ二途」の「改良」が最も緊要と論じている。「学」とは「学識」を指しており、「教」とは「布教」のことである。そして「興学」（「学」の興隆）を本として「布教」を末とすべきであると、「改良」の基本的な方針を示している。[13]

「興学」を「改良」する具体的な方法として、吉谷は「西洋ノ哲学」では「百家其説ノ同帰スルトコロノ一理」が発見されたのと同じように、仏教の各宗派のさまざまな教説を単に「並存」させるよりも、「正義正説」を「簡略」に学ぶことを目的とすべきであると主張している。[14]「布教」に関して言えば、吉谷にとって「布教」には二つの意味が含まれ、「直接ノ布教」とは「説教、演説、著書、出版等」のことであり、「間接ノ布教」とは「貧民救恤、殖産興業等」を指しているという。[15] 彼はとりわけ前者を詳細に論じ、仏教を説くものが「仏教中ノ空有性相等ノ無量ノ法門」のみならず、「世間普通ノ数理心哲等ノ数種ノ学ヲモ兼修スヘシ」としている。[16] さらに「海外万国」への布教を視野に入れ、帝国大学で新たに開設された「博言学」に言及し、仏教者の「語言学」を習得する重要性を強調している。[17]

かくして吉谷が提示した具体的な改良策は、僧侶自身の仏教の捉え方および布教方法と関わるものであり、各宗派に属する人々に向けてその内省を促すことを目的としている。谷川穣が指摘したように、一八八〇年代半ば頃となると、僧侶による「俗人教育」への参入を肯定する傾向がとりわけ教団の「外」で活動する僧侶に見られ、そしてその動きはまた、教団の「内」で自宗派の僧侶養成に携わる僧侶に「感得」されていく。[18] こうした「教育」をめぐる時代状況に身を置いた吉谷は、東京大学に着任するまでに、僧侶養成機関である東京教校で教育の経験を積んだため、「僧侶」を「改良」の主体としながら、「俗人」を念頭に置いた「興学」と「布教」を提唱したといえよう。

『令知会雑誌』で発表された論考では、従来の仏教への批判とその「改良」は主に僧侶の実践をめぐって議論される傾向があった。しかし、一八八九年四月に島地黙雷が「本誌改良の旨趣」を発表し、「主義」の「改良」を宣言し、新たな次元での「改良」を主張した。次節では、それ以降の『令知会雑誌』における「仏教改良」を検討する。

第二節　「旧仏教」と「新仏教」

――『令知会雑誌』における仏教改良論の展開――

一八八九年、島地黙雷「本誌改良の旨趣」が『令知会雑誌』に掲載され、雑誌の体裁と「主義」の「改良」を表明した。それ以降、同誌では仏教青年会関係の記事が目立つようになり、「仏教改良」の新たな局面――仏教青年会の活動による「改良」の実践――が切り拓かれたとされる[19]。そして「改良」の文脈で「新仏教」が議論されるようになっていく。近年、青年仏教徒を中心として、世紀転換期に巻き起こった新仏教運動の系譜を探る検討がおこなわれ、たとえば大谷栄一は、それを明治中期に活躍した中西牛郎の著作や、一八八六年に浄土真宗本願寺派普通教校の学生が設立した反省会の言論活動に求めている[20]。このように、明治中期の「仏教改良」の思潮と新仏教運動における「新仏教」論とのつながりが重要であると考えられるため、本節では、先述した島地の論考とそれ以降に同誌上に現れた「新仏教」という主張の内実を分析し、『令知会雑誌』における仏教改良論の展開を検討する。

「本誌改良の旨趣」ではまず、「材料を豊富にして、紙数を増加」するなど「体裁」上の「改良」と同時に、「主義」の「改良」が述べられる。島地によると、従来の『令知会雑誌』の議論は「恰も中流に漂ふ船の如く改進保守の中道に在て、曖昧模糊自ら躊躇し、殆んと一定の主義なき者の如く」であったが、「社会改進の大事業」にともない、「改良」の方針を定めるべきであるという[21]。その方針とは「論理上の改新を以て、行事上の改進に移し、空論を去りて、実行に就くこと」とあるが[22]、「論理」と対置される「実行」の具体的な内容について、同誌の五〇号で発表された島地の「空論を去て実用に就けよ」が彼にとっての「実行」を理解するうえで参考となる。島地いわく、「実行」には「法ヲ宣説」することと「徳ヲ実行」することという二つの側面がある[23]。とりわけ後者に関して、彼は僧侶が「来世」のことよりも、「至徳具足、転悪成善、知恩報徳、常行大悲ノ如キ、現世ニ得ヘキ徳益」を説くべきであると主張し、それに加え、当時の少年教会や貧民学校の設立などの動向に触れ、僧侶が積極的に社会事業に携わることの重要性を論じている。[24]

ところで、島地がこうした「実行」の指標点として高く評価したのは、中西牛郎の『宗教革命論』である。「新仏教」を提唱し、同時代の青年仏教徒に大きな影響を与えた中西は同書で、「旧仏教は保守的、新仏教は進歩的」「旧仏教は貴族的、新仏教は平民的」「旧仏教は物質的、新仏教は精神的」「旧仏教は学問的、新仏教は信仰的」「旧仏教は独個的、新仏教は社会的」「旧仏教は教理的、新仏教は歴史的」「旧仏教は妄想的、新仏教は道理的」という七つの指標点を提示する。[25] 教団内で指導的な地位にあった島地は、こうした「旧仏教」と「新仏教」の対立に共鳴し、「此既往腐敗の仏教を改新し、将来活発の仏教、真正道徳の仏教を興起せしめんとする」ことを「僧侶」と「信徒」に呼びかけている。[26]

「旧仏教」対「新仏教」の図式をもって仏教改良論を展開したもう一つの事例として、同誌に数多く寄稿した佐々木狂介（生没年不詳）の論考が挙げられる。佐々木は同誌六一号で「仏教改良論者ノ随一」として中西を称賛し、その『宗教革命論』を円了の『仏教活論』と「伯仲ノ間」にあるとしながら、仏教が「日本一社会」のみならず欧米諸国を含めた「文明社会」でキリスト教より発展していくことが論じられた点を評価し、中西の著作のほうが優れているとする。[27] また、同じく六一号で「新仏教将ニ興起セントス」を発表し、欧米社会におけるキリスト教と仏教の動向を視野に入れ、「理学」と「哲学」によりキリスト教の「教理」は「敗亡ノ卒」となったが、仏教の「真理」が認識されつつあると述べ、「新仏教」の必要性を説いている。[28] 佐々木によれば、かかる「文明社会」の風潮に乗り仏教を「新日本ノ仏教」へと改めるべきであるが、「社会多数ノ人ト、深慮遠識アルノ士ハ、猶忍シテ旧仏教ヲ棄テズ、以テ之レカ改良ヲ待チッ、アルナリ」と、「旧仏教」の「改良」を待つよりも、それを徹底的に「新仏教」とすべきであると論じている。(29) 佐々木が構想した「新仏教」は、僧侶のみならず信徒を含めたものであるが、それを実現するために、「各宗何レノ本山カ、奮フテ之レカ先鞭《ママ》ヲ着クル者ゾ」(30)と、やはり僧侶が主体となり活動することを期待したようである。

かくして『令知会雑誌』において「改良」という言葉のもとで展開された僧侶の自己批判は、「旧仏教」対「新仏教」という新たな枠組みで議論されるようになった。そしてこの過程で中西の『宗教革命論』が大きな影響を与えたことを確認した。佐々木の議論からうかがえるように、キリスト教の布教活動への危機感と、教理の側面でのキリスト教に対する仏教の優越性との結びつきは、「文明」の欧米社会における動向に裏づけられた。一方、「宗教」なる概念とキリスト教を同定し、キリスト教を「仏教改良」のモデルとする言説も一定の影響力を持っていた。

第三節　「仏教改良」と「信仰」
――田島象二『仏教滅亡論』に着目して――

すでに『令知会雑誌』の事例で確認したように、明治中期の仏教系新聞・雑誌では、キリスト教への警戒感と仏教「改良」の緊迫感が密に絡み合っていた。本節では、新聞記者として幅広く活躍した在家仏教者・田島象二（一八五二―一九〇九）が一八八八年に著した『仏教滅亡論』（三浦兼助　其中堂）を取り上げる。田島の宗教論についてはオリオン・クラウタウによる研究が唯一のものであり、そこでは、田島と「南柯堂夢笑道人」と号する在家仏教者・萩倉耕造（生没年不詳）との間でおこなわれた「仏教滅亡」をめぐる論争に焦点が当てられている。クラウタウによれば、一八八〇年代には「仏教」は「学問」か「宗教」かというもうひとつの問題が議論されているなかで、田島と萩倉の論争があった。そこで『仏教滅亡論』をめぐる論争は、一八八〇年代における「学問」「宗教」の言説枠に位置づけてはじめて理解できるのである。[31] また、この論争は地方仏教における「仏教刷新論」の受容、いわば「仏教刷新論」のネットワークを解明するうえで重要なエピソードであるという。本節では、クラウタウの研究を踏まえつつ、仏教者のキリスト教認識と「改良」との関わりという新たな視点からこの論争を再考し、田島がいかに仏教の「宗教」としての価値を「信仰」に見出したかを考察する。

田島は、近代仏教史において忘れ去られた人物である。彼は明治期の代表的な排耶論者であり、キリスト教を反駁するために『新約全書評駁』（若林喜兵衛、一八七五年）を著し、同書にはマタイ伝福音書が収められている。このように、キリスト教に関して一定の知識を有していた田島は、仏教青年会の活動にも積極的であった。「日蓮主義」を唱導したことで知られる田中智学（一八六一―一九三九）は、若き日にある仏教青年会で田島と論争したが、その二年後に当時の有力な知識人である田島が「田中智学氏は日蓮宗の英雄なり」と自分を高く評価したと回顧し、田島に尊敬の意を表している。[32] 田島は「任天居士」や「酔多道士」と号し、一八七七年から時局風刺雑誌『団々珍聞』の記者や、一八八一年から『読売新聞』の特別寄書家を務めるなど、さまざまなメディアを通して多岐にわたるテーマの議論に参加していた。[33] それと同時に、熱心な仏教信者でもあり、曹洞宗の学僧・西有穆山（一八二一―一九一〇）のもとで居士となり、仏教をもってキリスト教を批判し、また、仏教の結社活動にも積極的に関わっていた。このように、広く当時の宗教界を渡り歩き、知識を渉猟した田島は、新聞記者の身分を通して読者を獲得した[34]。

　さて、田島の見立てによれば、当時の仏教界は「進化ノ颶風」「哲学ノ暴雨」「耶蘇教ノ激浪」に直面している危機的な状況にありながら、それに抵抗できる力がなく、それゆえ、仏教のあり方を見直すことによってしかその勢力を回復できない状況にあった[35]。また田島は、日本列島におけるキリスト教の隆盛と仏教の衰亡を「予言」し、仏教者に警鐘を鳴らしている。ここでまず、田島がいかに日本における仏教の歴史を振り返り、それにより「滅亡」を論じたかを検討する。

　田島は、伝来から明治維新までの日本列島における仏教の展開を跡づけ、日本の仏教が「民間ノ信仰心」ではなく、「王侯貴族」を中心に据えたものであると断言し、そのため、本当の「宗教」ではなく、必ず滅亡の運命に至るという予言を下している。彼はとりわけ近世僧侶の「堕落」を描き、その「堕落」によって、「信仰」の側面から見れば、仏教の「信者」と称することができる者がほとんどいないという結果に至ったとして、次のように述べる。

　真宗ノ黙従教徒、日蓮宗ノ游戯(ママ)半分、(ママ)ノ信者ヲ除クノ外ハ皆無宗教ナルヲ思ハザルヲ得ズ……而シテ此一千万ノ信者ハ教理ヲ聴テ信仰ヲ起シタル者歟（学者ヲ除キ）否然ラズ祖父祖母ノ遺下セル習慣ヨリ来リシナリ、奇蹟ヨリ来リシナリ、已ニ教理ヲ聴、哲理ニ由テ、信仰心ヲ起シタル者ニ非ル以上ハ、之ヲ信仰心アル者ト謂ベカラザルヤ明矣[36]。

こうした記述から、田島は仏教者が「習慣」や「奇蹟」のために「信仰」を持ち始めたことに否定的な態度をとり、あくまでも「教理」や「哲理」、すなわち「道理」に重きを置いた「信仰」を主張していることがうかがえよう。かかる「信仰」理解は、彼による「妄信」と「信仰」の区別からも読み取ることができる。田島は「妄信」の代表例として、「奇蹟」「霊験」への「信」や、「経典ノ転棒読」「真言秘密」「葬儀ノ虚飾」を挙げ[37]、たとえば経典の解釈について、「凡ソ経典ハ文字々音ニ効力アル者ニ非ズ、義ヲ釈シ意ヲ取テ、之ヲ衆庶ニ聴シムルヲ以テ始テ社会ニ応用為ス者ナリ」と論じているなど[38]、近代的な合理性を前提として「信仰」のあり方を模索した。

第四節　「黙従教」とキリスト教

――「宗教」なる概念をめぐる論争――

先ほど引用した田島の文章においてさらに留意すべきは、「黙従」という言葉であろう。この「黙従」――超越的な存在の教えに黙して従うこと――は後述するように、まさに田島の宗教論のキーワードであり、彼は近代日本にもたらされた「宗教」という概念そのものを「黙従教」と同一視し、それを軸に「信仰」を「宗教」の中核的な要素とした。一方、田島が「滅亡」する運命を論じ、「妄信」する側とした真言系仏教者は、同じく「宗教」を「黙従」と解しながらも、それがキリスト教中心的な宗教理解であり、それゆえに新たな時代を担う資質に欠けることを示そうとしていた。たとえば、一八八一年に真言宗法務所課長の位についた土宜法龍（一八五四―一九二三）が、「教家ノ真理ヲ蔽キ出スハ果シテ是レ何レノ日ソ」という題目のもとで演説をおこない、「黙従教」について述べている。土宜によれば、「レリジョン」の訳語として「黙従教」があり、そこでの「黙従」とは「金訓祖詰ニ黙従服事」するということである[39]。「黙従」の態度に反して、新たな時代の宗教は「真理」を探究せねばならず、「疑惑探究」という「二心」が必要であるという[40]。土宜はこのように「黙従教」を規定したうえで、「黙従教」としてのキリスト教が「自由不羈ノ霊台」を「屈従陪属ノ奴隷」とした宗教であると非難していく[41]。それに対して仏教の「真理」にあたる「真如」を強調し、「而シテ今我カ教家ノ真理ヲ敲キ出サント欲スルモ、亦此人心ヲ必要トスルコト毫モ諸君ノ学科ニ異ナル所ナク、決シテ黙従妄信ノ中ニ於テ満足ヲ求ムヘキ者ニ非サルナリ」と、「黙従妄信」の領域を乗り越えた「真理」の追求に重きを置いている[42]。

「宗教」を「黙従教」とする理解を示したもう一人の人物として、真言宗の律僧・釈雲照（一八二七―一九〇九）が挙げられる。雲照は僧俗を巻き込んだ十善戒運動を展開したことで知られる持戒僧であり、そして土宜が雲照を補佐して同運動の母体「十善会」を主宰したことから、二人の間で交流があったことを推測することができる。雲照は『大日本国教論』で、「黙従教」をキリスト教と措定し、「黙従」と「自由」を対比させ、「吾宗教ハ如実知自心ヲ宗トシ、自心本具ノ精神ヲ明了スルヲ以テ成仏作祖ト名ツク、自心ノ外ニ更ニ一法ノ依頼スヘキモノナキノ義ニシテ真ニ自由ノ精神ナリ」と[43]、仏教を「自由ノ精神」と合致する宗教としている[44]。

土宜や雲照などの真言系仏教者によるこれらの「黙従」解釈とは異なり、田島は「黙従」とキリスト教を結びつけつつ、そこに積極的な意味を見出した。すなわち、土宜らによる批判の論理を逆転させ、自身の「妄想」よりも「仏陀」の「救済」に「信スル」ことが「宗教」の本来の意味であると論じたわけである[45]。そしてこうした「黙従教」の範疇に入るのは、キリスト教と「他力門」のみであるという認識を示している。

弥陀ノ本願力ニ乗シ（黙従）自力ヲ抛却シテ一念一向ニ極楽往生ヲ悲訴セヨト云ヲ宗トシ、耶蘇教ニ在テハ、異魂ノ不可ト認ムル魔事（十善戒ニ犯スル等）ニ近ヅカズ、偏ニ上帝ノ本願力ニ乗ジテ、聖経ノ示ス所ニ黙従シテ、天堂福地ニ往生スルヲ宗トスレバ、夫ノレリジヨンハ黙従ヲ以テ原則トシテ他力ヲ以テ主義トスルハ蓋シ宗教ノ宗教タル所ナラン[46]。

このように、田島はキリスト教をモデルとした宗教論を展開しているが、それと同時に「十善戒」や、「上帝ノ本願力」「天堂福地ニ往生スル」などの仏教の文脈で用いられる表現をそのままキリスト教に当てはめている。これは、仏教に関心がある読者を念頭に置いている戦略的な言葉の用い方であるとも考えられるが、そこからキリスト教と仏教の「他力門」の共通性を強調する意図もうかがえる。その実、彼はキリスト教と「他力門」に属する真宗の教義の類似点を並べ、「真宗ハ東洋ノ耶蘇教ニシテ耶蘇教ハ西洋ノ真宗ト謂ベシ」とまで主張している[47]。

田島は、「知識を愛する」ことを特徴とする「哲学」との比較で「黙従」を特徴とする「宗教」について自説を展開し、仏教の「哲学」的な要素を強調して「中流以上」の人を惹きつけるより、むしろ「中流以下」の人に向けて「宗教」の感化力を発揮させるべきであるとする。そこで、「末法ノ世」において「宗教ノ點《(黙)》従ハ中流以下ニ向テ必用的ノ器械ト云サル可ラズ」という結論が出されている[48]。

かくして田島は、「宗教」を「黙従教」とする理解のもとで、人間の知識の及ばない範疇に「宗教」の存在意義を認め、「妄信」とは一線を画する「信仰」によってのみ「宗教」に到達しうると主張する。そして田島は明治中期の「平民主義」の主張に呼応し(49)、「中流以下」の人に向けての感化力を重視し、同時代の仏教者の語りに広く見られる「聖道門」と「浄土門」という枠組みを用いて、「他力門」に属する真宗こそが近代社会にふさわしい「宗教」であると述べる。明治期において初めて実現されるべき「新仏教」を提唱した中西とは対照的に、田島は現に存在する真宗に仏教「改良」の理想を見出した。その裏には、「黙従教」のモデルであるキリスト教と真宗の共通性への確信があった。

ところで、『仏教滅亡論』が世に出された翌年に萩倉耕造は、仏教衰滅の予言をもって仏教界に警鐘を鳴らすという田島の意図を的確に把握したうえで、その反論として同じく名古屋の其中堂から『仏教不滅亡論』を上梓した。萩倉は田島と友人関係にあり、仏教系結社・法雨協会に参加し、その機関誌である『法之雨』の編集にも携わっていた。田島の議論で萩倉が最も問題視しているのは、ほかでもなく「黙従教」の理解であった。

萩倉は「黙従」を原始社会における「信仰崇拝」のあり方であるとし、「人智」の進歩にともない、近代社会ではもはや「黙従」のかたちでの「信仰」が信憑性を失い、時代遅れのものとなったと批判を加える(50)。「黙従」の「信仰」に代わって、萩倉は「信仰」を「自己心意の作用」とし、そこで「信仰」の持ち主が認めた「正真ノ道理」が必要不可欠な判断基準であると主張している(51)。

かくして「宗教」を「黙従」とする捉え方に批判的な態度を示した萩倉は、仏教を「道理界ノ教法」とし、「若シ強ヒテ宗教ハレリジヨン即チ黙従ナリトセバ、仏教ハ宗教ト称セザルモ敢テ差支へナシ」[52]とまで述べ、「道理」に合致している点で仏教の特徴を見出している。しかしながら、「黙従」を「道理」と相反するものとしている萩倉の捉え方に対し、田島の場合、彼の「妄信」批判からもうかがえるように、必ずしも「道理」とは乖離しないところで「黙従」が構想されていた。ここにおいて、二人の「黙従教」の捉え方に齟齬が生じたということを指摘することができよう。

このように、田島の『仏教滅亡論』への反論を試みた萩倉も、キリスト教より仏教の優越性を主張する時に「黙従教」を用いた土宜法龍と釈雲照も、「宗教」を「黙従教」と翻訳することを認めたものの、そうした宗教の捉え方では仏教の「真理」を求めることができないとする。また、土宜と雲照の仏教弁証論に共通して見られる「黙従」と「自由」の対比が重要であろう。彼らは自らが属する真言宗の立場より「自心」、すなわち自力の作用を強調し、それを「自由」と接続して再解釈した。かかる論理の展開は、田島が「他力門」、とりわけ真宗を「黙従教」として評価し、その認識から「信仰」の議論を引き出しているのとは好対照をなしており、注目に値する。

おわりに

以上、明治中期における「仏教改良」の語りを考察すべく、『令知会雑誌』の論説と在家仏教者・田島象二が著した警世の書である『仏教滅亡論』とそのキーワードである「黙従教」をめぐる異なる意見を考察した。キリスト教の布教活動が可視化するのにともない、キリスト教への危機感と仏教を「改良」する必要性の認識が結びつき、「改良」の具体的な方策とそのモデルをめぐる言説が多様化していった。

すでに指摘されたように、この時期には仏教が「学問」か「宗教」かという問題が議論されているが、本章で確認したように、それに加えて理想的な「宗教」のあり方を「改良」された仏教や「新仏教」に求めるか、キリスト教に求めるかによって、正反対の議論が提示された。それにもかかわらず、たとえば西洋哲学の枠組みを参照しつつも、仏教の「真理」を「哲学」の次元で主張した井上円了の議論で見られるように、望ましい「仏教」の語り方では、「宗教」と「哲学」の関係が一つの共通軸となっている。換言すれば、明治中期における「仏教改良」の議論は、こうした「宗教」と「哲学」の緊張関係のなかで展開されたといえよう。

本章では、田島の『仏教滅亡論』の意義を、『令知会雑誌』に代表される明治中期の仏教メディアに展開された仏教改良論の広がりのなかで検討した。すなわち、『令知会雑誌』では、キリスト教の「教理」への批判とその実践への警戒感が表裏一体のものであり、こうしたキリスト教認識のもとで仏教の「改良」や「新仏教」が提唱された。こうしたキリスト教への危機感は田島の議論でも確認できるが、彼はむしろ「宗教」をキリスト教＝「黙従教」と同一視し、「民間ノ信仰心」を集めることが「宗教」の要務であるとしたうえで、「他力門」に属する真宗と「黙従教」の共通性を見出した。「黙従教」という用語をめぐって、真言宗の僧である土宜法龍と釈雲照、そして『仏教滅亡論』への反駁を試みた萩倉耕造は、それぞれ異なる主張をしている。すなわち、土宜と雲照は、「黙従」に対して「自由」を強調し、後者を新たな時代にふさわしい「宗教」のあり方であるとし、萩倉は「黙従」ではなく「自己心意の作用」による「信仰」の確立を強調している。

仏教が「宗教」化されていく過程のなかで、田島は望ましい「宗教」のあり方を「黙従」と「民間的信仰」に見出し、キリスト教と真宗をモデルとして仏教全体の「改良」を訴えたが、それに対して土宜らは、「黙従」を中心とする宗教理解に違和感を抱きつつ、仏教の弁証論を展開していく。ここでは田島が、『令知会雑誌』における島地黙雷や佐々木狂介の論考で見られたような来るべき「新仏教」を構想するよりも、現に存在する真宗を理想的な仏教としたことは重要であろう。

明治二〇年代頃の仏教改良論でもう一つ留意すべき点は、「信仰」がいかに形作られたかということである。本章で見たように、キリスト教を「仏教改良」のモデルとした田島の議論では、「信仰」への強調がすでに「民間的信仰」のかたちで見られ、そしてそれがしばしば「他力門」、とりわけ真宗との関わりで語られた。田島が提示した「仏教改良」は、キリスト教＝「黙従教」を理想的な「宗教」としているからこそ、キリスト教の「信仰」を仏教に当てはめて語りえたといえよう。キリスト教脅威論からキリスト教肯定論へ――こうした二つの立場の間に、この時期における「仏教改良」のダイナミズムが見えてくるのであり、そこには「信」をいかに位置づけるかという仏教者の営為が如実に表れていたのである。

本章で見てきたように、かかる「仏教改良」の風潮のなかで「新仏教」という主張も見られるようになるが、それがやがて、世紀転換期に巻き起こる新仏教運動へとつながっていく。その過程で、「新仏教」における「信仰」というものの重要性が強調されたのである。次章では、新仏教運動の前身にあたる経緯会に焦点を当て、その機関誌『仏教』で展開された迷信論を分析する。

註

（1）池田英俊『明治の新仏教運動』（吉川弘文館、一九七六年）、二四六頁。
（2）井上円了は近代宗教史のみならず、近代哲学史上においても大きな足跡を残した人物であるため、彼の知的営為に関する研究は豊富である。明治中期における円了の「仏教改良」についてはさしあたって近年の研究として、竹村牧男「近代日本仏教の一場面――井上円了の仏教復興運動について」（『宗教哲学研究』三四号、二〇一七年）、長谷川琢哉「井上円了の「仏教改良」――その哲学的・思想史的背景の考察」（『国際井上円了研究』五号、二〇一七年）、同「井上円了の仏教改良と真宗大谷派」（『現代と親鸞』四四号、二〇二一年）がある。
（3）星野靖二『近代日本の宗教概念――宗教者の言葉と近代』（有志舎、二〇一二年）、とりわけ第六章「中西牛郎の宗教論」、同「明治中期における「仏教」と「信仰」――中西牛郎の「新仏教」論を中心に」（『宗教学論集』二九号、二〇一〇年）などを参照されたい。
（4）大谷栄一『近代仏教というメディア――出版と社会活動』（ぺりかん社、二〇二〇年）、一四頁参照。
（5）『令知会雑誌』の創刊とその課題について、中西直樹・近藤俊太郎編『令知会と明治仏教』（不二出版、二〇一七年）、とりわけ第一章・近藤俊太郎「『令知会雑誌』とその課題」を参照されたい。
（6）前掲註（3）星野『近代日本の宗教概念』、一一三―一一四頁。
（7）THELLE, Notto R. *Buddhism and Christianity in Japan: From Conflict to Dialogue, 1854-1899* (Honolulu: University of Hawai'i Press, 1987) 参照。
（8）前掲註（2）長谷川「井上円了の「仏教改良」」、一〇頁。
（9）井上円了「僧門改良ノ今日ニ急務ナル所以ヲ論ス」（『令知会雑誌』一八号、一八八五年九月）、二一―二三頁。
（10）同前、六頁。
（11）吉谷覚寿が井上円了に与えた影響については、佐藤厚「吉谷覚寿の思想と井上円了」（『国際井上円了研究』三号、二〇一五年）参照。
（12）吉谷覚寿の生涯については、「吉谷覚寿」（柏原祐泉ほか監修／赤松徹真ほか編『真宗人名辞典』法藏館、一九九九年）、三四二頁参照。

(13) 吉谷覚寿「仏教門中最モ速ニ改良スヘキモノアリ」(『令知会雑誌』三〇号、一八八六年九月)、一頁。
(14) 同前、六頁。
(15) 吉谷「仏教門中最モ速ニ改良スヘキモノアリ第二」(『令知会雑誌』三三号、一八八六年一二月)、一頁。
(16) 同前、七頁。
(17) 同前、八頁。
(18) 谷川穣『明治前期の教育・教化・仏教』(思文閣出版、二〇一六年)の第六章「僧侶教員兼務論と俗人教育活動の盛衰」参照。
(19) 前掲註(5)近藤「『令知会雑誌』とその課題」、三〇頁参照。
(20) 大谷栄一「明治期日本の「新しい仏教」という運動」(『季刊日本思想史』七五号、二〇〇九年)、三〇頁。
(21) 島地黙雷「本誌改良の旨趣」(『令知会雑誌』六一号、一八八九年四月)、二頁。
(22) 同前、三頁。
(23) 島地黙雷「空論を去て実用に就けよ」(『令知会雑誌』五〇号、一八八八年五月)、二五七頁。
(24) 同前、二六三―二六八頁参照。
(25) 中西牛郎『宗教革命論』(博文堂、一八八九年)。
(26) 前掲註(21)島地「本誌改良の旨趣」、四頁。
(27) 佐々木狂介(柳堂逸史)「宗教革命論」(『令知会雑誌』六一号、一八八九年四月)、三七―三八頁。
(28) 佐々木狂介「新仏教将ニ興起セントス」(『令知会雑誌』六一号、一八八九年四月)、五―六頁。キリスト教より仏教のほうが近代科学と哲学と協調できるという観点は、仏教とキリスト教の競合の過程で生み出された仏教の弁証論であるが、ここで佐々木が念頭に置いていた「欧米」の動向とは、「オルコツト氏ノ来遊」に代表されるように、欧米社会における仏教への関心と同情を指しているように考えられる(同前、九頁)。すなわち一八八九年に、アメリカの神智学徒であるヘンリー・オルコット(一八三二―一九〇七)が日本側の招聘に応じて来日し、各地で講演をおこない、キリスト教を批判するとともに仏教を評価した。このようにオルコットは、「西洋の権威」という、日本の仏教徒から期待された役割を果たした。オルコットと、オルコットが「新仏教」の思想に与えた影響については、吉永進一『神智学と仏教』（法藏館、二〇二一年）の第二章「オルコット去りし後――世紀の変わり目における神智学と「新仏教徒」」を参照されたい。
(29) 前掲註(28)佐々木「新仏教将ニ興起セントス」、九頁。
(30) 同前、一〇頁。
(31) オリオン・クラウタウ「近代と〈未来預言〉――仏教の滅亡をめぐる一八八〇年代の一論争について」（東北大学大学院文学研究科日本思想史研究室・冨樫進編『カミと人と死者』岩田書院、二〇一五年）参照。
(32) 田中智学「田島任天居士の転向」（『師子王全集論叢篇　わが経しあと　第二篇』師子王全集刊行会、一九三七年）参照。
(33) 田島の生涯については、野崎左文『増補・私の見た明治文壇1』（平凡社、二〇〇七年）、佐々木秀二郎『新聞記者列伝』（共同社、一八八〇年）、鈴木金太『衆議院議員候補者評伝――逐鹿界之片影』（山田丹心館、一九〇二年）を参照した。
(34) たとえば、田島の『仏教滅亡論』への反論を試みた萩倉耕造は、同書が出版されてからすぐに評判となり、その読者に僧侶も少なからずいたものの、それを論破できるものがまだ見られない状況を嘆いている（萩倉耕造『仏教不滅亡論』〈三浦兼助　其中堂、一八八九年〉、序二―三頁）。
(35) 田島象二『仏教滅亡論』（三浦兼助　其中堂、一八八八年）、序二―三頁。
(36) 同前、四七―四八頁。
(37) 同前、五三―六四頁参照。
(38) 同前、五八―五九頁。
(39) 土宜法龍「教家ノ真理ヲ敲キ出スハ果シテ是レ何レノ日ソ」（栗田信太郎編『日本各宗仏教演説亀鑑』競錦書屋、一八八二年）、四九―五〇頁。
(40) 同前、五〇頁。
(41) 同前、五五頁。
(42) 同前、五四頁。

(43) 釈雲照『大日本国教論』(森江書店、一八八二年)、五丁表。
(44) 雲照は「黙従」を「パッシーブプヲ゚《(ママ)》ベジエンス」(passive obedience)と、「自由ノ精神」を「インデペンデントズ《(ママ)》ピリット」(independent spirit)と、いずれも訳語として捉えている。また雲照が『大日本国教論』を著した経緯については、亀山光明『釈雲照と戒律の近代』(法藏館、二〇二二年)の第一章「戒律主義と「国民道徳」論——宗門改革期の釈雲照」を参照されたい。
(45) 前掲註(35)田島『仏教滅亡論』、八〇頁。
(46) 同前、八一頁。
(47) 同前、一〇三頁。
(48) 同前、九〇頁。
(49) 明治中期の「平民」を是とし、「貴族」を非とする風潮と仏教との関わりについては、森新之介「鎌倉平民仏教中心史観の形成過程」(『近代仏教』一九号、二〇一二年)から示唆を得た。
(50) 前掲註(34)萩倉『仏教不滅亡論』、一〇二—一〇三頁参照。
(51) 同前、一〇四頁参照。
(52) 同前、一〇六頁。

第三章　「迷信」と「信仰」のはざま
――境野黄洋における「詩的仏教」の構想――

はじめに

西洋世界からもたらされた「科学science」に代表される普遍性を帯びた学知の導入によって日本列島土着の宗教的世界観が動揺し、再編をせまられたことがしばしば指摘される[1]。多くの先行研究で提示されたように、科学が明治以降の日本社会に浸透していくなかで、仏教はキリスト教に抗しながらそれらの学知との積極的な交渉を試みたが、その過程で仏教のなかに含まれる合理性を欠くと見なされた部分の排除や再解釈を余儀なくされた。

それと同時に、「文明開化」のスローガンを掲げた明治期には、国や地方の行政機関が風俗取締令を出すなど、「民俗」に属する世界を管理しようとした[2]。呪符や卜筮、禁厭祈禱などの習俗・信仰と「近代」のせめぎあいを検討した荻野夏木は、こうした「俗信」の領域が「迷信」と批判されつつも、「庶民の生活」に根強く存在し続けたことを指摘する[3]。また、これらの官民一体となったプロジェクトが今日の「宗教」なるものの語りの生成に大きな影響を与えたことは、関一敏も教えるところである[4]。

このように、近代の学知から排除され構築された「迷信 superstition」は、国民国家の形成において重要な問題であった。この問題を考察するうえで一つの鍵となるのが、「信仰」と「迷信」にまつわる一連の言説だろう。明治期において、仏教がしばしば世論やキリスト教徒たちにより「迷信」と同定されたが、仏教者側もこれを受け止め、近代の学知との共存を図ろうとしただけでなく、国民教化における仏教の役割を強調した。すなわち、「迷信」なる領域は、「仏教」を真の「宗教」たらしめるために排除すべき異物のようなものとして語られ、「宗教」とその核心に据えられた「信仰」という領域はこのような態度から形成されたといえよう。[5] ジョリオン・トーマスの指摘によれば、こうした「迷信」の排除のために「自由討究」という新たな言説実践が経緯会から新仏教運動までの系譜に連なる青年仏教徒により用いられ、[6] またその試みを通して「宗教」という領域が定められ、「迷信」性を帯びた周辺的な運動の弾圧が可能となった。[7]

かかるプロセスで一つの重要な争点となったのが、こうした正しい「信仰」に教義的な根拠を提供する仏教経典の解釈の問題である。そこに胚胎していたのは、文献学的にいかに正しく解読できるのかという問題にとどまらず、経典に含まれるややもすれば「迷信」と見なし得る「仏説」をいかに正当化できるのか、という課題であった。かくして「迷信」という概念の成立には経典解釈の変容が密接に関わっているものの、これに焦点を当てた研究は少なく、その関係は研究史上、必ずしも明らかではない。[8] これは仏教哲学者・教育者の井上円了の妖怪学研究に代表されるように、経典外の土着的な伝統と「迷信」の関係に注目が集まってきたからであろう。仏教者による経典の再解釈は、後述するとおり、キリスト教の聖書に対する「歴史的批評」を特徴とする当時の自由主義神学との関連性で展開した側面もある。[9] それと同時に、経典解釈の新たな動向は、近代日本初の仏教史研究専門誌である『仏教史林』の創刊（一八九四年）に代表されるように、近代的な学問分野としての歴史学の影響下にあり、それはしばしば「宗派」性を帯びながら仏教研究の新たな局面を切り開いた。[10]

そこで本章では、村上専精（一八五一―一九二九）、鷲尾順敬（一八六八―一九四一）とともに『仏教史林』の創刊に携わった境野黄洋という人物を対象とし、明治後期の社会的・思想的なコンテキストを踏まえ、「迷信」概念の形成を背景とした経典の再解釈という問題について考察する。中国仏教史研究の先駆者として知られる境野は、一八九九年二月から開始したとされる新仏教運動の旗手の一人であると同時に、仏教の歴史的研究を初期の段階から提唱し、実践していた人物である。新仏教運動は、青年仏教徒を中心とした「仏教清徒同志会」（一九〇三年から「新仏教徒同志会」と改称）により展開されたものであるが、それと関わっていた人々は「ゆるやかなネットワーク」のようなものを形成し、従来のいわゆる伝統宗学とは一線を画した仏教アカデミズムの揺籃期に、「健全なる信仰」と「一切迷信の勦絶《そうぜつ》」を綱領に掲げ、「自由討究」を用いつつ在家の青年仏教徒が中心となった迷信根絶の運動を率いた。[11] しかし境野は、すでにその前段階にあたる一八九〇年代に、新仏教徒同志会の前身組織である経緯会に参加し、「迷信」と経典の解釈問題に大きな関心を寄せていた。そのため、一八九〇年代に彼が提示した経典解釈の方法を分析し、彼がいかに「迷信」と「信仰」のはざまで仏教を構想したのかを考察することが「迷信」と「信仰」の問題を解明するうえで重要である。

具体的な構成として、第一節ではまず新仏教運動に至るまでの境野の生涯を概観し、そして一八九〇年代頃の「迷信」と経典解釈をめぐる議論を確認する。第二節では、経緯会の機関誌『仏教』で発表された境野の経典解釈論を取り上げ、そして第三節では、それがいかにこの時期の自由主義神学と仏教の歴史的研究などの動向と密接に関わりながら展開したかについて検討し、境野の学問的営為の位置づけを試みる。

第一節　明治期の「迷信」「妖怪」と宗教的真理

1　境野黄洋という人物

境野黄洋は一八七一（明治四）年に仙台県（現・宮城県）の士族家庭に生まれ、本名は「哲」であった[12]。幼年期においては家庭の漢学流の教育を施されたのに加えて、母、弟と妹がクリスチャンであり、小学校もカトリック系の学校に通ったため「仏教よりもむしろキリスト教に対する親和感の方が強かった」という[13]。

一七、八歳の頃に、仙台の曹洞宗専門学支校（現・東北福祉大学）で『仏垂般涅槃略説教誡経』に関する講義を聴講したのをきっかけに、境野は仏教に傾倒するようになる。一八八九年、彼は井上円了が創立した哲学館に入学し、それと同時に、本郷駒込にある真宗大谷派の寺院・真浄寺に書生として住み込んだ。この時期の哲学館の教員陣では、のちに仏教史研究の先駆的存在となる村上専精も、仏教関連の科目担当者として在籍していた。境野は一八九二年に哲学館を卒業し、同年に真宗大谷派の僧籍に入り、名を哲海と改め、真浄寺で寺役を務めて嗣講という学階まで受けるようになった。一八九四年、境野は村上専精・鷲尾順敬らと『仏教史林』を創刊し、仏教史研究に携わり始め、仏教の歴史的研究の必要性を盛んに論じていた。一八九七年には、村上・鷲尾との共著『大日本仏教史』(溯源窟)を刊行した。

一八九四年一二月、帝国大学文科大学選科に在学し、明治中期の青年仏教徒を担い手とした仏教改良運動の指導的な位置にあった古河勇(老川、一八七一―一九九)の招きに応じ、「自由討究」を主旨とした経緯会を結成し、一八九六年一月より同会の機関誌『仏教』の主筆となった。

しかし、明治二〇年代から三〇年代にかけて盛んになった仏教公認教運動を契機として、経緯会に内紛が起こり、最終的に同会は解散に至った。仏教を公認教にして国家からの保護を求めるべきかどうかということについて、近角常観(一八七〇―一九四一)に代表される賛成派と境野ら反対派に意見が分かれると、境野は一八九九年に経緯会を母体に、新たに高島米峰(一八七五―一九四九)らを加えて仏教清徒同志会を結成し、そのリーダーとして活躍していった[14]。同会によって進められた新仏教運動は、毎月一回の機関誌『新仏教』の発行と定期的な演説・講演を主な活動として、一九一五年まで継続した。その主旨は、同会が掲げた六条の綱領にうかがうことができる[15]。また、この時期の境野は、形式上ではまだ真宗僧侶であったが、それはただ還俗を面倒に思ったにすぎず、彼自身のアイデンティティーとしては、すでに通仏教的な立場での在家信者であったと回顧している[16]。

2　経典への新たなアプローチ――「妖怪学」から「新仏教」論へ

境野の「迷信」論と経典解釈法の提示がいかなる意味を有するのかを検討すべく、彼が議論を展開した宗教思想上のコンテキストを考察する前段階として、本項ではまず、より著名な井上円了による

「妖怪学」の創始に注目する。そこからさらに円了の姿勢に影響を受けた青年仏教徒が中心となった経緯会の「新仏教」論を扱い、明治中期において経典がいかに問題とされ、いかなるアプローチが模索されたかを考察する。

円了が創始したとされる「妖怪学」は、「妖怪」を当時の物理学、動物学や心理学など、最新の学知から説明し、その解明を試みたものとして、近代の合理主義的な動向として評価されてきた。[17]また円了は、「畢竟するに迷信も妖怪も其意に於て異なることなし」と断じ、[18]「妖怪」を「迷信」と共通するものとしている。そのため、彼の妖怪学はその「迷信」排除の事業の一環と見なし得るが、円了が自らの妖怪研究の目的を「仮怪を払ひて真怪を開くにあり」と表明したことからうかがえるように、[19]その目的は「妖怪」という「迷信」を一掃して宗教的な真理を発見することであった。

しかし、円了が「迷信」を判断するに際し、「科学」との齟齬を唯一の基準としていたわけではなかった。その実、円了は天狗や狐などに「迷信」のラベルを貼り、それらを排除しようとしていたが、仏教の「経典」に出てくる仏・菩薩・天女などについては、曖昧な態度を示しながらも「迷信」と断じることは決してなかった。[20]かくして円了は、「迷信」と「仏教」との間に境界の設定を試みるが、その過程で、経典への新たなアプローチを模索した。つまり円了は、経典を文字どおりに解釈する方法や経典内の「奇蹟」「怪談」をそのまま信じることを批判したうえで、物質的な「有形世界」と、経典で説かれる「無形世界」「精神世界」の現象をはっきりと区別したのである。[21]以上の「迷信」論が示された『妖怪学講義』の第六巻「宗教学部門」は円了の一連の講義がもととなっており、その筆録を担当したのが境野であった。哲学館で円了に師事し、出版に携わった若き日の境野が、当時、

「迷信」研究の第一人者であった円了から少なからぬ影響を受けていたことは明らかであろう。

こうした境野の立場は、同時に彼がこの時期に参加した経緯会の言説空間のなかで形成されたものでもあった。経緯会のメンバーは、その機関誌『仏教』で伝統教団を批判し、仏教を真理として捉え、それを「迷信的」あるいは「厭世的」なものとする排仏論から救い出そうとした。また、仏教から「迷信的」な要素の排除をめざした経緯会は、仏教経典の「自由討究」を宣揚し、宗教に内在する真理を求めようとした。

このような経緯会の認識と姿勢は、この時期における既成教団側の動向とは無関係ではなかろう。すなわち、一八七〇年代後半から世紀転換期にかけて、各宗の教理概要的な著作が盛んに出版され[22]、そのなかで鎌倉時代の学僧である凝然（一二四〇―一三二一）によって著された『八宗綱要』（文永五〈一二六八〉年）が「通仏教」的なテキストとして再発見された。すでにジェームス・ケテラーによって指摘されたように、「八宗」――倶舎宗・成実宗・律宗・法相宗・三論宗・天台宗・華厳宗・真言宗――の教義を簡潔に説明する仏教入門書としての『八宗綱要』は、仏教の普遍性と宗派の特殊性の調和という明治中期に浮上した課題に応えるために有用であった[23]。すなわち、普遍性を備えた一つの「宗教」としての仏教を積極的に提示し、その統合を図る一方で、各宗派の特殊性を認め、仏陀の教えが地勢・文化的差異によって多様性を獲得したという物語を構築するために、仏教知識人は『八宗綱要』を再解釈したのである。この文脈で各宗綱要の編纂が進み、そのなかで各宗の経典が体系化され[24]、それに対する理解も明治期の独特な枠組みから示されていく。

かかる時代風潮のなかで、経典の解釈問題を「新仏教」という新たな枠組みで論じた一つの事例として、経緯会の創立者の一人であり、のちに新仏教徒同志会の中心人物ともなった杉村楚人冠（縦横、一八七二―一九四五）が『仏教』九九号に寄せた「新仏教徒の実際的方面」が挙げられる。杉村は従来の仏教徒が経典を固守する姿勢を批判し、次のように論じている。

経典固守は由来仏教徒の通弊なり、彼等は経典を万能視し神聖視するが故に、一面に於ては経典に記録あるに甘じて之を事実的に証明せんことを思はず、一面に於ては経典自身に具へたるあらゆる弱点に対しても其責を脱すること能はず(25)

このように杉村は、経典を「事実的に証明せんこと」を主張したのみならず、経典を「弱点」があるものとして、その内容自体の批判的な再検討を提唱した。加えて彼は、「吾人は唯其時世の必要に応して直に旧態を改め新善に就くる躊躇せざるを賞賛せざるべからず」と述べ、経典の再解釈による仏教の改良を訴えている(26)。こうした杉村の主張からうかがえるように、一八九〇年代半ばの経緯会では「旧仏教徒」が仮想敵として想定され、その特徴の一つとして経典への墨守が挙げられた。こうした議論のなかから、自らが理想とする「新仏教徒」の言説実践――「自由討究」により批判的な視点から経典を捉えること――が唱導されるに至るのである。

本項で確認したように、経典の問題は、井上円了の妖怪学の文脈で論じられたのみならず、境野黄洋ら青年仏教徒が参加した経緯会などもまた、独自の関心からこの課題に取り組んでいた。両者の試みは既成の仏教に問題を見出し、その改良を提唱したという点では共通するが、円了の「迷信」論では、宗教的真理が含まれるとされる「仏教」と「迷信」との間にいかに境界線を引くことができるのかということに重きが置かれ、その過程で経典の問題が取り上げられている。それに対して経緯会で展開された議論は、「自由討究」に基づく経典の再解釈と「新仏教」という主張が結びついて語られていた。

では、井上円了の妖怪学から影響を受け、なおかつ一八九〇年代半ばに経緯会にも参加していた境野は、この時期、「迷信」と経典の問題にいかに向き合ったのだろうか。前置きが長くなってしまったが、次節からはその問題について考察していきたい。

第二節　「詩的仏教」という発想
――争点としての経典――

『仏教史林』の創刊と同時に、境野は村上専精や鷲尾順敬とともに仏教史研究に取り組んだが、仏教研究に「歴史」の視点を導入した彼らのプロジェクトは、明治二〇年代における仏教研究の大きな転換――「哲学的仏教研究」から「歴史的仏教研究」へ――の一つとされる。(27)仏教史学者としての境野のキャリアもここから出発し、のちに中国仏教史研究のパイオニアとして知られるようになる。(28)本節では、境野が一八九六年に『仏教』で発表した「詩的仏教」に関する一連の論説を中心に、彼がいかに「迷信」の問題を論じたかを検討する。(29)

一八九四年に経緯会へ入会し、『仏教』を舞台にして通宗派的に活躍し始めた境野は、先述した仏教界の動向を受け、哲学館にて仏教史研究者としての訓練を受けながら、経典の解釈問題に取り組んでいた。そこで境野は、仏教を「迷信」とは一線を画した「詩的仏教」というテーマのもとで経典に対する自らの解釈方法を提示した。

一八九六年二月に発表された論説「詩的仏教」（『仏教』一一二号）の冒頭において、まず境野は全体的な説明として、「仏教の組織は、之を分解して三種の原質を得、一、宗教也、二、哲学也、三、詩也」と論じる。[30]そしてさらに、この三原質とその相互関係を詳述し、「理論的基礎」である「哲学」の上で「血あり肉あり味ある宗教」としての仏教が築かれたが、それを人々に理解させるためには、「文字の方便」が必要であり、そこから必然的に、経典のかたちで表れた仏教の「詩的原質」が産み出されたとする。[31]

境野によると、当時の仏教へのアプローチは「宗教派」と「哲学派」に分けられるという。前者は、「今なほ習慣を墨守し殆んと一種の遺伝性をなして仏教を崇むる」に終始する「愚婦愚夫」の「旧仏教」であるのに対し、後者は「仏教活論時代以後」に隆盛を見せた「哲学的仏教」である。[32]しかし、両派は互いに攻撃し合いながらも、ともに経典の「詩的記述」を正確に理解しておらず、それを「事述」として捉え、そのうえで仏教の価値を見極めようとしている点では、同じ過ちを犯している。

旧仏教の徒は理想を妄想と化して信じ居たりといへども、経典の上に於ては理想にして妄想にあらず、何となれば経典は詩的記述を以て其の理想を歌へるものにして、旧仏教の誤りし所以のものは、此の詩的記述を以て事述と混じたるに因すればなり、然るに今日の哲学派なるものは、なほ其の旧套を襲ひて、此等の経典を目して迷信妄想と排す、これ豈に彼等は読経眼を具せざること旧仏教の徒と亦同一の輩といふべからずや。[33]

かくして、境野は仏教経典上の「理想」と現実の混同を批判し、経典への正しい理解なるものを強調する。彼は同じ仏教の経典でも解釈を誤れば、それが「迷信妄想」になってしまうというレトリックを用い、その内容自体よりも解釈する主体の立場性を強調する。このように、「妄想」とは一線を画す「理想」を謳う「詩的」記述を布置し、「宗教」と「哲学」という二分法より生じる近代的な合理知からの経典への本質的な批判を回避した。そのため、彼は「字句言語の末に拘泥して、大に迂遠の笑を免れざる」と従来の註釈中心の学習・研究法を批判しつつ、「詩的記述」にこそ註釈を要すると強調する。[34]

さらに、経典の再解釈を通して、境野は経典のなかで明らかに合理性を欠いた内容の「迷信」性にも説明を加えようとしている。その代表例の一つとして、彼が「詩的仏教」で提示した「菩薩」理解が挙げられる。先述したように、「菩薩」など仏教経典に出てくる超人間的で非現実的な存在に対し、井上円了はそれを「迷信」と見なすことはなかった。「菩薩」をめぐる問題は、「迷信」の領域とは区別される仏教を確立するうえで避けては通れないものであった。そして、「有形世界」と「精神世界」を分け、思弁的な手法によりその齟齬を回避しようとした円了に対し、境野はその問題と直接に向き合ったといえる。具体的に境野は、「これ其の菩薩や、理想人にして、諸経説くところの理想異なるに随ひ、形を取りて対手と現するもの亦自ら同じからじ」と述べ[35]、「理想人」という領域における菩薩のあり方を提示している。[36]

「詩的仏教」が発表された次号の『仏教』（一一三号、一八九六年三月）には、この境野の菩薩の捉え方に対して、西山重吉（生没年不詳）という読者からの疑義が呈されている。[37] 西山は、「されば大乗の仏菩薩は皆是れ表徳の法身にして人間の徳性を仮りに実在化したるもの」なのかと尋ね、伝統的な仏身観のなかでの境野のアプローチの位置づけと、とりわけ阿弥陀仏の実在について境野の意見を求めている。[38] このように、境野の「詩的仏教」論は、阿弥陀仏の実在という宗門の核心に触れ得るセンシティブな問題への回答をもせまられていたのである。

境野の回答は同じ号に掲載され、そこで彼は、まず菩薩の性質について西山の理解を受け入れ、さらに阿弥陀仏を「或る一徳性の化現擬人にはあらずして、真善美円満の理想人」として論じたが、その実在の証明を「色々面倒の理屈を並べねばわかりにくゝ候、そは別に次号あたりにて、御高評を願ふこと、可致候」と述べるにすぎなかった。[39] 一方、境野はかかる「理想人」としての阿弥陀仏の実在について、「小生などは、矢張客観的に実在すと信ずるものに候」と断言し、それを「信ずる」という行為において強調した。このように、「迷信妄想」に対して批判的な態度をとる一方で、境野は菩薩や阿弥陀仏など経典上に現れたものとその実在への「信」を表明する。しかし、境野はこの回答が掲載された『仏教』の次号以降において、肝心の阿弥陀仏の実在を証明する方法を論じることはなかったようである。

一八九六年五月に、境野は「詩的仏教」なる発想とその応用をさらに明確化すべく、「詩的仏教」に寄せられた批判を集め、「再ひ詩的仏教につきて」（『仏教』一一四号）を発表した。そのなかで彼は、経典記述の「事実」と「詩」の部分について、具体例を挙げながら論じていく。境野によれば、「基督の磔殺の際、父よと叫ばしめたるか如き」や、「尼蘭禅河の辺り、釈尊か純陀の悲泣を慰め給へる如き」が「主は事実にありて存す」という(40)。こうしたいわば、歴史的人物としてのイエスと釈迦の事跡を記録したものは彼にとっての「事実」であるが、それに対し、彼は「余か詩的仏教といへるは、仏教経典の上に構造せられたる想像にして、しかも其の想像は、仏教の理想をPersoniby《ママ》し、或は事実として形を与へたるもの、謂なり」と論じている(41)。ここで境野は「Personiby」すなわち人格化や擬人化などの説明を用いることによって、仏教の「詩的」な部分を比喩的な表現と見なし、それを歴史的な「事実」と区別した「想像」の領域で捉え直していた。

そこで境野は、たとえば『妙法蓮華経』における如来の「白毫相」の光が遍く「東方万八千世界」を照らしたことや(42)、『勝鬘経』での仏が感に応じ空中から現れ、「浄光明」を放ち、「無比」の身を示した事例を引用する(43)。こうした表現を「事実」として理解するより、その「詩的」な意味を強調することにより、新たな経典の解釈法を提示しようとした。そして、それは「今日の人、之を見て以て仏を魔法遣ひの如く言ひなし、若しくは手品師の如く見んとする」状況を意識したうえでの試みであった(44)。つまり、当時の仏教批判に対する戦略的な一回答として、この境野の論考を理解すべきだろう。むろん、そこには啓蒙的な眼差しが存在するが、経典の合理的解釈が当時の仏教系知識人の大きな課題となっていたことはすでに論じたとおりである。

本節で検討したとおり、「詩的仏教」という発想をめぐる一連の議論が注目されるべきなのは、境野の知的営為が、経典内においても「迷信」を導き得る領域があると承認したうえで、それを乗り越えようとする近代の仏教者の試みを示唆しているからである。先述したように、明治中後期における既成教団側の動向――すなわち、通宗派的な仏教聖典の編纂と経典に対する歴史的研究の形成――において、境野が構想した「詩的仏教」は、同時期の既成教団側の関心と一致するかたちで、「迷信」とは一線を画した経典の解釈方法を提示した。本節で見たように、かかる営みのなかで境野は、いかに菩薩や阿弥陀仏の実在を証明すべきか、という課題に直面した。そこで彼は、「詩的」実在や「理想人」なる表象を「信」の次元へと還元することによって、結果的にはその実証的根拠に基づく裏づけを戦略的に回避したが、同時に単なる仏説釈義の経典解釈を乗り越えた新たな理解の提示を試みていた。

第三節　経典解釈への視座
――仏教史研究の目的――

本節では、境野が提示した「詩的仏教」という経典の解釈法と自由主義神学との関連性について検討し、そのうえで自由主義神学から示唆を受けた彼の歴史的研究の立場について考察する。この作業を通して、境野の経典解釈と仏教史研究がいかなる共通基盤を有しているかを解明し、その思想的営為の意義を論じたい。

最初に、前節で触れた「再ひ詩的仏教につきて」に掲載された、自由主義神学の立場からの「詩的仏教」に賛意を示した東篁（生没年不詳）という読者の次の解釈を確認したい。

方今仏教界の文士たる、境野君の詩的仏教は……仏教の文学的表彰《ママ》に関する観察方法を説けるものにして、仏教界現時に於て之を卓論と称するを妥当なりとすといへとも、基督教自由考証学者か従来バイブルを批評するにPoetical Expression、即ち詩歌的表彰《ママ》の語を使用せる所と、其趣同しきを見る。独逸普及福音協会の教師たりしシユミーデル氏か我邦に在留せし日、其門生は講述せし際予輩屢以上の語を聴きたり。(45)

東篁は、「基督教自由考証学者」の聖書研究法と境野の「詩的仏教」なる発想を関連づけ、「詩的仏教」と「Poetical Expression」の類似性を指摘した。この評論に対し、境野は「兎に角余輩の意を忖度して、殆んと余輩の所思を遺憾なく解せられたるは、謝するの外なし」と述べて、「詩的仏教」を「Poetical Expression」との共通性で理解したこの観点に賛同している。(46) ここからうかがえるように、「詩的仏教」の試みは、当時の欧米圏の動向――自由主義神学の枠組みでの聖書の批判的な解釈――の影響を受け、それを日本の仏教研究に導入したものであるといえよう。その実、境野は両者の類似性を認めたうえで、「詩的仏教」とは仏教の経典解釈の「永久の方法」であると述べ、「仏教研究の一法」として「詩的仏教」の性質を強調している。(47)

こうした東篁の評論において、さらに注目すべきは、「シユミーデル氏」の名であろう。東篁が述べているように、「Poetical Expression」という言葉がしばしば「シユミーデル」の門生によって用いられている。境野が提唱した「詩的仏教」という経典解釈の方法が彼の直接的な影響を受けたかどうかは定かではないが、「詩的仏教」がいかに西洋思想との交渉のなかで主張され、いかなる可能性を有するのかをさらに考察するために、この人物について触れる必要があるであろう。

東篁の記述から、この「シユミーデル」とは、一八八七年から九二年にかけて日本で活躍したドイツ普及福音教会の宣教師であるオットー・シュミーデル（Otto Schmiedel 一八五八―一九二六）を指していると推測できる。シュミーデルは歴史的なイエス研究をおこなったことで知られる存在であり、[48] 彼の議論は『奇蹟詳論』『インスピレーション詳論』という二冊の書物にまとめられ、ドイツ哲学の研究者でありキリスト教徒でもある三並良《みなみはじめ》（一八六五―一九四〇）により日本に紹介された。[49]

ここでとりわけ注目したいのは、『奇蹟詳論』で展開された議論である。そこでは経典における「迷信」とされうる領域をいかに解釈すべきかという問題が扱われている。それのみならず、シュミーデルは「近来漸く起り来りし論法を用ひ、唯だ区々たる一の宗教の奇蹟に就きて論ずることをなさず、一般宗教の奇蹟を普く論ぜんと欲す」とも述べ、[50] この解釈法を「一般宗教」の「奇蹟」に敷衍しようとした。換言すれば、『奇蹟詳論』はキリスト教の聖書の範囲にとどまらず、広く「宗教」での普遍的な要素であるとされる「奇蹟」に対し、一つの解釈法を提供するものであった。こうしたシユミーデルの指摘は、とくにユニテリアンの自由討究などを取り入れ、仏教者としてキリスト教の歴史・解釈研究から学ぼうとしていた境野の立場と一致するものであった。

シユミーデルは「奇蹟」が作られた過程について、「奇異、怪訝、人をして喫驚愕如たらしむる事蹟あれば、直ちに以て神霊の直接なる大能なりとせざるはなし」と説明し、このようにして祖師の生涯を粉飾するために「奇蹟」が創出されたとする。[51] しかし、彼によると、「奇蹟」は本来の宗教とかけ離れているため、それを排斥する必要があり、その手段として、「科学」「哲学」のような「原理的の評論」と、「歴史的の評論」が挙げられている。[52] 具体的には、シユミーデルいわく、「科学」と当時の「心理学」に基づく「認識論（狭き意義に於ける哲学）」は「奇蹟」の「あり得べきや否や」を判断するのに対し、「歴史研究」は「奇蹟記事」を通して、「其の時代の形勢、信仰、世界に対する観念、口伝、文籍の遺伝の信憑するに足るや否や」などのことについて解釈を提供する役割を果たす(53)。かくして経典を歴史的研究などにより再解釈する作業は、自由主義神学の枠組みでも強調され、そして先述したように、境野が「詩的仏教」と「Poetical Expression」との類似性を認めていることから、仏教と「自由キリスト教」の思想的な交渉過程の一断面をうかがうことができよう。

一方、両者の相違点として、「自由キリスト教」では聖書の存在が前提となっているのに対し、境野の場合、経典の数が膨大であるため、その再解釈は何が経典であるかという問題から出発しなければならなかった。そしてまた、境野が経典の記述が「迷信」になり得ることを承認し、正しい「信」と「迷信」を区別することに主眼を置いていたことに、彼の方法の独自性がうかがえよう。すなわち、青年仏教徒の境野は、「belief」や「faith」と交錯しながら変容した「信」なる概念を、いかに仏教の文脈で議論するのかという課題に直面し、近代的な合理知と「信」とのバランスをとった「詩的仏教」を提示したのである。

この時期における境野の経典解釈の試みは、「仏教」が歴史的研究によりはじめて捉えられるという彼の立場にも由来するものである。たとえば境野は、『仏教史林』の論考で「旧仏教」と「新仏教」の対立に言及しつつ、「新仏教」という言葉に対する自らの理解を示し、「旧仏教新仏教の語天下に喧しき時に当りて、吾人は敢て新仏教といはず、亦敢て旧仏教といはず、而して特に歴史的仏教といふ」と述べる(54)。このようにのちに新仏教運動に参加した彼の経歴から見るとやや意外であるが、境野は、当時流行した「新仏教」という言葉に「破壊的」な側面を見出し、それと距離を置きつつも、歴史研究により仏教を捉え直すことこそが「新仏教」であるという姿勢を示している。

また、境野がキリスト教の「批評的研究」を引き合いに出しながら、仏教の歴史的研究をすることの意義を説明したことは注目に値する。彼はキリスト教の「奇怪なる伝説」や「一切の経典的妄談」が「欧米の思想界」から排斥されつつある状況に鑑み[55]、仏教もこうした批判に遭遇し、対応にせまられるだろうと警鐘を鳴らす。

畢竟吾人は、仏教か遠からずして基督教の上に加へられたるか如き批評的研究の試験には、必ず遭逢せざること能はず……其の結果は今日のオルソドックス教会の如く、経典必ずしも言々句々に拘泥すべきにあらず、基督教の拠る所は唯基督の精神これのみと唱ふると、同一の覆轍を踏むに至らんことを予想せざる能はず[56]。

「オルソドックス教会」、すなわち正教会のような窮地に陥る可能性を有する危険な立場にある仏教は、いかにしてそこから脱出することができるのか。そのことについて、境野は「ユニテリアン的自由基督教」に可能性を見出している。当時の自由キリスト教の「布教功能」について疑問が投げかけられていたが、それに対して境野は、ユニテリアンなど自由キリスト教は「教会」のかたちでの勢力はないが、「唯自由的精神か、一たび彼等によりて鼓吹せられてより、我か宗教界の裏面に如何に大変動を起しゝよ。――少くとも起らんとしつゝあるよ[57]」と、積極的に評価する。さらに、仏教界もこの「自由的精神」の潮流を追い風として仏教の新たな展開を図るべきであると議論を展開し、仏教の歴史的研究の立場と目的について、釈迦の「生命」と「精神」に「本来」の仏教のあり方を求めるべきであるという。[58]ここで境野が経典の記述をより広く理解し、文字に拘泥するよりもその背後の「精神」に着目するという解釈法を提示したことは、注目に値する。

本節では、「詩的仏教」という経典の解釈法がいかなる文脈で主張されたかという問題を考察すべく、同時代の自由主義神学の枠組みで展開される聖書の解釈法を取り上げ、明治後期における経典解釈の意義を探った。また、境野が仏教の歴史的研究の意義を論じた作品に着目し、彼が自由キリスト教から示唆を得て、経典の記述を釈迦の「生命」と「精神」の表れとして捉え直し、それにより再解釈を試みたことを解明した。境野の論説からうかがえるように、彼は史料批判に基づき、新たな歴史研究の手法を用いながらも、仏教の真理の発見に重きを置いている。かかる姿勢は、彼が「詩的仏教」の論説において、仏教経典の「迷信」とされうる記述の再解釈によって、仏教の真理を保とうとしたことからも見て取れるであろう。

おわりに

以上、一八九〇年代における境野黄洋の「迷信」論とその争点となった経典解釈の問題を考察してきた。

本章で検討したように、井上円了の「迷信」批判の姿勢は、境野の「詩的仏教」にも読み取れ、この時期における二人の問題関心は共通点を持っている。一方、一八九〇年代に仏教史研究を始めた境野は、経典解釈に力点を置いた立場から「迷信」の課題に臨んだ。かかる境野の知的営為は、一八七〇年代後半から世紀転換期の間に各宗綱要が編纂されるにともなって構築されつつあった、仏教の経典をいかに解釈していくかという大きな課題に対する、歴史研究の立場から案出された回答を示している。その意味で、経典を「信仰」のレベルで理解しようとする境野のアプローチは、近代科学の成立によってリアリティーを失った経典の記述を実存論的な解釈――世紀転換期における清沢満之と浩々洞同人による精神主義運動や、文壇の花形とされる高山樗牛（一八七一―一九〇二）の議論がその典型であるが――へと向かわせる一つの試みとして挙げられよう。この戦略は、それが同時代の自由主義神学の枠組みにおける聖書の解釈法と類似していることからうかがえるように、「宗教」と「科学」の問題をめぐる欧米圏の新たな動向との関わりで展開したのである。

近代科学と矛盾するような経典の記述に対し、境野は「詩的仏教」というレトリックを用いて経典を再解釈することによって、仏教を「迷信」とする批判を回避した。換言すれば、境野は「宗教」と「迷信」のはっきりとした棲み分けではなく、経典内における「迷信」を導き得る領域を承認したうえで、それを乗り越えようとした。こうした彼の試みは、当時の仏教系知識人たちにとって「宗教」と「迷信」自体の境界線がいかに曖昧であったのかを端的に示している。

しかしながら、「迷信」の問題への取り組みは境野にとって、自らの仏教史研究の事業に要請されたことのみならず、「旧仏教」に代わる「新仏教」が真の「信仰」――釈迦の「生命」と「精神」から仏教の真理を感得すること――を確立するための必要な営為であった。[59] これは、近代的な教育を受け、その法則に基づき仏教史研究を展開しながら、仏教者としてのアイデンティティーを有する彼が見出した新たな時代の仏教への道である。

一八九九年より、境野は新仏教運動のイデオローグの一人として活躍していくが、たとえば新仏教運動の綱領の第一条である「健全なる信仰」を説明するに際し、それを「迷信」や「妄信」と区別したうえで、「智識的」な側面に加え、「詩的感情」も備えた「信仰」を謳い上げた[60]。かくして、境野は「詩的」な要素の導入により、近代的な合理知と宗教のバランスをとった「信仰」を主張している点で、本章で扱った彼の「詩的仏教」をめぐる議論の延長線上にあるといえよう。

以上のような境野黄洋の知的営為は、「宗教」と「科学」の交錯のなかで、「迷信」概念の成立などを含める「信」にまつわる一連の言説を、いかに位置づけることができるのかという、今日まで続く問題への一つの手がかりとなるであろう。次章および第五章では、「自由討究」という理念のもとで新仏教徒たちと「宗教間対話」を実践したユニテリアンの「信仰」を扱い、とりわけその交流がおこなわれた言説空間である『新仏教』に焦点を当てる。

註

（1）たとえば、近代科学がもたらした認識枠組みに仏教者がいかに対応したかについては、岡田正彦『忘れられた仏教天文学――十九世紀の日本における仏教世界像』（ブイツーソリューション、二〇一〇年〈法蔵館文庫、二〇二四年〉）、クリントン・ゴダール著〔碧海寿広訳〕『ダーウィン、仏教、神――近代日本の進化論と宗教』（人文書院、二〇二〇年〈原著二〇一七年〉）などが挙げられる。

（2）安丸良夫『神々の明治維新――神仏分離と廃仏毀釈』（岩波書店、一九七九年）、同『近代天皇像の形成』（岩

波書店、一九九二年）参照。また、「トラホーム」をめぐる迷信言説を考察した川村邦光が指摘したように、多様な信念体系としてありえたものが教科書やマスメディアを通して、近代医学の対極に位置する「迷信」とされた（川村邦光『幻視する近代空間――迷信・病気・座敷牢、あるいは歴史の記憶』青弓社、一九九〇年）。

（3）荻野夏木「俗信と「文明開化」――明治初年代から一〇年代にかけて」（『国立歴史民俗博物館研究報告』一七四号、二〇一二年）参照。

（4）関一敏「日本近代と宗教――比較宗教学事始め」（『春秋』一一号、一九九七年）参照。

（5）むろん、ここで何が正しい「信仰」なのかということを定義し、解釈する権力が存在し、そして「迷信」というレッテルはしばしば「あるべきではない信仰」という意味で理解され、そこにはいわば論理的な暴力が潜在していることを留意する必要がある。

（6）「自由討究」とは、教権教条に束縛されない、宗教的伝統との新たな向き合い方である。自由キリスト教の一派であるユニテリアンにより提唱され、経緯会から新仏教運動までの系譜に連なる青年仏教徒がその影響を受けた。

（7）THOMAS, Jolyon B. “Free Inquiry and Japanese Buddhist Studies: The Case of Katō Totsudō（1870–1949）”（*Japanese Religions*, v.39, 2015）参照。

（8）近代日本における仏教の再編成と「迷信」の成立については、JOSEPHSON, Jason Ā. “When Buddhism Became a ‘Religion’: Religion and Superstition in the Writings of Inoue Enryō”（*Japanese Journal of Religious Studies*, v.33/1, 2006）などの研究が挙げられよう。また、具体的な仏教教理の再構築による近代仏教者と科学的世界観との苦闘については、長谷川琢哉「真理と機――仏教因果説論争から見る清沢満之の思想と信仰」（『近代仏教』二五号、二〇一八年）、亀山光明『釈雲照と戒律の近代』（法藏館、二〇二二年）の第四章「善悪を超えて――釈雲照と加藤弘之の「仏教因果説」論争と戒律実践」がある。しかし、これらの研究は、「迷信」という批判を意識したうえで考案された、「方法」としての経典の再解釈に着目していない。

（9）鈴木範久によると、聖書に対する歴史的研究が明治一〇年代の終わりから明治二〇年代のはじめにかけて日本に紹介され、その役割を担ったのは、「自由キリスト教」と総称される普及福音教会、ユニテリアン、ユニバーサリストの諸派であった。この過程で、「自由キリスト教」と明治期の仏教知識人との積極的な交流を通して、自由主義神学的な方法論が宗教間の垣根を超えて広まったという（鈴木範久『明治宗教思潮の研究――宗教学事始』〈東京大学出版会、一九七九年〉、第一章「宗教の自由討究」参照）。

（10）福島栄寿「〈近代仏教〉再考――日本近代仏教史研究と「鎌倉新仏教」論」（『日本仏教綜合研究』一〇号、二〇一二年）参照。

（11）「新仏教運動」の主張とその影響力については、新仏教研究会編『近代日本における知識人宗教運動の言説空間――『新仏教』の思想史・文化史的研究』（科学研究費補助金基盤研究B〈研究課題番号二〇三二〇〇一六、代表・吉永進一〉研究成果報告書、二〇一二年）参照。そのなかで高橋原は、新仏教運動がそれを「担う」人のみならず、その「同人」を含める「ゆるやかなサークル」によって支えられたことを指摘している（高橋原「新仏教徒とは誰か」、四四―四八頁）。また、新仏教運動で展開された「迷信」論の意義については、前掲註（7）THOMAS. "Free Inquiry and Japanese Buddhist Studies" を参照されたい。

（12）本節では、境野黄洋「実際信仰の表白」（『新仏教』一巻三号、一九〇〇年）、常光浩然『明治の仏教者』下（春秋社、一九六九年）と池田英俊『明治の新仏教運動』（吉川弘文館、一九七六年）を参照し、彼の経歴をまとめた。

（13）前掲註（12）境野「実際信仰の表白」、一二七―一二八頁を参照。

（14）経緯会の解散と新仏教徒同志会の結成については、境野「新仏教幼年時代」（『新仏教』六巻四号、一九〇五年四月）、高島米峰「新仏教神代史」（『新仏教』一一巻七号、一九一〇年七月）に詳しい。

（15）六条の綱領の具体的な内容は、以下のとおりである。

一、我徒は、仏教の健全なる信仰を根本義とす。

二、我徒は、健全なる信仰、智識、及道義を振作普及して、社会の根本的改善を力む。

三、我徒は、仏教及ひ其の他宗教の自由討究を主張す。

四、我徒は、一切迷信の勦絶を期す。

五、我徒は、従来の宗教的制度、及儀式を保持するの必要を認めず。

六、我徒は、総べて政治上の保護干渉を斥く。

（仏教清徒同志会「我徒の宣言」〈『新仏教』一巻一号、一九〇〇年七月〉、五頁）

(16) 前掲註(12)境野「実際信仰の表白」、一一九頁参照。

(17) 円了の時代におけるこれらの学問領域は、現在とは異なる内実と意味を持っていたことに注意する必要があるだろう。たとえば、円了が先駆け的な存在となった当時の「心理学」の導入については、碧海寿広『科学化する仏教――瞑想と心身の近現代』（KADOKAWA、二〇二〇年）の第一章「心理学と仏教」を参照されたい。

(18) 東洋大学井上円了記念学術センター編『井上円了・妖怪学全集 第三巻』（柏書房、一九九九年）、二二八頁（初出は井上円了『妖怪学講義 巻六 宗教学部門』〈哲学館、一八九四年〉）。

(19) 同前、二三八頁。

(20) 前掲註(8)JOSEPHSON. "When Buddhism Became a 'Religion'", p. 156.

(21) 前掲註(18)東洋大学井上円了記念学術センター編『井上円了・妖怪学全集 第三巻』、二一〇―二一七頁。

(22) オリオン・クラウタウ『近代日本思想としての仏教史学』（法藏館、二〇一二年）、九一頁参照。

(23) ジェームス・E・ケテラー著〔岡田正彦訳〕『邪教／殉教の明治――廃仏毀釈と近代仏教』（ぺりかん社、二〇〇六年〈原著一九九〇年〉）、二五〇―二五九頁参照。

(24) たとえば島地黙雷（浄土真宗本願寺派）、釈宗演（臨済宗円覚寺派管長、一八六〇―一九一九）、土宜法龍（高野山真言宗）などによって結成された仏教各宗協会により、日本の十二宗派の史伝と教義を記載した仏教各宗協会編『仏教各宗綱要』（貝葉書院、一八九六年）が出版されていることが挙げられる。また、各宗の経典創出に関しては、LoBREGLIO, John. "Orthodox, Heterodox, Heretical: Defining Doctrinal Boundaries in Meiji Period Sōtō Zen" (*Bochumer Jahrbuch Zur Ostasienforschung*, v.33, 2009) などを参照されたい。

(25) 杉村縦横「新仏教徒の実際的方面」（『仏教』九九号、一八九五年二月）、四九頁。

(26) 同前。

(27) 江島尚俊「哲学的仏教研究から歴史的仏教研究へ――井上円了と村上専精を例として」（『大正大学大学院研究論集』三四号、二〇一〇年）、一頁。

(28) 境野の仏教史研究の視座については、エリック・シッケタンツ「境野黄洋の仏教史研究とその思想的背景」(『國學院雜誌』一二二巻五号、二〇二一年)参照。シッケタンツは、境野の仏教史研究では、仏教を時空とともに変化する「ナショナル」なものとして捉える視点が存在していると論じ、こうした「歴史的な流動性」の認識と「新仏教」とのつながりを指摘している。

(29) 境野の「詩的仏教」を分析するに際しては、『仏教』一一二号(一八九六年二月)で発表された「詩的仏教」を史料として扱う。

(30) 前掲註(29)境野「詩的仏教」、七〇頁。

(31) 同前。

(32) 同前、七一頁。ここで言う「仏教活論時代」とは、井上円了が哲学書院から『仏教活論序論』(一八八七年)、『仏教活論本論・破邪活論』(一八八七年)と『仏教活論本論・顕正活論』(一八九〇年)を出版し、仏教界に波紋を投じた時期であろう。ここでは、境野が円了の「哲学」を中心とする仏教観にやや違和感を持っており、それに異議を申し立てようとしていることがうかがえよう。

(33) 同前、七二頁。

(34) 同前、七〇—七一頁。

(35) 同前、七四頁。

(36)「理想」は、明治期に「idea」の訳語として定着した言葉である。西洋哲学の研究に努めた井上哲次郎や、井上円了・清沢満之らによりプラトンの「イデア論」との関係で用いられたが、その後に「理想社会」の追求など、より広い範囲で用いられていく(納富信留「「理想」とは何か——プラトンと近代日本」〈『国士舘哲学』一七号、二〇一三年〉)。

(37) 西山重吉「「詩的仏教」に就て」(『仏教』一一三号、一八九六年三月)。

(38) 同前、一二六頁。

(39) 境野黄洋「西山君に答ふ」(『仏教』一一三号、一八九六年三月)、一二六—一二七頁。

(40) 境野黄洋「再び詩的仏教につきて」(『仏教』一一四号、一八九六年五月)、二二〇頁。

(41) 同前。ここでの「Personiby」はおそらく「Personify」の誤植だろう。
(42) 同前、二二二頁。なお、この文は『妙法蓮華経・巻第一』(『大正新脩大蔵経』九巻、二六二)によるものであり、原文は「爾時如来放眉間白毫相光。照東方萬八千世界。靡不周遍」となっている。
(43) 同前、二二三頁。なお、この文は『勝鬘師子吼一乗大方便方廣經』(『大正新脩大蔵経』一二巻、〇三五三)によるものであり、原文は「仰惟仏世尊/普為世間出/亦応垂哀愍/必令我得見/即生此念時/仏於空中現/普放浄光明/顕示無比身」となっている。
(44) 同前、二二三—二二四頁。
(45) 同前、二一九頁。なお、東篁の同論説は『宇宙神教』五巻八号(一八九五年八月)に掲載されている。
(46) 同前。
(47) 同前。
(48) AUERBACK, Micah L. *A Storied Sage: Canon and Creation in the Making of a Japanese Buddha* (Chicago, London: The University of Chicago Press, 2016), p. 193.
(49) 『奇蹟詳論』(三並良、一八九一年)は、シュミーデルがドイツで講演した内容を三並良が「改删増補」した上で、一冊の書物として日本語に翻訳出版したものである。『インスピレーシヨン詳論』(三並良、一八九二年)も、当時の同志社普通学校(現・同志社大学)を卒業した深井英五(一八七一—一九四五)が「インスピレーシヨン」に関するシュミーデルの著述をまとめ、三並良により出版されたものである。
(50) オットー・シュミーデル著(三並良訳)『奇蹟詳論』(三並良、一八九一年)、一二頁。
(51) 同前、二四頁。句読点の一部は筆者による。
(52) 同前、四〇—五九頁を参照されたい。
(53) 同前『奇蹟詳論』、四〇頁。
(54) 境野黄洋「歴史的仏教」(『仏教史林』一編八号、一八九四年一一月)、五〇三頁。
(55) 同前、五〇三—五〇四頁。
(56) 同前、五〇六—五〇七頁。

(57) 同前、五〇五頁。
(58) 同前、五一〇頁。
(59) こうした境野の立場は、彼が『仏教』で発表した「革新仏教徒」からも見て取れよう。彼は「科学的文明」が広がりつつあった社会で、「愚民の迷信」と「習慣上の形式」によって維持されてきた従来の仏教界に対し、「真正の信仰」に基づく「革新」を強調している（境野「革新仏教徒」〈『仏教』一一五号、一八九六年六月〉）。
(60) 境野「健全なる信仰の要件」（『新仏教』六巻一〇号、一九〇五年一〇月）、七四三―七四六頁参照。

第四章　「新仏教」とユニテリアン
――広井辰太郎の信仰論を中心として――

はじめに

近代日本において、キリスト教のリベラルな一派とされ、三位一体や原罪説を否定したユニテリアンと仏教の関わりは、仏教とキリスト教の「対話」を代表する一例であったとされる[1]。このことをめぐっては、ミシェル・モールが、日本のユニテリアン・ミッションと仏教者の交流過程を考察し、両者に共通する「普遍性 universality」への追求とその課題について議論を展開させている[2]。また、鈴木範久も、近代宗教学の成立を「自由討究」の実践にまで遡り、「自由キリスト教」と総称される普及福音教会、ユニテリアン、ユニバーサリストの諸派の動向と自由主義神学の広がりを扱っている[3]。その他に、オースル・ランデ「佐治実然の生涯と思想[4]」や、福嶋信吉「明治後期の「新仏教」運動における「自由討究[5]」」、中西直樹「日本ユニテリアン協会の試みと挫折[6]」などが挙げられる。

他方で、明治期から大正期にかけてのユニテリアンと仏教の交渉を考えるには、ユニテリアンと新仏教運動との関わりが重要となる。福嶋信吉は、新仏教運動の綱領に掲げられた「自由討究」にユニテリアンが及ぼした影響について、境野黄洋に焦点を当てた検討をおこない、境野が「自由討究」という態度・方法を用いて「時代精神」と合致する「健全なる信仰」の創出を試みたと指摘している(7)。しかし、そこにおける「信仰」の内実、すなわちユニテリアンが唱えた「信仰」がいかに新仏教運動の綱領の第一条に掲げられた「健全なる信仰」と交渉したかについての研究は、皆無に等しい。

また、本章で考察するように、新仏教徒たちにはしばしば、ユニテリアンは「信仰」の契機が弱いとの主張が見られるため、両者は「信仰」についていかなる共通性と齟齬するところがあったかを詳しく検討する必要がある。

そこで本章では、『新仏教』で数多くの論説を発表し、「信仰」について盛んに論じた広井辰太郎を取り上げる(8)。広井は、戦前における動物愛護運動の活動家として知られているが、ユニテリアン教徒として新仏教徒と積極的に交流した人物でもある。彼の信仰論の分析を通して、「信仰」をめぐる新仏教運動とユニテリアンの「対話」の実態を考察する。本章の具体的な構成として、まず新仏教運動とユニテリアンとの関わりの前史を先行研究を踏まえながら確認する。そしてキリスト教と普遍的な宗教性のはざまに位置するユニテリアンの信仰論を、主に広井辰太郎の論説をもとに考察し、それが新仏教徒の信仰論といかなる共通性と相違性があったかを解明する。最後に、ユニテリアンと新仏教徒との関係の変容を扱い、ユニテリアンに見られる、キリスト教と仏教の「伝統」への回帰の傾向がいかなる意味を有するかを検討したい。

第一節　仏教とユニテリアン

ユニテリアンにおける「信仰」については、ユニテリアン主義の信条を解説するCLARKE, James F. *Manual of Unitarian Belief* (Boston: Unitarian Sunday School Society, 1884) が、一八九四年に『信仰之階梯』として日本で翻訳出版され[9]、そのなかで、キリスト教が歴史上かつ現在も諸派に分かれ争い合っているが、その実際的な「信仰」においては一致していることが論じられている[10]。

ユニテリアンと仏教との交流については、中西牛郎と平井金三（一八五九―一九一六）の世代とユニテリアンとの関わりがまず挙げられる。中西は一八九二年にユニテリアンに参加し、平井も佐治実然（一八五六―一九二〇）に説得され、野口善四郎（生没年不詳）の紹介を通じて一八九九年にユニテリアンに入った。二人とも、理想的な宗教を探究し、仏教とキリスト教の対話を先駆けて試みた人物とされる。

平井が最初にユニテリアンについて触れたのは、一八九〇年五月に発表した「ゆにてりあん教について」と題する論説においてである[11]。平井は「迷信」を徹底的に排除し、合理主義的な立場からキリスト教を理解するところで、ユニテリアンをある程度評価するが、ユニテリアンの「神」よりも仏教の「法」がより宗教的な真理に近いと論じている。

野崎晃市によれば、「平井の「ジャパニズム」」は岸本〔能武太〕の神仏儒の三教一体論と同様に、日本における諸宗教の融合を積極的に評価するものであった。さらに平井の「ジャパニズム」は、一面で「ナショナリズム」と結び付き日本の思想的独自性を誇示しようとするものであった」という。[12]

また、中西牛郎は著書『宗教大勢論』で、「故に耶蘇教徒と雖も、其一神教の歩を進めて凡神教となし、其福音の外に仏教の顕示を取り、以て其教の面目を一変するに至りては、是れ則ち仏教なりと云はざる可らず。而して彼のユニテリアンの一派の如きは、殆んど将さに駸々として此域に進み、以て宗教革命の先鋒者とならんとす」と述べている。[13] そして中西がユニテリアンを評価する理由として、ユニテリアンと「国体」との親和性への期待が込められている。それについて中西は、次のように論じている。

今日に於ても我邦耶蘇教徒若し其教派中の最も進歩し最も自由を尚ふこと、「ユニテリアン」派の如き自由神学派の如きものを取りて奉信するときは、豈に多少我か国体との衝突を避け得べきに非すや、況んや彼等か平素の口癖たる精神的耶蘇教日本的耶蘇教を建設するに於てをや。[14]

新仏教徒同志会の前身にあたる経緯会をリードした古河老川は、「独断・懐疑批評・新独断」という三段階の宗教発展図式を用い、「合理」や「科学」「自由討究」を「懐疑批評」という第二段階に至るための必要条件としている。古河の認識において、ユニテリアンの思想は「新独断」の時代の到来を迎えるべく、従来の陋習を破り、「旧独断」を破壊するための前提となるものであった。[15] そのため、彼はユニテリアン教徒に向けて、第二段階に専念すべしと述べている。その理由について古河は、ユニテリアンの唱えた「普通信仰」が「積極的信仰」ではなく、「消極的不信」の性質を持っていると説明し、それゆえに、ユニテリアンが「新独断」の時代の宗教になることは到底できないと論じている[16]。

その後の一九〇〇年代におけるユニテリアンの状況については、教育勅語の発布（一八九〇年）後に巻き起こった「教育と宗教の衝突」論争に影響され、反西洋・反キリスト教の思潮が顕著になっていた時代背景を考慮する必要があるであろう。世紀転換期に入り、ユニテリアンも下火になってしまったのである。また、この時期には実際に日本ユニテリアン協会をリードしていた佐治実然や広井辰太郎とクレー・マコーレー（Clay MacCauley 一八四三―一九二五）との間で意見が分かれたことも、ユニテリアンの勢いが弱くなる原因の一つとして挙げられる。

『新仏教』が創刊されるにともない、井上円了は新仏教とユニテリアンの区別を明確にすべきであると新仏教徒たちに対して意見を述べている[17]。具体的に円了は、新仏教とユニテリアンの「握手」を「失策」と評して否定的な態度をとり、そして新仏教徒たちが「耶蘇教の臭味を帯ふる」という誤解を避けるべきであると説き、新仏教の立場とユニテリアンとの関係を説明する必要があると述べる。

本節では近代日本における仏教とユニテリアンの関係史を概観した。次節からは具体的にユニテリアンと新仏教徒たちの「対話」を扱い、そこでいかなる論点が提示されたかについて考察する。

第二節　新仏教徒とユニテリアンの対話

まず広井辰太郎の生涯を簡単に紹介し、彼の信仰論の内実を分析すべく、『新仏教』誌上で発表した「時代思想と信仰の衝突及其結果・一」[18]「時代思想と信仰の衝突及其結果・二」[19]と『六合雑誌』に掲載された「奇蹟断案」[20]を取り上げ、彼がいかにユニテリアンの立場から「信仰」を再構築したのかということを解明する。

広井は、一八七五年に佐賀県柳川で生まれた[21]。一八九二年、メソジスト系の学校に在学中、洗礼を受けてキリスト教に入ったが、その後、一七歳の広井は長崎の英語学校で教わった三位一体説に疑問を持つようになり、同学校から放逐されることとなった。これと同じ時期に、新教神科大学のドイツ普及福音教会の宣教師であるウィルフリード・スピンナー（Heinrich W. Spinner 一八五四―一九一八）に勧められて上京し、そこに入学して自由主義神学に関する知識を学び始めた。一八九四年、ドイツ哲学者・キリスト教者である三並良の後任として普及福音教会の四谷講義所の主管者となり、一八九七年に同教会の牧師となった。

一八九〇年代より、彼は総合雑誌『太陽』で精力的な執筆活動をおこなった。一八九九年、広井が同誌に発表した論説に大内青巒は感銘を受け、彼と面会した[22]。一八九九年、彼は普及福音教会で人種差別的な発言をした宣教師と衝突し、その結果として教会を去り、神奈川県の根岸監獄で通訳を務めるようになった。その後、福井県の福井中学に教員として赴任し、また、一九〇一年には英語教師の依頼を受けて帰京している。さらに同年の一二月、広井は大内と会って動物愛護団体の結成を計画し始め、翌年、近代日本における初の動物愛護団体である「動物虐待防止会」を創設した。それと同時に、一九〇四年八月に日本ゆにてりあん弘道会に入会し、その機関誌である『六合雑誌』と『新仏教』に数多くの論考を寄せた。しかし、一九一〇年一月、彼は一九〇九年にアメリカから再度派遣され来日したマコーレーと「ユニテリアン主義」をめぐって意見が分かれて同会を去ったが、それ以降も「日本ユニテリアン主義」を提唱し続けた。広井は、一九〇三年から三二年にかけて法学院大学（現・中央大学）で英語を教え、そして哲学館（一九〇六年から東洋大学と改称）で比較宗教学や英語を講義していた。また、生涯をかけて動物愛護運動に尽力していく。そして一九五二年、山形市の自宅で死去した。

次に、明治中期から世紀転換期までのユニテリアンの動向を概観したい。ユニテリアンを初めて本格的に紹介したのは、明治初期の官僚・ジャーナリストである矢野龍渓（一八五一―一九三一）であり、それは一八八六年のことである。その後、福沢諭吉の斡旋により、一八八七年、アメリカから宣教師であるアーサー・M・ナップ（Authur M. Knapp 一八四一―一九二一）が来日し、雑誌『ゆにてりあん』（一八九一年に『宗教』と改称）を創刊することなどを通して、日本におけるユニテリアンの影響力が徐々に広がっていく(23)。

『ゆにてりあん』にはその理念として「根本の主義」の一つに、「此教の方法とする所は全く討究の自由なるにあり」が掲げられている。一八八九年、ナップの後継者としてマコーレーが来日し、ユニテリアンをさらに組織化した。鈴木範久によると、この時期からユニテリアンは東京自由神学校を発足させ、「比較宗教学」という課程を設けるなど、「包容」の立場で宗教研究に力を注いでいくが、その結果の一つとして、佐治実然や中西牛郎などの仏教者もユニテリアンに入会することとなったという(24)。

他方で、世紀転換期には、新仏教運動のメンバーがユニテリアンの「自由討究」という方針に共鳴し、それを同運動の綱領にも掲げている。福嶋信吉が指摘しているように、「啓蒙思潮への応答」と「伝統的な「正統」派への対抗」という二点において、新仏教徒とユニテリアンは共通の課題に直面していた[25]。また、新仏教徒同志会（一九〇三年に仏教清徒同志会から改称）により一九〇一年五月から毎月一回開かれていた公開演説の会場は、一九一二年一月までユニテリアンが提供していた。その背景には、当時の日本ユニテリアン協会会長を務めていた佐治実然と新仏教徒である杉村縦横との間に親交があったためである[26]。しかし、佐治とマコーレーとの間に軋轢が生じた後、会場の貸し出しも停止された。『新仏教』誌上においてもユニテリアンへの謝辞が述べられている。『六合雑誌』でも「仏教清徒同志会と『新仏教』」（『六合雑誌』二三五号、一九〇〇年七月）が発表され、新仏教運動に賛意を示している。こうした背景において、ユニテリアン教徒の広井は一九〇二年から一四年にかけて『新仏教』に数多く寄稿したのである。

次に日本ユニテリアン協会会長を務めていた佐治実然の経歴と思想について簡単に触れておこう。佐治は、一八五六年に兵庫県の円覚寺（真宗大谷派）の次男として生まれた。幼少時には漢学や数学の素養を身につけ、一九歳にして住職となり、京都で布教活動に携わった。一八八二年には上京し、大内青巒や新居日薩（一八三〇―八八）らとともに仏教研究に努め、またこの時期に宗政改革の主張に共鳴し仏教改良を唱えた。一八九二年に、佐治は日本ユニテリアン協会の代表として日本に赴任した宣教師であるマコーレーや神田佐一郎（一八六三―一九六四）の誘いで仏教からユニテリアンに転向し、日本ユニテリアン協会の旗手の一人として活躍していく[27]。しかしその後、先述したようにユニテリアン主義の内実についてマコーレーと意見が分かれ、一九〇九年に佐治はユニテリアンから脱退した[28]。

佐治の宗教理解については、宗教進化論的な枠組みが重要である。たとえば彼は、「宗教的宗教」、すなわち「種々の奇蹟を信じたり、或は鬼子母神を拝むとか、或は腐水を戴き、符呪を以て利益を求むるとか云ふ信仰」を挙げて批判している。そしてこの種類の「宗教」が教育によって最終的には撲滅されると述べている。また、佐治はキリスト教や仏教を挙げ、これらが「宗教的宗教と倫理的宗教とが縄の如く組み合うた宗教」であり、それゆえに、単なる「宗教的宗教」より優れていると述べている。しかし佐治が「将来の宗教」、すなわち彼にとっての理想的な宗教としているのは、新たな時代に適合できる「倫理的」なものである。[29] それはいかなる人にも「良心」という「法の力」が備わっているため、「倫理的」な宗教はそれに働きかけるものであるからである。

佐治はまた、宗教の「社会問題」への対応を重要視する。佐治によると、宗教の理論的な研究は、すでに「井上君や姉崎君」のような「深遠の智識を求むる」少数の宗教（学）者によりおこなわれているが、宗教家は「貧民の為に働く」べきであるという。[30] そのため、「一神教も、無神教も、汎神教も、教義の異同等を問ふべき必要もなく、又乾燥なる理論上の争に汲々たる暇」もないとし、社会問題の解決に向けて「一切の宗教が、一致一団となつて、活動する様になりたい」と呼びかけている。[31]

第三節　「智」と「信」の調和を求めて
――広井辰太郎における「信仰」の位相――

前置きが長くなったが、本節からは本題である広井辰太郎による『新仏教』掲載の論説を見ていこう。

広井の『新仏教』への最初の寄稿文である「時代思想と信仰の衝突及其結果」において、彼はまず、「学術」と「宗教」の関わりを宗教史の視角より段階的に説明している。彼によると、「学術」と「宗教」の関連性を「同一時代・宗教学術の混淆時代」「衝突時代・信仰、智識の争闘分離時代」と「調和時代・信仰智識の調和的態度」に分けることができるという。かかる問題関心は、彼のみならず、広く同時代の仏教者にも共有されている。

さて、広井から見れば、「智」と「信」はそもそも切り離せない関係にあるため、両者の「絶対的な分離」はできないのである。「智」と「信」をいかに捉えるべきかという問題に対し、彼は次のように述べている。

信仰が客観的実在となる時は、必ず一種《ママ》智識的表式を有す、従て信仰は決して智識的関係より自由なる能はざるなり、故に信仰も又一種の智識的観察なり。只た其智識なるや、哲学科学の如く、実験的、敏弁的、批判的ならずして、直覚的、伝説的、通俗的なるのみ。(32)

このように、広井は「信仰」の表象が必ず「智識」により把握し得るものとして現れることを確認し、「智」と「信」の不可分の関係を力説している。この論述から、彼は哲学や科学とは一線を画する「信仰」のあり方を強調するとともに、あくまでも「智識」の枠組みで「信仰」を理解する姿勢がうかがえよう。

一方、広井は時代の進歩にともない、宗教の「信仰」も変わらなければならないと提唱するが、従来の「信仰」の形式を改革することがきわめて困難であるとも論じている。彼によれば、従来の宗教では、その倫理的な側面が重要視されてきたと同時に、「鬼神論的遺物」も多く残っているという。

しかし、彼はこの「鬼神論的」な側面こそが宗教的な「信仰」の根拠となる要素であるため、それを取り除くならば、「信仰」そのものは「冷却」する可能性があるとし、これこそが宗教思想の「過渡時代」の課題であると強調している。(33)

ここで注目すべきは、広井がこの「鬼神論的遺物」を全面的に否定あるいは排除しなかったことだろう。彼は「宗教」なるものを比較する際に、よく見られる「偶像教」の批判に対し、「偶像教」の意義を部分的に肯定している。彼によると、キリスト教を含めてすべての宗教がその本質において「偶像教」であり、「信仰も又其所信の対象に向て特殊の記号を用ふるの権あり」とし、「偶像を以て信仰対象の比喩となす」ことの価値を説いている。(34) こうした論理は、彼のより以前の論考にあたる「奇蹟断案」にも確認できる。たとえば広井は、「奇蹟」と「奇蹟的信仰」を区別する必要性があると訴え、「前者は非合理的なり。然れども後者即ち奇蹟的信仰は非合理的ならざるのみならず、仔細に闡明せば、反て合理的子分を含有することを発見せん」と論じている。(35) このように、彼はキリスト教の伝統的な枠組みで用いられる「奇蹟的信仰」を仏教やイスラーム教に当てはめ、その普遍性を強調している。

広井は従来の「偶像教」が「信仰」を集める側面において果たした役割を認めつつも、さらにそれを一歩進め、「世人は将来比喩的表式なくして事物当体を直観するの期に達せん」と述べ、人心を誘導する「新宗教」を創出する必要性を唱えていくが、(36) その「新宗教」こそが「ヒューマニチー　人道教」にほかならないと力説している。(37) この「人道」とは、「人性共通の最高感情即個人的、社会的、人類的、宇内的自覚意識」を意味する。また、「人道」に重きを置いた理由について彼は、来たるべき「新宗教」は合理的な側面だけでは成り立たないため、感情的な側面も重要であるという。[38]

次に、広井がユニテリアンの代表者の一人として、ユニテリアンで強調される「普遍性」への志向をいかに理解したのかという問題を考察する。日本ユニテリアン協会の役員を長年務めていた広井は、先述したように、一九一〇年一月、ユニテリアン主義をめぐってマコーレーと意見が分かれたことにより辞任した。具体的にマコーレーが一九〇九年一二月におこなった講演では、「ユニテリアン教は歴史的に基督教なる」と述べ、広井はその伝道方針が自身の理解するユニテリアン主義とは根本的に異なるとし、猛反対したのである。[39]それに際し、彼は『新仏教』で「日本ユニテリアン主義確論」を発表し、自らの辞任を「信仰問題」によるものであるとし、改めて日本における宗教統一――「神仏耶三教統一」――という理想を表明している。[40]そのため、広井にとって「日本化」したユニテリアンはもはや「キリスト教以上、仏教以上」のような存在となったのである。[41]このような論述から、一九一〇年代の彼は「普遍性」を唱えつつ、あくまでも「日本」という国民国家を意識し、「日本」における宗教の「統一」を追求していたことがうかがえよう。こうした一見矛盾しているように思われる「普遍性」の捉え方は、広井のユニテリアン主義においては表裏一体の関係にあるといえよう。

広井における「神仏耶三教統一」の構想では、彼は仏教とキリスト教のほかに神道を加えることにより、三教の調和を説いている。こうした傾向は、本章第四節で触れるユニテリアンを批判した加藤玄智（一八七三―一九六五）の『宗教新論』にも見られるものである。それは、ユニテリアンと新仏教がいかなる「宗教」を望んでいるのか、少なくともその一側面を反映しているといえよう。

先述したように、広井は従来の宗教のすべてを「偶像教」と呼びつつも、その「信仰」をある程度肯定している。広井のこの試みは、新たな時代において生じていた「智」と「信」のバランスをとる必要性を背景としていたことも確認できた。この点において、広井は新仏教徒とシンパシーを感じたであろう。また、彼が新仏教運動とユニテリアンとの間でおこなわれた対話に積極的に参加した背景には、すべての宗教に共通している「普遍的真理」があるという信念があった。その「普遍的真理」はまた、日本における宗教統一の理想とも結びつけられるものであった。

一九一〇年代において、広井は「日本は尚宣教師を要する乎」(『新仏教』一一巻四号、一九一〇年四月)と「日本ユニテリアン協会尚存す」(『新仏教』一二巻四号、一九一一年四月)といった演説の記録を発表し、自らのユニテリアン主義理解を論じていく。広井の基本的な立場は、ごく簡単にいえば、日本ではすでに外国人宣教師を必要としないということである。広井によれば、「日本に宣教師が派遣せらるゝのは、日本が之を派遣する外国よりも遥かに野蛮であると云ふことの証左となるのである。即ち派遣国と被派遣国とは文明国と野蛮国との関係に居るのである」という。(42) ここでは日露戦争の勝利を経て、日本も欧米諸国と同じように「文明国」となったという認識が確認できるが、広井は「文明」対「野蛮」の図式そのものを批判していないということにも注意を向ける必要があるだろう。

また、この時期から広井は、「東洋意識」という言葉を用いて「東洋人」としての自覚を鮮明にしている。たとえば彼は、「日本は軍事や外交に於て既に一等国となつたに拘らず、精神界の事は依然として宣教師の御厄介にならねばならぬのでありませうか。否精神界の事に於ては日本は一等国中の一等国である」と述べている。(43) それと同時に、彼は「日本的基督教」を唱導し、日本教会の財政的自立と「純日本人的の教会」という二つの側面を強調している。(44) 広井から見た日本のキリスト教は、

「従来伝承して来た神道、仏教、儒道等と互に融和して一種独特なる宗教観を生ずるに至る」という宗教である(45)。

本節では、世紀転換期から一九一〇年代までの広井の思想的展開を考察した。次節では新仏教徒たちの議論に目を向けたい。

第四節　加藤玄智の信仰論とユニテリアン

「健全なる信仰の樹立は我邦目下の最大急務なり」を掲げている加藤玄智は、従来の宗教に不満を覚え、新しい宗教を確立する必要があると説いている。新仏教徒同志会の内部でも「健全なる信仰」や理想的な宗教像について、必ずしも一致した意見があるわけではなく、あくまでもゆるやかなサークルとして「自由討究」の場を提供しているという側面がある。しかし、加藤は仏教にコミットメントするよりも、仏教とキリスト教を「融合調和」し、それをベースとして新たな宗教を作り上げることを構想したのである(46)。その点において加藤は、境野黄洋や高島米峰といった真宗的なバックグラウンドを持つ新仏教徒の発想とは一線を画していた。加藤は同時代の「智識経験」との協調に重きを置き、「必ずや当さに何等か健全なる時機相応の信念を構成し来たるに非ずんば吾人は到底吾人の全精神を満足せしめ能はざるものとす」と自らの「信念」に関する見解を述べている(47)。

加藤は「旧信仰」から「新信仰」への変容を宣言し、東西思想の衝突と交流が、最終的には「新信仰」の確立に導くとしている。そして加藤は、「今や我邦の思想界信念界は之等新旧両思想の衝突矛盾の結果、旧信仰既に亡びて新信仰未その樹立を見るに至らず[48]」という自身の現状認識を述べ、「新信仰」の内実とそれに到達する方法を説いていく。

加藤の『宗教新論』には、井上哲次郎（一八五六―一九四四）が序文を寄せている。その序文では、井上は加藤が念頭に置いた仏教とキリスト教のほかに神道を加え、これらの宗教の「根本主義」を解明することによって宗教間の「大争乱」を防ぐのみならず、「宗教の新脈絡」を示すことがきわめて重要であると述べている。

加藤はユニテリアンの宗教上における「寛容主義」を取り上げ、それが必ずしもキリスト教に限らないと述べ、「健全なる信念」を「自由」に求めるという点で評価している。しかし加藤から見れば、この「寛容主義」のためにユニテリアンの教えが「漠然に流がるる」傾向があり、その点では批判すべきという[49]。

ユニテリアンに対するこうした不満は、「仏教の自由主義」にも向けられた。この「仏教の自由主義」とは、加藤によると、「ユニテリアンと同く一切の健全なる智識信仰を普ねく之れを網羅して、更らにその上に健全なる信念の一大厦屋を建設せんと企つるもの[50]」である。これは、当時の新仏教運動の主張を指していることが推測できる。加藤はその「仏教の自由主義」には仏教的な要素――「仏教てふ特色」――がないことを非難するが、ユニテリアンと「仏教の自由主義」が日本でおこなわれていることが東西思想の融合の結果であると、次のように結論づけている。

〔自由主義がおこなわれる状況は〕早く既に東西思想の我邦に於て比較研究せられて東西の思想各

其一長一短あり、互に相輔け相補ひて此に初めて今日の人智に適合せる吾人信念の健全なるものを樹立するを得可しとの一大確信に到達したるの結果ならずんばあらざるなり。[51]

では、加藤において仏教とキリスト教の理想的な「融合」はいかに構想されているのか。その前提となっているのは、仏教とキリスト教それぞれの特徴である。加藤によれば、「将来の思想は過去思想の歴史的発展の結果」であるため、来たるべき宗教も「仏基両教に負ふ所多きを予想するに難からざる可し」という。[52] そして加藤は「科学的不偏不党の立脚地」より、キリスト教の長所をその「現世的思想」から読み取ることができるとし、それが「印度風の厭世思想」を継承した仏教より優れているところがあるとしている。他方で、キリスト教の神は「人格的存在者」であり、その点では「今日の智識経験」から見れば「信憑する能はざるもの」であると述べている。それに対して仏教は釈迦の「哲学思弁」に基づいているため、理論に長じているという。[53]

しかし、加藤は仏教とキリスト教のような既存宗教よりも、それ以上の「新宗教」を構想し、それに基づく信仰を「健全なる信仰」と呼んでいる。加藤いわく、かかる宗教はまず、「仏基両教の長所短所を充分比較的に攻究考察して各自その粋を抜き来りて構成せられたるものならざる可からず」とのことである。[54]

最後に、ユニテリアンと新仏教運動との関係の変容について少し触れてみたい。すでに述べたように、ユニテリアンの内部では、ユニテリアンとしてのアイデンティティーの問題が存在しており、そしてその協会の内部から統一された意見が提示されていない。そのことは、広井の「日本ユニテリアン主義」からもうかがえる。

川村五峯（五峯生、生没年不詳）は「ゆにてりあん教会滅ぶ　統一基督教会の変成」（『新仏教』一三巻三号）を発表し、「旧ゆにてりあん協会」の終焉（一九一二年一月二七日）と、それに代わる統一基督教会成立の事情を紹介している。川村によれば、これまでの「旧ゆにてりあん協会」には、「神、儒、仏、などまで取込んで勝手な真似をし出し、殆どゆにてりあん主義の本領を失ふまでに立至ッた」という本質的な問題がある。(55) ここで川村は、ユニテリアンの宗教に対する寛容的な態度を評価することより、やや批判的な目で見ているということがうかがえよう。他方で、広井に対しては、「旧日本ゆにてりあん協会」の名称を保ちつつ、上宮教会を演説（毎月二回）の会場として借りていることを述べ、「旧日本ゆにてりあん協会二十年間の努力が、必ずしも無意義で無かッた」、そして「今の広井君の運動も決して無意味ではあるまい、必ず将来があるであらう」と肯定的に述べている。(56)

このように、「旧日本ゆにてりあん協会」が統一基督教会となった後も、そこから独立した広井によって「日本ユニテリアン協会」として名称が維持され続けたのである。「日本ユニテリアン協会尚存す」（『新仏教』一二巻四号）で広井は、アメリカの本部からの資金的援助と建物使用の便宜を失ったが、自身の日本ユニテリアン協会が依然として「独立せる日本人の経営する、自由宗教運動」であり、「二十年来の主張と歴史のみ」があると、(57) 自らの立場を示している。そして同協会はかつての日本ユニテリアン協会の「再興」を目指しているのではなく、その活動を「継続」しているのみであると、マコーレーの意向が反映される「東京ゆにてりあん教会」（統一基督教会が成立する前に独自の伝道を展開していた組織か）に対する自らの正当性をアピールしている。(58)

本節では、加藤の議論の検討をおこなうことで、ユニテリアン側の広井と新仏教徒側の加藤が異なる宗教の「統一」や「融合」を主張しているところで共通性を有していることを確認した。そして、「旧日本ゆにてりあん協会」が統一基督教会へと変容した後も、広井によって日本ユニテリアン協会という新たに独立した組織が存続し続けていたことを見てきた。川村と広井の議論に見られるように、それまでの「旧日本ゆにてりあん協会」の活動に対する評価がその宗教多元主義的な主張において分かれていることを指摘したい。

おわりに

本章では、主に広井辰太郎を取り上げて、新しい「宗教」の確立を目指した新仏教運動とユニテリアンの交流に着目し、世紀転換期における仏教とキリスト教の対話の実態について考察をおこなった。本章での考察を通じて、彼の「新宗教」論と「信仰」論には主に三つの特徴を挙げることができる。まず一つ目は、「智」と「信」の二項対立ではなく、その「調和」を力説し、学術と宗教の「衝突」を克服しようとしたことである。これは、必ずしも広井一人の見解ではなく、同時代の新仏教徒などの仏教系知識人にも見られる論理であるが、広井はあくまでも「智識」の枠組みにおいて「信仰」の表象を位置づけようとしたことを指摘しておきたい。また、彼は「宗教」を「偶像教」とそれを乗り越えた形の「超偶像教」に分類し、後者を来たるべき「新宗教」としたことも、注目に値するであろう。広井のようなユニテリアン教徒たちは、新しいキリスト教――それは神道と仏教を取り入れたユニテリアンである――を提唱することによって、キリスト教と国家の問題を乗り越えようとした。そして彼は、国民道徳の要求に応答すると同時に、結果的にはキリスト教的な要素を失ったと批判されたが、キリスト教の普遍性を確保しようとしたといえよう。

二つ目は、道徳的な要素に重きを置いた宗教理解である。これは、彼の「人道教」なる構想からうかがえよう。すなわち、彼が提唱した「新宗教」においては、合理性と宗教的な「情操」という側面を備え、また、社会を教化する役割を果たすことが理想とされている。『新仏教』誌上においても、新しい仏教の道徳的な側面がしばしば強調され、逆に「旧仏教」の範疇に入れられた「戒律」は、「人倫の大道」に反する「病的戒法」と批判されている。(59)

そして三つ目は、「日本ユニテリアン主義」という言葉自体からもうかがえるように、彼のユニテリアン主義では、世界的な普遍性と日本の特殊性が表裏一体の関係にあるということである。ここで留意すべきは、『新仏教』に発表された論考、とりわけ初期のものでは、仏教とキリスト教の「合同」も構想されていたことだろう。たとえば、新仏教運動の綱領を説明する「我徒の宣言」では、「自由討究」の項目で、「彼の仏耶二教の合一の如きも、亦我徒は理想の一にして、亦其の希望の一也」ということが述べられている。(60)このように、広井の思想は新仏教運動の主張と数多くの共通点を持っているが、「信仰」と「日本ユニテリアン主義」をめぐって、彼と新仏教徒が具体的にいかなる交流をおこなったかについては、今後の課題としたい。

いずれにせよ、本章ではユニテリアンから「日本ユニテリアン主義」へ、そして宗教の相違を問わないある程度の普遍性が想定される「信仰」から、特定の宗教の枠内で語られるキリスト教／仏教の信仰へ、といった傾向がユニテリアンと新仏教徒の交流史から見られることを指摘したい(61)。このように、普遍性の追求は同時に、日本的なキリスト教への回帰の傾向とともに展開したといえよう。次章では、新仏教運動の理論的指導者とされる境野黄洋が世紀転換期に展開した信仰論を考察し、同運動で掲げられた「健全なる信仰」の性格を同時代の社会的・思想的コンテキストから検討したい。

註

(1) THELLE, Notto R. *Buddhism and Christianity in Japan: From Conflict to Dialogue, 1854-1899*（Honolulu, University of Hawaïi Press, 1987）、とりわけ第一一章「新しいキリスト教」と第一二章「新しい仏教」を参照されたい。

(2) MOHR, Michel. *Buddhism, Unitarianism, and the Meiji Competition for Universality*（Cambridge, Mass.: Harvard University Asia Center, 2014）参照。

(3) 鈴木範久『明治宗教思潮の研究——宗教学事始』（東京大学出版会、一九七九年）、第一章「宗教の自由討究」参照。

(4) オースル・ランデ「佐治実然の生涯と思想——『六合雑誌』を手がかりとして」（同志社大学人文科学研究所編『『六合雑誌』の研究』教文館、一九八四年）。

(5) 福嶋信吉「明治後期の「新仏教」運動における「自由討究」」（『宗教研究』七二巻一輯、一九九八年六月）。

(6) 中西直樹「日本ユニテリアン協会の試みと挫折——宗教的寛容と雑居性との狭間のなかで」（『龍谷史壇』一一四号、二〇〇〇年三月）。

(7) 前掲註(5)福嶋「明治後期の「新仏教」運動における「自由討究」」、一二七—一二八頁。

(8) 吉永進一がモールの著書（前掲註(2)）に寄せた書評のなかで、新仏教運動の機関誌たる『新仏教』の常連寄稿者であるユニテリアン教徒・広井辰太郎の思想はあまり検討されていないと指摘している（吉永進一「〈書評〉

ミシェル・モール著『仏教とユニテリアン、普遍性をめぐる明治期の競争』」〈『日本研究』五三集、二〇一六年〉、二八二頁）。

（9）ゼームス・フリーマン・クラーク著〔金森通倫訳〕『信仰之階梯』（日本ゆにてりあん弘道会、一八九四年）。

（10）クラークはキリスト教諸派に共通する「信仰箇条」を列挙し、「斯くて同一の神は吾人の上にあり、又吾人と共にあり、而して又吾人の中にあるものなり、神は総べての現象黙示生活に象はる、神は過去現在未来に於ても一なり、吾人は是等の理を了解し初めて惣ての聖徒の真正なる交はりを知り、又是に依り初めて教会の一致を知る」と述べている（前掲註（9）クラーク『信仰之階梯』、四三九頁）。

（11）平井金三「ゆにてりあん教について」（『活論』二号、一八九〇年五月）。

（12）野崎晃市「平井金三とフェノロサ――ナショナリズム・ジャポニズム・オリエンタリズム」（『宗教研究』七九巻一輯、二〇〇五年）、八一頁。

（13）中西牛郎『宗教大勢論』（興教書院、一八九一年）、一七四頁。

（14）中西牛郎『教育宗教衝突断案』（博文堂、一八九三年）、六九頁。

（15）古河老川「ユニテリアン教を論ず」（『仏教』八九号、一八九四年四月）。ただし、本章では『老川遺稿』（仏教清徒同志会、一九〇一年）に所収のものを参照した。

（16）同前、一一六―一二一頁。

（17）井上円了「新仏教に望む」（『新仏教』三巻一号、一九〇二年一月）。

（18）広井辰太郎「時代思想と信仰の衝突及其結果・一」（『新仏教』三巻八号、一九〇二年八月）。

（19）広井辰太郎「時代思想と信仰の衝突及其結果・二」（『新仏教』三巻一〇号、一九〇二年一〇月）。

（20）「奇蹟断案」は『六合雑誌』の二二三号から二二五号にわたって連載されたが、本章では主に「奇蹟信仰」の普遍性を強調した二二三号（一八九九年七月）掲載の箇所を取り上げる。

（21）広井の生涯に関する資料は断片的なものしか残っておらず、本節では、主に彼自身が発表した「動物愛護運動の回顧」に基づいて彼の経歴をまとめた。生地とされる「佐賀県柳川」も、広井自身の記述に拠った。「動物愛護運動の回顧」は、『月刊動物愛護』一号（一九三九年一月）、同誌四号（一九三九年四月）、同誌五号（一九三九年五月)、同誌一三号(一九四〇年一月)に掲載されている。それに加え本節では、東海林克彦「広井辰太郎(元東洋大学教授)の動物愛護思想に関する環境倫理学的考察」(『観光学研究』八号、二〇〇九年)、星野靖二「広井辰太郎」(新仏教研究会編『近代日本における知識人宗教運動の言説空間——『新仏教』の思想史・文化史的研究』科学研究費補助金基盤研究B〈研究課題番号二〇三二〇〇一六、代表・吉永進一〉研究成果報告書、二〇一二年)を参照した。

(22) 広井「誰か牛馬の為めに涙を濺ぐものぞ」(『太陽』五巻一七号、一八九九年八月)、同「誰か牛馬の為めに涙を濺ぐものぞ」(『太陽』五巻一八号、一八九九年九月)。

(23) 前掲註(3)鈴木『明治宗教思潮の研究』、四五—四七頁参照。

(24) 同前、五八—六〇頁。

(25) 前掲註(5)福嶋「明治後期の「新仏教」運動における「自由討究」」、一一三頁。

(26) 杉村縦横は、一八九三年から九六年までユニテリアンが運営していた先進学院で学び、ユニテリアンに関する知識を蓄積した。

(27) 佐治実然におけるユニテリアン主義については、『六合雑誌』で発表された「ゆにてりあん主義」(二二二号)、「ゆにてりあん主義の両側面」(二二三号)、「信仰は主義なり」(二二三号)、「日本のゆにてりあん主義」(二二四号)、「ゆにてりあんの宗教的信仰」(二二七号)、「所謂信仰の危機」(二三八号)で確認することができる。

(28) 佐治の生涯については、主に新仏教徒同志会が編纂・出版した『将来之宗教』(新仏教徒同志会、一九〇三年)の「佐治実然」(二〇八—二一九頁)における佐治自身の自伝的な回顧を参照し、まとめた。

(29) 同前、二一〇頁。

(30) 佐治はこの文章で「井上君」とは誰かを明示していないため、「井上哲次郎」あるいは「井上円了」という二つの可能性がある。「姉崎君」は「姉崎正治」のことを指しているだろう。

(31) 前掲註(28)佐治「佐治実然」、二一二頁。

(32) 前掲註(18)広井「時代思想と信仰の衝突及其結果・一」、四三五頁。

(33) 前掲註(19)広井「時代思想と信仰の衝突及其結果・二」、五三三頁。

(34) 同前、五三六頁。
(35) 広井辰太郎「奇蹟断案」(前掲註(20))、五〇五―五〇六頁。なぜならば、「奇跡的信仰」は「宗教意識の普遍的現象」であり、キリスト教のみならず、仏教などの他宗教にも見られる現象だからである(同前、五〇七頁)。
(36) 前掲註(19)広井「時代思想と信仰の衝突及其結果・二」、五三六―五三七頁。
(37) 同前、五三四頁。
(38) これについて、広井は「余は情操を軽視し、感性を度外視する合理的倫理主義は到底人間生活の指導者たる能はざるを信ずるなり」と説明している(同前、五三五頁)。
(39) こうした方針の違いにより起こったユニテリアンの内紛の背景とその結末については、前掲註(6)中西「日本ユニテリアン協会の試みと挫折」に詳しい。
(40) 「又此の演壇の卓子の意匠が――周りが鳥で、中に十字架を附けてある――明に我日本ユニテリアン教の、神仏耶三教統一の理想を表はして居ると思ふ」(広井辰太郎「日本ゆにてりあん主義確論」〈『新仏教』一一巻一号、一九一〇年一月〉、四七頁)。また、彼によると、日本ユニテリアン主義の「信仰」とは、「神の存在を信ず」「人類は兄弟なり」「諸聖賢は人類の指導者なり」「宗教統一の理想」という四つの要素から構成されているという(同前、四九頁)。ちなみに、広井は神仏耶の三教統一を主張するが、「三教会同」を猛烈に批判している(広井辰太郎「御用宗教論」〈『新仏教』一三巻三号、一九一二年三月〉)。
(41) 前掲註(40)広井「日本ユニテリアン主義確論」、五〇頁。
(42) 広井辰太郎「日本は尚宣教師を要する乎」(『新仏教』一一巻四号、一九一〇年四月)、三三二頁。
(43) 同前、三三三―三三四頁。
(44) 同前、三三五頁。
(45) 同前、三三六頁。
(46) 加藤玄智における「新宗教」の構想については、島薗進「加藤玄智の宗教学的神道学の形成」(『明治聖徳記念学会紀要』復刊一六号、一九九五年)を参照されたい。
(47) 加藤玄智『宗教之将来』(法藏館、一九〇一年)、一三八頁。

(48) 同前、一五五頁。
(49) 同前、一五八―一五九頁。
(50) 同前、一六〇頁。
(51) 同前、一六二―一六三頁。
(52) 同前、一七四―一七五頁。
(53) 同前、一七六―一七九頁。
(54) 同前、一八一頁。
(55) 川村五峯「ゆにてりあん教会滅ぶ　統一基督教会の変成」(『新仏教』一三巻三号、一九一二年三月)、三一七頁。
(56) 同前、三一八頁。
(57) 広井辰太郎「日本ユニテリアン協会尚存す」(『新仏教』一二巻四号、一九一一年四月)、三九〇頁。
(58) 新たな日本ユニテリアン協会の綱領は、次のとおりである。

一、吾人は名称及び形式の如何を問はず「実在の観念」は宗教通有の根本義なることを信ず
二、吾人は信仰の誠実と理性の独立とを尊重し教権を排し自由討究を主張す
三、吾人は時代の最も進歩せる哲学科学の思潮に対し敬意と同情とを表す
四、吾人は宗教界に一致協和の精神を鼓吹し宗教統一の理想を実現せんことを期す
五、吾人は博愛仁慈の精神に基き社会の改善と世界の平和と人類の福祉とを計らんことを努む

(同前、三九〇頁)

(59) 牛涎「僧侶の妻帯を論ず」(『新仏教』二巻九号、一九〇一年八月)、四二〇頁。『新仏教』で展開される「旧仏教」批判の論理については、亀山光明『釈雲照と戒律の近代』(法藏館、二〇二二年)の第六章「旧仏教の逆襲――明治後期における新仏教徒と釈雲照の交錯をめぐって」を参照した。
(60) 新仏教徒同志会「我徒の宣言」(『新仏教』一巻一号、一九〇〇年七月)、三頁。
(61) 政教社とユニテリアンの早い段階での関わりについては、杉井六郎『明治期キリスト教の研究』(同朋舎、一九八四年)で指摘されている。

第五章　「新仏教」の夜明け

――雑誌『新仏教』における「信仰」言説――

はじめに

本章では、前章の問題意識を引き継ぎながら、雑誌『新仏教』という言説空間でいかなる「信仰」が提示され、それがいかなる特徴を有していたかについて考察する。

世紀転換期において、青年仏教者たちのユースカルチャーとして成立した新仏教運動は、近代仏教の思想上の到達点の一つとされてきた。

たとえば吉田久一は、清沢満之とその門下が中心となった精神主義運動と新仏教運動について、前者を「人間精神の内面に沈潜することによって、近代的な信仰を打立てんとし」たと述べ、後者を「積極的に社会的なものに近づくことによって、近代宗教の資格を獲得しようとした」と、この二つの運動を評価している(1)。ここからうかがえるように、社会派の新仏教運動と内面派の精神主義運動という図式は、仏教の近代を特徴づける二つの異なる方向性を表すものとされてきた。

自らの態度を「旧信仰」と一線を画した「新信仰」と表明し、既成の寺院制度の打破から「迷信」の根絶まで広範かつラディカルな運動を展開した新仏教運動とその機関誌である『新仏教』については、これまで多くの研究がなされてきた[2]。また、昨今の近代仏教史研究では、その有効性も含め「新しい仏教」という言説枠への関心も高まっている[3]。そのなかで、大谷栄一は新仏教運動を含めた「ビリーフ」中心の思想と活動を「狭義の近代仏教」と位置づけたうえで、その底流を流れる「新しい仏教」という言説について考察し、さらに、世代論的な観点から「ユースカルチャー」論を提示した[4]。しかし、「新しい仏教」を提唱した新仏教運動の展開過程において、具体的にいかなる「信仰」論が提唱されたのかを内在的に解き明かす研究はほとんど見られない。

かかる研究状況の一因として、新仏教運動が青年仏教者たちの集うゆるやかなサークルとして、大正中期まで長期間にわたり継続したため、その性質を論じ尽くすことの難しさが挙げられるだろう。そこで本章では、同運動の理論的な指導者と位置づけられ、新仏教運動の理念である「健全なる信仰」の解説を担当した境野黄洋に着目し、彼の「信仰」論について考察をおこなう。それに際して、本章でとりわけ注目したいのは、境野が旗手の一人として活躍した新仏教運動と、精神主義運動などの同時代の思潮との関わりである。

戦後近代仏教史研究の開拓者たちは、新仏教運動をその「社会」との関係により高く評価している。しかし、そこでは「健全なる信仰」が、近代科学に代表される合理主義的な発想に基づいて提唱されたものとして片づけられ、その内実の分析は閑却されてきたきらいがある。

たとえば、吉田と同じく、合理主義に沿った社会と内面的な信仰の対立に関心を示した池田英俊は、知識と信仰の葛藤こそ明治期の仏教者が直面した最も重要な課題の一つとしている。さらに池田は、日清戦争を経て既成の教学への懐疑論が高まり、結果として「批評的活動へと発展するか」、あるいは「近代信仰として表れるか」という二つの方向性に分かれていったと論じている。[5] 池田にとって「学説的」な新仏教運動は前者の傾向を代表するものであり、また、同運動は「仏教のもつ厭世観的側面より人生の苦悩を的確に捉えることによって、体験的信仰を深め、回心に至る方向、すなわち人格体制の転換を通して近代社会への再適応を試みようとする姿勢」に欠けると論じている。[6] ここからうかがえるように、池田は新仏教運動によって「体験的信仰」が確立できなかったことにその限界を見出したのである。こうした池田の捉え方には、人間の内面的な信仰を模索した精神主義運動と、近代科学を基準として、新仏教運動を社会的な活動を展開した運動として位置づける図式の潜在が見て取れるだろう。

たしかに境野ら新仏教徒たちは、精神主義運動を「旧仏教」の一例と指弾し、批判的な態度を示していた。そしてそれは、しばしば思想面における「対立」として扱われてきた。[7] しかし、『新仏教』誌上で展開した「旧仏教」「旧信仰」への批判は、すでに亀山光明が指摘したように、「近代」「前近代」というシンプルな構図に落とし込めないものがある。[8] この意味において、両運動は、「対立」よりもむしろ近代日本の言説空間における「交錯」として再検討される必要がある。

そこで本章では、境野の「信仰」論がいかなる文脈で主張され、また、そこでなされた同時代の思潮への批判がいかなる意義を有するのか、ということを改めて問いたい。かかる作業によって、先述した新仏教運動の語り方の問題に貢献することをめざしたい。

具体的な構成として、世紀転換期頃に「信仰」がキーワードとなる展開を考察し、境野らを代表とする青年仏教者たちが「健全なる信仰」を主張するに至るコンテキストを確認する。そして、境野の

「羸弱思想の流行――ニイッチェ主義と精神主義」を中心にテキスト分析をおこない[9]、「体験」を核心とする「信仰」言説や「実存的宗教論」といった先学の研究成果を踏まえて、境野の「信仰」論の位置づけを試みたい。

第一節　「健全なる信仰」の系譜
――古河老川の「信仰」論――

本節の目的は、新仏教運動で強調される「健全なる信仰」の系譜を跡づけ、かかる主張がいかなる状況下において提起されたのかを解明することである。そのため、新仏教徒同志会の前身にあたる経緯会の指導者であり、境野を同会に招いた仏教者・古河老川に焦点を当てる。古河については、これまで新仏教運動へ至る橋渡し役として言及されてきたが、彼の思想そのものは十分に検討されてこなかった。そこで、彼の「信仰」論を分析することによって、「健全なる信仰」の前史的段階を考察する。

一八九四年に、古河は宗教進化論的な発想に基づいて「懐疑時代に入れり」という論説を発表し、大きな反響を呼んだ[10]。同論説において、彼は哲学や宗教思想を「独断」から「懐疑」、そして「批評」へと発展するものとして捉え、それらの段階を乗り越えたものとして「新独断」の時代が到来すると述べている[11]。本節で考察するように、古河はこの発展段階説を展開していく過程において、キリスト教の一派であり、合理主義的な立場から「自由討究」を提唱したユニテリアンへの批判を試みることとなる。

しばしば指摘されるように、日本ユニテリアン協会はこの時期の青年仏教運動に大きな影響を与えた。明治二〇年代に仏教改良を唱え、「新仏教」のあり方を提示した中西牛郎が、ユニテリアンの理性重視の主張や既存の宗教的権威への批判的な姿勢に共感を覚え同組織に参加したのは、その好例である。また、前章で見てきたように、ユニテリアン協会は新仏教運動と人脈的・思想的な関わりを持っており、のちに同志会に演説の会場として、一八九四年三月に完成したユニテリアンの会堂・惟一館（芝三田四国町）を提供した。

かかる背景において、古河が経緯会の機関誌である『仏教』に「ユニテリアン教を論ず」を発表し(12)、「信仰」を指標として自らの運動とユニテリアンとの間に線引きをおこない、差異化を図ったことは重要だろう。具体的に彼は、「自由討究」の実践や従来のキリスト教の改革を試みている点でユニテリアンに賛意を示す一方、「信仰」を宗教の本質とする立場から、「信仰」がぬけ落ちている点をユニテリアンの根本的な欠陥とし、それでも「宗教」と称することができるのかと疑問を投げかけている。

> 宗教なるものは、定義区々にして吾人の宗教とするところ必ずしも彼等の宗教とするところに非ざるべけれど、宗教に信仰の必要なることは決して吾人一家の私言にあらじ、既に宗教に信仰を必要なりとせば、唯合理的と云ひ科学的と云ひ自由討究と云うて、信仰を疎かにするもの果して宗教と云ひ得べきか(13)。

また、古河は先述した「独断・懐疑批評・新独断」という三段階の宗教発展図式を用い、右のように「合理」や「科学」「自由討究」を「懐疑批評」という第二段階に至るための必要条件としている。しかし、そこに「信仰」が加わることで、さらにその段階を踏み越えて、「新独断」という真の宗教の段階に至るとしている。ここから、新仏教運動の源流を形成した古河において、ユニテリアンの「自由討究」はあくまでも批判的に乗り越えられるべき対象であったことがうかがえる。

古河の認識において、ユニテリアンの思想は「新独断」の時代の到来を迎えるべく、従来の陋習を破り、「旧独断」を破壊するための前提となるものであった[14]。しかし、彼はユニテリアン教徒に向けて、第二段階に専念すべしと述べ、その理由として、ユニテリアンの唱えた「普通信仰」が「積極的信仰」ではなく、「消極的不信」の性質を持っているため、ユニテリアンが「新独断」の時代の宗教になれないと論じている[15]。

さらに古河は、ユニテリアン教徒に対して、もし「宗教」を自称するならば、「仏教」によるべきことを勧める。その理由として、ユニテリアンの主張と仏教の性質との合致を述べ、「ユニテリアン教疑ひ多くして信少なけれど、仏教は疑ふべきを疑ひ、信ずべきを信ずる」ということを挙げている[16]。ここから、古河の宗教論にとって「疑」と「信」が複雑な関係にあったことが見て取れるだろう。すなわち、彼にとって「疑」は必ずしも宗教への不信を招くのではなく、「信」とのバランスによって成り立つのであり、ユニテリアンと仏教の親和性が主張される一方で、この「信」こそが「宗教」の中核となり、両者に決定的な差異をもたらすものであった。ただし古河によれば、ここでの「仏教」は従来の腐敗している仏教教団ではなく、「仏教本来の教義」を指しているのであり、現状の仏教もまた変革される必要があるという[17]。

古河が構想した「仏教」とそこにおける「信仰」の位置づけは、新仏教運動における境野の主張を理解するうえで重要なヒントを与えるものだろう。すなわち、次節以降で論じるように、新仏教徒同志会は科学的かつ合理的な発想に基づく批評的な精神を発揮しつつ、知識の範囲を超えたところの「実在」への「信仰」を「根本義」として強調し、科学知と「宗教」のバランスを保つことで、「健全なる信仰」を希求した。そうした態度は、まさしく古河の主張と重なり合うものである。

古河はユニテリアンの批判的精神を有し、なおかつ「新仏教」としての素質を備えている仏教宗派として、禅宗の名を挙げている。彼は、かつて「ユニテリアンを論ず」においてユニテリアン教徒に仏教徒となるように勧めたが拒まれたとし、「此に於てユニテリアン流行の大勢は、応さに一変せざるべからず、而して其一変して次で出で来りしものは、禅宗流行の大勢是なり」と述べている。[18] すなわち、古河にとって、「教外別伝不立文字」をもってユニテリアンの「消極味」を共有しつつも、「見性成仏」による「積極味」を備えている禅宗こそ、新しい宗教のあり方なのである。[19] 吉永進一が指摘したように、古河は一八九五年に、のちに「世界の禅者」として知られる鈴木大拙（一八七〇―一九六六）とともに、臨済宗の寺院・円覚寺に参禅したことがあり、それを契機として禅への関心を高めていった。[20] しかし、ここでの「禅」は具体的な宗派の実践の枠組みよりも、それを超えた宗教経験へと昇華されている。[21] このように古河は禅宗の教義を普遍化し、それを仏教全体、ひいてはすべての事物に敷衍し、「凡そ天地の間、人間中、事々物々技々芸々、其神に通じ其妙を窮むるもの、一として禅ならざるものなきに於てをや」と論じ、この意味で禅宗こそ「我新仏教、進歩的仏徒の本色に非ずして何ぞや」として、[22] ここに「新仏教」の可能性を見出している。

また、この時点ですでに革新的な仏教徒として自らの立場を表明した経緯会のメンバーについて、古河は「先づユニテリアン風となり、次で禅宗風となれるもの仏教徒に在り、「仏教」の徒の如き是なり」という自己認識を表明している。[23] ここにおいて、彼が境野を含めた経緯会の同人をユニテリアン、禅宗に続き、「新仏教」の系譜を引くものとして位置づけたことに留意すべきだろう。しかし、このように禅宗を中心に据えた「新仏教」の構想は、のちに新仏教運動を担うようになった境野の論説にはあまり見られない。この意味で、古河の新仏教論は、境野に継承されなかったともいえるが、新仏教運動の前身とされる経緯会では、このようにして禅と「新仏教」の関連性が提示されていたことは注目に値するだろう。

本節では、新仏教徒同志会の前身とされる経緯会のリーダーであり、境野にも多大な影響を与えた古河の「信仰」論を中心に考察をおこない、彼が理想的な仏教像を構築する際に、ユニテリアンの批評的な精神と仏教の教義にある「信」の要素を強調したことを確認した。次節では、古河没後、新仏教運動の草創期にあたる世紀転換期における「信仰」の語り方を検討し、境野がいかなる時代状況のなかで「健全なる信仰」を説いたのかを考察していきたい。

第二節　世紀転換期における「信仰」の語り方

本節では、世紀転換期の「信仰」をめぐる時代状況を見ていきたい。

新仏教徒同志会の発足（一八九九年）とほぼ同じ時期に「信仰」という語が仏教界では流行し、

徐々に一つのキーワードとなっていった。「信仰」という言葉が盛んに論じられるようになった背景について、碧海寿広は、「仏教」の捉え方自体が「哲学」から「体験」へと転換したと指摘している。[24]すなわち、世紀転換期に台頭した若き仏教者たちにとって、「仏教」を「哲学」という言説枠のみにおいて論じることはもはや満足できるものではなかった。[25]また、一九〇〇年代頃には、「信仰」の欠如が日本人に対する「無宗教」の批判と結びついていることも注目に値する。すなわち、明治初期の「宗教」を「文明」のシンボルとする考え方から、日本人の「無宗教」が一種の「欠落」として語られてきたが、この時期には、こうした語り方が物質的な社会における「信仰」の不在に対する強い危機感を生じさせたのである。その意味で、世紀転換期の「信仰」は宗教界の専有物ではなく、広く社会の問題と関連して理解されている。[26]かかる展開において、「宗教」の領域での「信仰」の中心的地位が認められ、その内容自体が争点となっていく。

たとえば、この時期から影響力を強めていった真宗大谷派の僧侶である近角常観は、東京で求道会館を建設し、「告白」という実践を軸として、体験としての「信仰」を信徒たちと共有し、彼らを魅了していた。一九〇〇年に上梓された近角の『信仰の余瀝』[27]に、清沢満之は序文を寄せている。その冒頭に「宗教は人心をして其根帯を自覚せしむるものなり、信仰は即ち其自覚なり」という文言が見られ、信仰によって人心の根本を知ることができると断じられている。さらに清沢満之は、「社会の潮勢」から見ると「信仰」の供給が急要となり、それにいち早く対応したのが近角による「信仰」の告白であるとする。[28]

また、清沢や彼と「浩々洞」で共同生活を送っていた暁烏《あけがらす》敏《はや》（一八七七―一九五四）をはじめとする門下らが主導した精神主義運動においても、「信仰」が人生の要件と自覚されていた。たとえば、同運動の機関誌『精神界』の創刊号（一九〇一年一月）では、「吾人の世に在るや、必ず一つの完全なる立脚地なかるへからす」と叫ばれ、その「完全なる立脚地」について、「然らは、吾人は如何にして処世の完全なる立脚地を獲得すべきや、蓋し絶対無限者によるの外ある能はさるべし」と説明がなされている。(29) さらに、「絶対無限者」への依憑と「信」の関連性について、清沢は次のように論じている。

我々が真実の信に到達せやうとするには、この奥底の本体を見つけねばならぬ、この本体といふのは、外のものではない。即ち絶対といひ。無限といひ、光明といはるゝ所のものである。(30)

近角や清沢のほか、たとえば境野が一八九〇年代に師事していた村上専精も、『仏教統一論　第一編　大綱論』を刊行し、近世から続いてきた大乗非仏説に対し、(31) 釈迦を一人の人間と認識し、大乗仏教が釈迦の直説でないことを認めたうえで、自らの「信仰」の立場を表明している。村上によると、社会の「常識」に合致するものこそが「健全なる信念」であるのに対し、「道理以外」に訴えるものが「妄信」であり、歴史的かつ批評的な研究を通し、前者のような「信仰」を確立させる必要を論じている。(32) このような時代状況について、境野自身も一九〇五年の「新仏教幼年時代」において、「此の潮流が産んだ新信仰論は、新仏教組織の時には、根本の位地を与へられること、なつたのであつた」と振り返っている。(33)

このように、「信仰」の内実をめぐって論争が巻き起こる一方、「信仰」が「宗教」としての核であること自体は共通の前提となっていた。かかる時代状況のなかで、境野ら青年仏教者も「健全なる信仰」を掲げ、自らの宗教論を展開していった。「健全なる信仰」という言葉は、『新仏教』誌上において最初から強調されていたにもかかわらず、その内実に関しては、新仏教徒のなかでも意見が分かれており、結果として共通の綱領としてのコンセンサスが存在したかは疑わしい[34]。しかし、「健全なる信仰」に関する議論の中心人物である境野の「信仰」言説を検討することで、その性格と特徴の一端を解明することができよう。ここではまず、彼らが主張する「健全なる信仰」とは何かを把握すべく、境野が一九〇一年四月に発表したその解説を見ていきたい。

「信す」とは情なりといふ未た精からず、さらは妄信と正信とは区別なかるべし。高尚の感情は、直ちに明瞭なる理性の幇助を受くべきこと勿論なり。時代智識と衝突せず、相容認する程度に於て我徒の信仰は成立せり[35]。

このように、境野は「信す」という行為における「妄信」と「正信」の区別を強調し、新仏教徒の「信仰」が「感情」と「理性」のバランスを要するものであるとした。また、「妄信」に執着し、それを宣伝する主体を「旧仏教徒」と呼び、「従来の沈滞腐敗せる迷信的宗教のみを見て、之を宗教とし、之を信仰とし、以て一切の宗教、一切の信仰を推測軽断する」ことを批判している[36]。このような「信仰」の腑分け作業を通して、境野は「健全なる信仰」の正当化に努めたのである。

一九〇〇年一二月、清沢と境野の主張を比較するかたちで、「内観主義」という清沢の論説と、境野による「常識主義」が『新仏教』の同じ号に掲載された[37]。そこで清沢はまず、「主観をして主たらしむるの実際主義を名けて内観主義と云ふなり」「厭ふべき世界も、欣ふべき天国も、共に是れ我心地の上に成立せるものたるへきなり」として[38]、厭世と楽天の区別を客観的な世界より個人の内面に求め、「内観主義」における「主観」の重要性を強調している。そして、「内観主義は、一切の事変を主観的に処理せんとするものなり。吾人の心を無限絶対の地位にありて活動せしめんとするものなり」と結論を述べ、個人の存在を「相対有限」なものと認識し、宗教が人々を「絶対無限」の覚悟に導くものであれば、「内観主義」を実行しなければならないと論じている[39]。

これに対して境野は、歴史の視点を強調し、「過去宗教の示す所の教理、其の行はれたる事実は、現今の信仰の由来する所なり」と述べ、伝統的な宗教のあり方の価値と現在とのつながりを認めたが、その教理と実践が「社会進歩の常識」とズレが生じた場合、それを反省して革新しなればならないと考えたのである[40]。そこで彼は、「信仰は現在の事実なり。現在の事実なるが故に、過去と将来とを回顧し予察せざるべからず」と断言し、過去と将来の宗教のあり方を常に念頭に置きながら、「信仰」と「時代智識」の一致をいかに保つことができるかを考えることこそが、「信仰を表白し、弘伝する所以の道」であると述べている[41]。さらに彼は、「過去の仏教」の宗教観、すなわち、「宗教の体面は、常に必す何等かの模索すべからざる、不可知の所ありて、理学哲学の如く明瞭なるものなるべからず」という認識を排除し、その「超自然論」と「主観論」を批判の対象とし、現世を「尊重」する現世主義の立場を表明している[42]。

境野を含めた新仏教徒の宗教観を検討した星野靖二は、『新仏教』に数多くの論説を寄せた境野や田中治六（一八六九―?）は、「実在」と「絶対」について論じ、汎神論を通して実在を超越的というよりはむしろ内在的に捉え、実在と現世主義の両立を図ったと指摘している[43]。この指摘を踏まえるならば、境野にとって「宗教」と「信仰」を論じるうえで不可避な問題とされる「実在」の説明は、主観的あるいは超越的なアプローチからではなく、「現世主義」の立場からなされるべきものであったといえる。

本節では、「信仰」とその内実について議論が白熱する世紀転換期の様相について考察をおこなった。「信仰」が数多くの仏教知識人の共通テーマとなるなかで、境野は「常識主義」の立場からこれを主張し、伝統的な教理と実践とのつながりを認めつつも、「時代智識」と歩調を合わせた革新の必要性を力説したのである。次節では、境野が同時代のほかの宗教思潮を批判した論説を取り上げ、そこでの自他認識の変容を通して、彼の信仰論がいかに輪郭を得たのかを検討する。

第三節　「健全なる信仰」の構築
――精神主義とニーチェ主義への批判を題材に――

世紀転換期にかけて「信仰」がキーワードとなっていくなかで、境野は「健全なる信仰」を掲げ、その特徴を際立たせるために、同時代の信仰論を批判的に論じ、この作業を通して時代思潮のなかにおける「健全なる信仰」の位置づけを探った[44]。

具体的に彼は、当時の文壇の花形であった高山樗牛に代表されるニーチェ主義、そして清沢と

「浩々洞」同人の精神主義運動を槍玉に挙げるほか、伊藤証信（一八七六―一九六三）が提唱し、仏教やキリスト教の思想を融合した「無我愛」の思想や、「見神の実験」を語った綱島梁川（一八七三―一九〇七）の思想などを不健全な傾向を有するものと批判している。[45]本節では、『新仏教』で発表された論説である「羸弱《るいじゃく》思想の流行」を主に取り上げ、境野がいかにニーチェ主義と精神主義運動を批判し、そこにいかなる思想的構造が潜在しているのか考察をおこなう。

初期の『新仏教』の誌面では、精神主義運動やニーチェ主義、「無我愛」運動に対する批判の記事や風刺画などが散見され、そこから同時代の信仰論への対抗意識を見て取ることができる。たとえば高島米峰は、「病人宗」という言葉を使用し、「曩《さき》には、清沢氏の『精神講話』、及び高山氏の『樗牛全集』を読んで、この感を起し、今また綱島氏の『病間録』を繙いて、更にこの感を深くした」と、清沢や高山・綱島の思想を一括りにしている。[46]

すでに論じたように、「内観」と「常識」をキーワードとして清沢と境野の信仰論は差別化され、そしてこの相違が「羸弱思想の流行」になると、激しい批判に転じていったのである。

宗教に対する感情的直覚的解釈を取るものは、旧仏教（寧ろ多数の宗教者）一般の大勢なれ共、今特に精神主義を以て対手としたるものは、精神主義の新らしき形を取り、しかも根本的には却て古き解釈を取るものなることを見、感情派に対する余が意見を明にするの便宜に供したるものなり。[47]

このように、境野は「旧仏教」の範疇に精神主義の思想を入れ、その「感情的直覚的」な解釈法を批判している。ここで「旧仏教」は、時間的な概念よりも、むしろ「感情」偏重の態度を非難するための言葉として用いられていることがうかがえよう。境野にとって、「個人の実行」という点で精神主義はある程度評価できるが、「内観的満足、寧ろ感情的満足」に偏重しすぎる傾向があるため、宗教的「信仰」として健全とは言い難いのである。[48]

そして、ニーチェ主義への批判については、『太陽』七巻九号（一九〇一年八月）に載せられた高山の「美的生活を論ず」を発端として巻き起こった論争がその背景となっている。[49] 高山は「本能の満足」という「人性本然の要求」を「美的生活」と名づけ、そこに絶対的な価値を見出している。[50] そして、「本能の満足」をもって知識と道徳の相対化を図り、「畢竟知識と道徳とは盲目なる本能の指導者のみ、助言者のみ、本能は君主にして知徳は臣下のみ、本能は目的にして知徳は手段のみ。知徳其物は決して人生の幸福を成すものに非ざる也」と述べ、[51] 知識と道徳をあくまでも「本能の満足」の補助者と位置づけようとしている。

こうした高山の立場に対し、境野がとりわけ問題としたのは、高山の宗教論であった。高山は「現代思想界に対する吾人の要求」という論説のなかで、「今日の宗教が宗教としての何等の威厳、何等の勢力をも有せざる」原因として、思想界の「憂悶の発声」に応えることができなかったことを挙げ、「吾人の求むる所のものは信仰也。而して彼等は信仰の歴史と性質とを説けるのみ」と断じ、「学説」としての「信仰」ではなく、それと切り離されたところにある「信仰」の必要性を提唱している。[52] そして、「宗教」に対して学術的な態度をとったものとして、「両井上博士、元良、加藤、村上、諸博士」の名を列挙し、とりわけ「宗教家の本分に遠かりて、等しく学究的態度を取る」村上専精を批判し、彼が「宗教家」ではなく、「宗教学者」であると指弾している[53]。

境野は、以上のような精神主義とニーチェ主義の立場に「羸弱思想」のレッテルを貼り、これらの思想が「宗教の感情的信受」を主張するものであり、「国民思想の羸弱」を招きかねないと批判している[54]。

而してかゝる羸弱思想の傾向は常に二方面に於て発起す。一は激動なり、一は沈鬱なり。沈鬱は「引込み思案」にして、此の安心の上に成立せる宗教は「アキラメ主義」となる。人生活動の本旨を失ふ。激動は反発（一名俗に糞焼け流）となり、やがて狂熱となる。人生有秩の行進を害す。前者の如きは言ふべくんば精神主義（一名内観主義）の類にして、後者はニイッチェ主義の如き其の一たらずんばあらず[55]。

このように彼は、「沈鬱」と「激動」といった「感情」に由来する精神主義とニーチェ主義を「病人宗教」と名づけ[56]、それに対して新仏教徒が掲げた「新仏教」こそが「常人の宗教」であることを強調した。さらに彼は「感情派」に非難を浴びせつつ、「智」と「情」の対立図式を作ることを拒み、「宗教は智の産物にあらざると共に、情の産物にもあらず、唯精神の産物なり」と述べている[57]。

このような立場は新仏教同人にある程度共通しており、たとえば、『新仏教』で発表された初期の論考である田中治六「智識と信仰」（『新仏教』二巻三号、一九〇一年）、同「智信の関係」（『新仏教』三巻一二号、一九〇二年）、加藤玄智「旧信仰論者の一大謬見」（『新仏教』二巻一号、一九〇一年）、広井辰太郎「時代思想と信仰の衝突及其結果・二」（『新仏教』三巻八号、一九〇二年）など、「信仰」と「智識」の「対立」より「調和」を主張するものが多かった。

さて、先述の「羸弱思想の流行」を代表とする『新仏教』誌上の精神主義批判に対し、精神主義の立場からいくつかの反論がなされた。福島栄寿が論じたように、これらの応答では最初に精神主義の内容と立場について説明を与えることで、相手の理解を求めようとする「啓蒙的」なものが多かった。それが清沢の門下生であり、『精神界』の編集に携わっていた暁烏敏による「精神主義と性情」が発表されたのを境に[58]、「親鸞の言辞に依拠したり、あるいは、態度を重ね合わせて、自己の立場の正統性を主張する言説」が圧倒的に多くなり、祖師に遡って自らの「信仰」の正統性を強調するような語り方が広がったのである[59]。そして『新仏教』では、「信仰」をあくまでも「時代智識」と一致するところに成立するものとして、位置づけが試みられていく。

ここで留意したいのは、「信仰」と「時代智識」の関係について、境野とその批判の対象である精神主義運動の論者との間に根本的な断絶が存在したということである。すなわち、先述したように、暁烏のような精神主義運動側の仏教者は、「信仰」が時代の変化によって変わるものではなく、祖師の時代から一貫したものとして捉えている。それに対し境野は、祖師の「信仰」を尊重しつつも、「信仰」そのものが時代とともに革新しなければならないと考える。このように、歴史の「進歩」という観念が前提となった境野の「信仰」論と、祖師の信仰体験を軸とした精神主義側の仏教者の議論との間に、立場の相違が存在したといえよう[60]。

「信仰」の性質については、境野によるほかの思潮への批判のみならず、同時代の知識人による宗教論を見ると、さまざまな議論が交わされている。たとえば、境野に大きな影響を与えた仏教史家の村上専精は、龍樹や無著・世親の例を挙げ、「学問が進む、人智が進歩をして来る、社会の思想が発達をしてくる、そこで必ず宗教も亦之に伴つて、多少の変化を招くことは免れない」と、仏教教義の変遷過程を振り返って語っている[61]。このようにして歴史の進歩にともなう「宗教」の変化を主張した村上は、各宗の祖師が「比較的に又批評的に教相判釈」をなし、それぞれの「信念」を確立したことを評価している[62]。

また、持戒僧として知られる釈雲照が宣揚した十善戒を厳格に実践し、清沢とも友人関係にあった沢柳政太郎（一八六五—一九二七）は、『新仏教』誌上で発表した論説において、「智識といふものは、段々世と共に推移して、変遷進化して行くものですけれ共、信仰は之と趣を異にして居る」「其の祖師以後の人といふものは、皆其の祖師の信仰を仰ぎ視て、之れに向つて進まうとして居るのです。……こゝが余程学問と異なる所であつて、宗教は祖師を中心とする」と述べ[63]、「変遷進化」する点で「智識」と「信仰」を区別し、祖師への依憑に「信仰」のあり方を見出している。

先述したように、「信仰」を中心として展開される議論は、近代科学の知識と衝突しないことを前提に「信仰」を語っている点において共通性を有する。かくして、境野の精神主義とニーチェ主義への批判の根拠となった「健全なる信仰」は、最初から具体的な内実を有し、そこから思想的対立構造が生じたというよりも、同時代の思潮との「交錯」のなかで形成された言説空間において、徐々に特徴づけられていったといえよう。

おわりに

以上、本章ではこれまで閑却されてきた新仏教運動の「信仰」言説の一側面を解明すべく、その中心人物の一人である境野黄洋の「信仰」論の系譜を古河老川まで遡り、それを同時代の思潮との「交錯」のなかで考察した。

「羸弱思想の流行」は、新仏教運動で掲げられた「健全なる信仰」の立場から精神主義運動とニーチェ主義を批判した論説であるが、これまでの研究では、主に精神主義運動と「対立」する側面が注目されてきた。かかる捉え方は、戦後近代仏教史研究を牽引した吉田久一・池田英俊と柏原祐泉が描いた図式、すなわち社会的活動に積極的な新仏教運動と、内面的な「信仰」の確立を追求した精神主義運動という二元論的な理解を反映するものである。

対して本章では、「羸弱思想の流行」の再検討を通し、新仏教運動の理論的指導者とされる境野の「信仰」論をめぐる内在的な分析により研究史の上書きを図った。そして、境野が「信仰」のあり方を説き続けることで知識と宗教の衝突を超えようとしたことを確認し、新仏教運動で掲げられた「健全なる信仰」の意義を明らかにした。すなわち、彼は理性と感情、そして「時代智識」と「信仰」の対立を問題視し、「時代智識」と歩調を合わせつつ「信仰」を革新していくことの重要性を強調しているが、「感情派」というレッテルのもとで精神主義とニーチェ主義を指弾したことを通し、結果として合理性の要素を強く含めた「信仰」概念を作り上げたといえよう。

他方、境野は宗教的「信仰」における「理性」に力点を置きつつも、その根本を感情に据えていることに目を向ける必要があるだろう。たとえば、彼は明治期の哲学者に広く受け入れられた「現象即実在論」を「汎神論」と称し(64)、「蓋し総べての宗教は其の一根底を此の目的論の上に有するものにして、宗教が理論以上感情に其根底を有するとは実にこの点にありといふべし、但し勿論科学的説明と撞着し衝突することを避けざるべからざるは言ふまでもなし」と論じ(65)、目的論の視角から宗教の特徴を感情にこそ見出すことができるとしながら、近代科学に支えられた知識との融合を説いている。

また、本章では、境野の「信仰」論を精神主義運動との比較だけでなく、新仏教運動の前身にあたる経緯会の指導者・古河老川の「信仰」論と、同じく批判の対象とされたニーチェ主義などにも着目することによって、より広いコンテキストに位置づけた。先述のように、世紀転換期には「信仰」概念が議論の基盤として一般化し、「哲学」から「体験」へという仏教の語り方の転換が起こったが、この潮流のただなかに身を置いた境野は(66)、明治中期から続いてきた「智」と「情」の二項対立を超えようとし、そして知識と信仰のバランスをあくまでも強調している。かかる彼の立場は、「疑」と「信」の複雑な関係に着目し、宗教の批判的研究によって「信仰」を確立しようとする古河の系譜を引いており、精神主義運動やニーチェ主義など、同時代の「信仰」言説と比べて特徴を有するといえよう。

『新仏教』の読者層について考察をおこなった大谷栄一は、新仏教運動を支えた社会的な基盤が、「都市中間層や全国の知識人読者」であり、いわば近代的な教育を受け、合理的な思考様式を持っている中流以上の階層であると指摘している(67)。境野らの新仏教徒にとって、「健全なる信仰」はまさに

「中流以上の階層」を意識的に想定したうえでの産物であった。たとえば、境野は仏教が「中流以上」の人々に排斥されていることを問題視し、自らの信仰の確立過程を回顧し、「人格的の阿弥陀如来」の存在や極楽往生など、理性と衝突するような伝統的な教義と苦闘したことを語っている。(68)

本章で考察したように、世紀転換期にかけて「信仰」とその内実が議論の俎上に載せられるなかで、境野は「信仰」の根本的な地位を強調しつつ、「智」と「情」のバランスの取れた「健全なる信仰」を提唱することで、知識と宗教の併存を前提として「信仰」に新たな位置づけを与えようとした。そしてこの立場は、「自由討究」を方針として、当時の仏教知識人の議論の場として知られる『新仏教』誌上にも多く見られる。このように、「智」と「情」の二律背反を克服しようとする近代仏教知識人の系譜を引きつつ、境野が率いた新仏教運動は「信仰」が新たなキーワードとして浮上した世紀転換期において、同時代の信仰言説との「交錯」のなかでこの課題の解決を目指したといえるであろう。

これまでに検討したとおり、「信仰」という概念は、「国民教化」や「仏教改良」「迷信」「新仏教」などほかの諸概念との複雑な絡み合いを経て形成されたものである。次章からは、このように構築されてきた「信仰」が、世紀転換期以降において、いかにある程度の規範性を有する言葉として語られたかについて考察する。具体的にはまず、一九〇〇年代あたりに「信仰」が議論される背景となった「宗教学」と「修養」に焦点を当てたい。

註

(1) 吉田久一『日本近代仏教史研究』(吉川弘文館、一九五九年)、三五五頁。

（2）本章で述べたように、新仏教運動は戦後の近代仏教史研究を牽引した吉田久一・池田英俊・柏原祐泉によって「近代仏教」の一つの到達点として評価されたが、その基本的な事実の確認を含めた再検討をおこなった研究として、新仏教研究会編『近代日本における知識人宗教運動の言説空間──『新仏教』の思想史・文化史的研究』（科学研究費補助金基盤研究B〈研究課題番号二〇三二〇〇一六、代表・吉永進一〉研究成果報告書、二〇一二年）、大谷栄一「明治期日本の「新しい仏教」という運動」（『季刊日本思想史』七五号、二〇〇九年）、星野靖二「『来世之有無』について──新仏教徒同志会における宗教観と来世」（鶴岡賀雄・深澤英隆編『スピリチュアリティの宗教史　下巻』リトン、二〇一二年）などが挙げられよう。また、新仏教運動と儀礼、戒律などの実践との関係に焦点を当てた近年の研究として、碧海寿広「儀礼と近代仏教──『新仏教』の論説から」（『近代仏教』一六号、二〇〇九年）、亀山光明『釈雲照と戒律の近代』（法藏館、二〇二二年）の第六章「旧仏教の逆襲──明治後期における新仏教徒と釈雲照の交錯をめぐって」がある。

（3）たとえば、星野靖二「明治中期における「仏教」と「信仰」──中西牛郎の「新仏教」論を中心に」（『宗教学論集』二九号、二〇一〇年）、同「「新仏教」のゆくえ──中西牛郎を焦点として」（『真宗総合研究所研究紀要』三五号、二〇一七年）、三浦周「近代における仏教青年会運動の射程──〈青年〉および〈新仏教〉概念」（『仏教文化学会紀要』二七号、二〇一九年）などが挙げられる。

（4）大谷栄一『近代仏教という視座──戦争・アジア・社会主義』（ぺりかん社、二〇一二年）、とりわけ「第Ⅰ部第二章　明治期の「新しい仏教」の形成と展開──仏教青年たちのユースカルチャー」参照。

（5）池田英俊『明治仏教教会・結社史の研究』（刀水書房、一九九四年）、二八九頁。

（6）池田英俊『明治の新仏教運動』（吉川弘文館、一九七六年）、二九七頁。

（7）たとえば、池田は境野による精神主義批判とそれへの応答の内容の分析をおこない、両者の立場の相違を強調している（同前、第六章「近代信仰の形成と新仏教運動」）。そしてこの論争を扱った近年の研究としては、精神主義における親鸞の語り方を考察した福島栄寿『思想史としての「精神主義」』（法藏館、二〇〇三年）、とりわけ第一章「「精神主義」の波紋──親鸞と清沢満之を共に語る言説の成立」などがある。

（8）前掲註（2）亀山『釈雲照と戒律の近代』、四三─四四頁。

(9) 境野黄洋「羸弱思想の流行――ニイッチェ主義と精神主義」(『新仏教』三巻二号、一九〇二年二月)。
(10) 古河老川「懐疑時代に入れり」(『仏教』八三号、一八九四年一月)。ただし、本章では『老川遺稿』(仏教清徒同志会、一九〇一年)に所収のものを参照した。
(11) 同前、一〇六―一〇七頁。
(12) 古河老川「ユニテリアン教を論ず」(『仏教』八九号、一八九四年四月)。ただし、本章では『老川遺稿』(前掲註(10))に所収のものを用いる。
(13) 同前、一一七―一一八頁。
(14) 同前、一二一―一二二頁。
(15) 同前、一一六―一二一頁。
(16) 同前、一二三頁。
(17) 同前。
(18) 古河「ユニテリアン、新仏教、及び禅」(前掲註(10)『老川遺稿』)、二五四頁。初出は『禅宗』一〇号、一八九五年一一月。
(19) 同前、二五五頁。
(20) 吉永進一「オルコット去りし後――世紀の変わり目における神智学と「新仏教徒」」(同『神智学と仏教』法藏館、二〇二一年)、二〇三頁参照。
(21) 同前。
(22) 前掲註(18)古河「ユニテリアン、新仏教、及び禅」、二五六頁。
(23) 同前、二五六―二五七頁。
(24) 碧海寿広『近代仏教のなかの真宗――近角常観と求道者たち』(法藏館、二〇一四年)、六四―六八頁を参照されたい。
(25) たとえば井上円了は、「信仰」という言葉を用いつつも「哲学的」な仏教を構築しようとし、それに対して村上は「仏教ハ哲学ナルカ将タ宗教ナルカ」(寺島得一編『仏教大家実地演説』擁万閣、一八八八年)を演説し、仏教を「哲学」と「宗教」の重なる領域において論じようとした試みが挙げられよう。
(26) 木村悠之介「無宗教だと文明化に影響?――幕末~明治期」(藤原聖子編『日本人無宗教説――その歴史から見えるもの』筑摩書房、二〇二三年)参照。
(27) 近角常観『信仰の余瀝』(大日本仏教徒同盟会、一九〇〇年)。
(28) 同前、一―二頁。
(29) 清沢満之「精神主義」(『精神界』一巻一号、一九〇一年一月)、三頁。
(30) 清沢満之「信ずるは力なり」(『精神界』一巻一号、一九〇一年一月)、一九頁。
(31) 村上専精の大乗非仏説への対応とその意義については、西村玲「釈迦信仰の思想史的展開――大乗非仏説論をめぐる近代化とは何か」(『東方』二六号、二〇一〇年)を参照されたい。
(32) 村上専精『仏教統一論　第一編　大綱論』(金港堂、一九〇一年)、四六三―四六五頁参照。
(33) 境野黄洋「新仏教幼年時代」(『新仏教』六巻四号、一九〇五年四月)、一七九頁。
(34) 「健全なる信仰」をめぐる議論については、吉永進一「『新仏教』とはなにものか――「自由討究」と「健全なる信仰」」(前掲註(2)新仏教研究会編『近代日本における知識人宗教運動の言説空間』)、三〇―三一頁を参照されたい。
(35) 境野黄洋「仏教の健全なる信仰」(『新仏教』二巻五号、一九〇一年四月)、二頁。
(36) 新仏教徒同志会「我徒の宣言」(『新仏教』一巻一号、一九〇〇年七月)、二頁。
(37) 清沢満之「内観主義」(『新仏教』一巻六号、一九〇〇年一二月)、境野黄洋「常識主義」(『新仏教』一巻六号、一九〇〇年一二月)。
(38) 前掲註(37)清沢「内観主義」、一七六―一七七頁。
(39) 同前、一七八頁。
(40) 前掲註(37)境野「常識主義」、一七九頁。
(41) 同前。
(42) 同前、一七九―一八〇頁。

(43) 前掲註(2)星野「『来世之有無』について」、四三〇―四三三頁参照。
(44)『新仏教』において「信仰」に当てられた英語は「belief」や「faith」ではなく、「hierology」であるということに留意したい。この言葉は、近代における宗教学の創始者とされるC・P・ティーレ(Cornelis Petrus Tiele 一八三〇―一九〇二)が比較の視座を宗教学に導入しようとした際に最初に用いられ、恐らくユニテリアンを通して直接的な影響を日本に及ぼしている。そこで示されている「信仰」への姿勢とその日本における受容は、『新仏教』の「信仰」言説を考察するのに不可欠であるが、この点については今後の課題としたい。
(45) 境野黄洋「思想界近時の変調」(『新仏教』七巻三号、一九〇六年三月)。
(46) 高島米峰「『病間録』を読む」(『新仏教』六巻一一号、一九〇五年一一月)、八三〇頁。
(47) 前掲註(9)境野「羸弱思想の流行」、七〇頁。
(48) 同前、六四頁。
(49) 同論説では当時、日本に紹介されたばかりのフリードリヒ・ヴィルヘルム・ニーチェ(Friedrich Wilhelm Nietzsche 一八四四―一九〇〇)の思想などについての言及はなかったが、ドイツ文学者であり、のちにニーチェの訳者として評価を得た登張竹風(一八七三―一九五五)が翌月に「美的生活論とニイチェ」を『帝国文学』七巻九号に発表して以降、同時代の知識人にニーチェ主義の論説として認識され、盛んに議論されていく。明治期に起こったこのニーチェ主義をめぐる論争については、湯浅弘「日本におけるニーチェ受容史瞥見(2)――ニーチェをめぐる明治期の言説(1)」(『川村学園女子大学研究紀要』一八巻一号、二〇〇七年)を参照されたい。
(50) 高山樗牛『樗牛全集　第四編』(博文館、一九一三年)、八五七頁。
(51) 同前、八六〇頁。
(52) 高山樗牛「現代思想界に対する吾人の要求　宗教家、哲学者、教育倫理学者の一読を煩はす」(前掲註(50)高山『樗牛全集　第四編』所収)、八七三―八七六頁(初出は『太陽』八巻一号、一九〇二年一月)。
(53) 前掲註(50)高山『樗牛全集　第四編』、八七四頁。
(54) 前掲註(9)境野「羸弱思想の流行」、六四頁。

(55) 同前、六九頁。
(56) 同前、六五頁。
(57) 同前、六七頁。
(58) 暁烏敏「精神主義と性情」(『精神界』一巻一二号、一九〇一年一二月)。
(59) 前掲註(7)福島『思想史としての「精神主義」』、五一頁。
(60) 境野と精神主義側の仏教者の「信仰」論の相違については、前掲註(2)亀山『釈雲照と戒律の近代』からも示唆を得た。
(61) 村上専精「仏教の過去及び将来」(『村上博士講演集』文林閣、一九〇一年)、九五頁(初出「仏教の過去及び将来」〈『仏教』一六一号、一九〇〇年五月〉)。
(62) 前掲註(32)村上『仏教統一論　第一編　大綱論』、四六七頁。
(63) 沢柳政太郎「将来の宗教」(『新仏教』三巻七号、一九〇二年四月)、三五六頁。
(64) 明治期における「現象即実在論」の受容は、井上克人「明治期アカデミー哲学の系譜――「現象即実在論」をめぐって」(『関西大学文学論集』五五巻四号、二〇〇六年)を参照されたい。
(65) 境野黄洋「仏教の現象即実在論」(『新仏教』七巻一〇号、一九〇六年一〇月)、八一〇頁。
(66) 境野は「信仰」の「体験」や「告白」についてあまり語っていないが、「実際信仰の表白」において、「或は各人の信仰なるものは、到底一致し得ざるもの」と述べ、「信仰の統一」よりも「新信仰」を追求する「求信の道念」を優先すべきだと論じている(境野「実際信仰の表白」〈『新仏教』一巻三号、一九〇〇年九月〉、一二六―一二七頁)。同論説は、境野自身の「信仰」の「告白」として捉えることもできるが、管見の限り、彼はこのように「体験」や「告白」の実践によって「信仰」を追求することを説いていない。
(67) 前掲註(2)大谷「明治期日本の「新しい仏教」という運動」、一二八―一二九頁。
(68) 前掲註(66)境野「実際信仰の表白」、一二五―一二九頁参照。

第六章　「信仰」と「儀礼」の交錯

――明治後期の姉崎正治と宗教学の成立に見る――

はじめに

「宗教」なる概念の脱自明化から、近代日本における「宗教学」の成立と展開を考察することは、「宗教学」という領域に対する私たちの理解を把握するために重要である。明治以降に誕生した「宗教」の本質を探究するこの学問分野では、何が「宗教」であり、何が「宗教」ではないかということを判断する広い意味での政治性が存在している。また、「宗教」という普遍性を持つカテゴリーとそれに基づいて成立した「宗教学」の学問実践は、日本列島の信念体系の語り直しを意味した。

しかし、アカデミックな場に成立した「宗教学」において、「宗教」に隣接した概念であり「宗教」の中核的な要素とされる「信仰」と、「宗教」の身体的実践の一つを示す言葉としての「儀礼」がいかに語られたかについては、まだあまり考察されていない。亀山光明は、磯前順一などによる先行研究で提示された近代宗教概念の特徴――「プラクティス」（儀礼的実践等の非言語的慣習行為）の後退とその半面としての「ビリーフ」（教義等の言語化した信念体系）の重視[1]――を踏まえ、その見直しとして「ビリーフ」と「プラクティス」という二つの領域の「併存」を指摘している[2]。しかし、亀山は近代における「戒律」の再構築に着目してはいるが、「信仰」と「儀礼」の概念、あるいはその関連性を論じていない。

また武井謙悟は、近代日本の「儀礼」が「信仰」とは対照的に、これまであまり注目されてこなかったことを指摘し、その主な理由を次のように挙げている。まず、戦前の儀礼研究が、主に「信仰を重んじる」浄土真宗の僧侶によって担われていたこと。そして、そもそも「仏教儀礼」という語は一九七〇年代後半まで定着しておらず、「法会」や「法要」「儀式」「行事」などが「儀礼」を指す語として併用されていたこと。それに加え、資料の制限があるため、「過去」すなわち近代の儀礼は主題化されることが少なかったことである(3)。

しかしだからといって、近代日本において「儀礼」がまったく論じられてこなかったわけではない。たとえば、碧海寿広によって『新仏教』誌上において展開された「儀礼」論が取り上げられ、新仏教徒らは来たるべき「新仏教」を目指してその対極にある「旧仏教」を激しく批判し、「慣習」の改革という立場から「儀礼」を批判的に捉え直したことが指摘されているし(4)、そして何より、近代日本における「信仰」と「儀礼」の語り方とその交錯を探るにあたっては、宗教学の枠組みで「儀礼」を取り上げた姉崎正治の『宗教学概論』が、格好の分析材料となるだろう。なぜなら、著者の姉崎はアカデミックな場に成立した「宗教学」の先駆者として知られ、一九〇五年に東京帝国大学の宗教学講座の初代教授となった人物であるとともに、同書が、近代儀礼研究の嚆矢ともされているからである(5)。

比較宗教学が流行していた一八九〇年代から、姉崎があらゆる宗教に共通している「固有」(sui generis)のものを探る「宗教学」の立場を強調する一九〇〇年代までは、「人格」の向上を目的とし、自己研鑽を求める「修養」という概念が次第にブーム化していく時期にあたる。日本初の倫理学研究会である丁酉倫理会（設立当初は丁酉懇話会という名称）の創立に携わった姉崎も、『宗教学概論』のなかで「修養」の方法を模索した。

明治三〇年代の修養言説を検討した栗田英彦が指摘したように、井上哲次郎の「倫理的宗教」の構想が引き金となり、井上を批判すべくオルターナティブな修養論が他の宗教（学）者から提示されるに至った。そしてこれらの修養論には、「超「宗教」性・宗教進化論的序列意識・現象即実在論的世界観・倫理＝宗教的な理想といった基本的性格」が共通しており、「自発的実践の重視」とその反面としての「特殊的・形式的な教義や儀礼の軽視」という傾向があるという(6)。こうした時代状況に身を置いた姉崎は、後述するように「信仰」と「儀礼」を再解釈し、両者の結びつきによる「修養」を段階的に説いた。このように、「信仰」と「儀礼」をめぐる姉崎の議論は、彼の「修養」への大きな関心とは切り離せないといえる。しかし、「修養」をめぐる研究では丁酉倫理会の役割が言及されるものの(7)、その中心的なメンバーの一人である姉崎がいかに自らの「宗教学」において「修養」の問題と向き合ったかということは、あまり注目されていない。そこで本章では、こうした姉崎の議論における「宗教学」と「修養」の関連性に光を当て、姉崎を同時代の社会的・思想的なコンテキストのなかに位置づけたい。

そのためにまず、宗教学の前段階にあたる比較宗教学における道徳的な宗教の主張や、姉崎と同じく「宗教学」を掲げ、「信仰」を根拠とする「修養」を説いた加藤玄智の議論を考察する。そうすることによって、一九〇〇年代頃における宗教学と「修養」の関わりを確認する。そして姉崎の「宗教学」における「信仰」と「儀礼」の語り方を対象とし、「信仰」と「儀礼」がいかに「修養」の方法を探究する過程で交錯したかを解明する。

第一節　宗教学と「修養」
——世紀転換期における道徳的な宗教の探求——

本節では、姉崎が構築した宗教学の同時代的なコンテキストを明らかにすべく、その前段階とされる比較宗教学の代表的な人物・岸本能武太（一八六六―一九二八）と、新仏教運動に参加した宗教学者・加藤玄智の議論に着目する。そして、彼らが当時の比較宗教学と宗教学の基本的な枠組みとなっている進歩主義的な図式を用いつつ、「道徳」あるいは「修養」に重きを置いた理想的な宗教像をいかにして描き出そうとしたかを見ていきたい。

「宗教学」という言葉は、一八七〇年代の段階ですでに真宗大谷派の僧侶・石川舜台（一八四二―一九三一）などにより用いられているが[8]、従来の神学や教学とは区別される「価値中立」を掲げた「宗教学」という学知については、やはりその成立起源を国立大学に求めるべきである[9]。また鈴木範久は、近代日本の宗教学の成立過程について、自由キリスト教の一派であるユニテリアンによってもたらされた「自由討究」や、岸本能武太らキリスト教系知識人が中心となって展開した比較宗教学がその前史的な段階として位置づけられると指摘している[10]。このように、宗教学を国立大学に成立した学知として捉えるならば、宗教学と「道徳」あるいは「修養」をめぐる初期的な議論およびその特徴を把握するには、「自由討究」の実践や比較宗教学の展開を考慮に入れる必要があるといえよう。

一八九〇年代における比較宗教学の主な著作や論説としては、キリスト教徒でありドイツ哲学の研究者としても知られる三並良が著した「比較宗教学と基督教」（『真理』四二号、一八九三年）が挙げられる。そして、「哲学」による仏教の捉え直しを試みた井上円了の講義録『比較宗教学』（哲学館、一八九三―九四年）や、岸本能武太の講義録『宗教の比較的研究』（東京専門学校、一八九五年）などが続々と出版された。かくして比較宗教学は、自由主義神学系のキリスト者とその影響を受けた宗教（学）者が中心となって展開されていくが、ではその枠組みにおいていかなる宗教論が主張されたのだろうか。まずは比較宗教学の流行の代表的な人物である岸本の著書『宗教研究』を題材に考察する。

一八六六年に岡山県花畑（現・岡山県岡山市中区）で生まれた岸本は、京都にある同志社英学校普通科と同志社英学校神学科で学び、一八八二年に新島襄（一八四三―九〇）から洗礼を受けた[11]。一八九〇年から九四年にかけて、岸本はハーバード大学神学科に留学し、宗教哲学、比較宗教学、サンスクリット語、パーリ語を研究し、一八九三年にシカゴで開催された万国宗教会議で演説をおこなった。帰国した岸本は、東京専門学校（現・早稲田大学）や宇宙神教神学校で比較宗教学に関する講座を開き、一八九六年には姉崎とともに「比較宗教学会」を設立するなど、比較宗教学の研究に大きな関心を寄せた。

『宗教研究』は、岸本がユニテリアンの機関誌『六合雑誌』や『宗教』で数年間にわたって発表した論説を編纂したものである。その刊行の目的は、「研究的批評的態度」によって欧米諸国の宗教学者が「宗教の分類、起原、進化、基礎等」についていかなる研究をおこなったかを紹介し、その批評を試みることである[12]。また、同書には日本最初の心理学者とされる元良勇次郎（一八五八―一九一二）

が序文を寄せている。そこでは、「徳育」の問題がすでに長らく議論されているが、「所謂修身道徳の教」を人心の奥底に入り込ませるために、「徳行の源泉即ち凡ての道徳の根となる」ものとして「宗教」が必要であることが述べられる。しかし、元良は世におこなわれる宗教がはたしてその役割を果たせるかどうかに疑念を抱き、宗教の代わりに「人道」という言葉を提示している[13]。この序文から、宗教の道徳的な側面、あるいは道徳的な宗教を明らかにするものとして、『宗教研究』が刊行されたことがうかがえる。

すでに先行研究で指摘されているように、西洋の宗教史学者であるコルネーリス・P・ティーレ（Cornelis Petrus Tiele 一八三〇―一九〇二）の説がその典型となる宗教進化論は、それに基礎づけられる宗教類型論とともに、一九〇〇年代前後に本格的に導入された[14]。それはまた、『宗教研究』の基本的な枠組みともなっている。

岸本は宗教の基礎を「生存の欲望」とし、その「欲望」の変化により人類が進化し、そして宗教も変わっていくとしている[15]。宗教の起源について、岸本は「心身無区別の時代」――すなわち「太古の人類」が「霊魂」と「肉体」を区別できない時代――の宗教を「天然崇拝」として捉える[16]。彼によれば、その後に長い年月をかけて、人類は「霊魂」と「肉体」の区別を認識するようになり、いわゆる「心身有区別時代」に至った。この時代には「霊魂崇拝教」（祖先崇拝もこのカテゴリーに含まれる）が盛んとなり、そこから「祈禱苦行」や「供物祭礼」などの儀礼実践も始まった[17]。そしてそれ以降の時代を岸本は、「学術」と「道徳」との関連性で区別していく。すなわち、宗教が社会のあらゆる方面を支配し、学術と道徳がまだ独立して存在しない「宗教専制時代」、「智識の欲望」と「道徳の欲望」

が「膨張」し始める「宗教学術／道徳衝突時代」、学術と道徳による「宗教破壊時代」である。[18]しかし、岸本にとって、そもそも「学術」と「道徳」は宗教の敵ではなく、宗教を「改良」する方向に導く「良友」であり、宗教の進化にはこの「双輪」が必要であるとしていた。[19]したがって、その進化の先、すなわち「将来の宗教」は、「科学的」「道徳的」「哲学的」「世界的」「理想的」なものとして構想されている。[20]このように、岸本にとって宗教とは、「人類全体の教育の謂にして其の目的は完全なる人間を養成する」ものであり、[21]そして理想的な道徳宗教が、宗教進化論の図式に基づいて「将来の宗教」として語られた。

次に、同じく宗教進化論の枠組みにそって道徳的な宗教を探求しつつ、「信仰」による「修養」を主張した加藤玄智について見ていこう。真宗僧侶の長男として生まれた加藤は、既成教団の打破と仏教の革新を唱え、「従来の宗教的制度及儀式」の排除と「健全なる信仰」の確立を目指した仏教清徒同志会（後の新仏教徒同志会）によって進められた新仏教運動に参加したことがある。そして後述するように、新仏教運動の主張も少なからず彼の宗教学に反映されている。加藤は日露戦争の頃から神道研究に携わるようになり、今日においても近代神道学を築いた一人として知られている。[22]

加藤は大著『宗教新論』で、「健全なる宗教」が「智情意全作用」の活動により成立すると説き、[23]明治期の仏教言説に多く見られるイマヌエル・カント（Immanuel Kant 一七二四―一八〇四）の知情意三分法にそって理想的な宗教像を描こうとする。しかし加藤は、このカント以来の三分法を「科学的心理学」の知識に基づいて批判し、「宗教」がその性質上、単なる「智性」「感情」「意志」ではなく、「智情意」を統合した作用であると主張している。[24]加藤は、日本列島における従来の宗教が「外形的虚式的に化石し去りて、何等人心に対して宗教上の精神的感化をも与ふる能はざる」ものであるとし、[25]それに代わって仏教とキリスト教に基づいた「新宗教」を謳い上げている。さらに、自らの理想的な宗教のビジョンを『宗教の将来』で展開させ、そこで道徳の根本的な源泉を「信仰」に求めようとする。加藤は福沢諭吉の『修身要領』（福沢三八、一九〇一年）の出版など、「倫理修養」を唱導する同時代の動向に対して、次のように述べている。

〔これらの主張には〕単に実践躬行の個条を臚列したるもの多く、その実践躬行主義の由りて出づる本源に至りては余り深遠なる考察をも費やしをらざるものなれば、吾人は尚之れのみにては隔靴瘙痒の感無き能はざるものなり、必ずや何等か根本的に一切の倫理道徳の実践躬行は皆其同一淵源より混々として湧出し来たるの一大主義の樹立、即ち健全なる信念の確立を期待して止む能はざるものとす。[26]

ここで加藤は、同時代の修養論で「実践躬行」の方法が多く提示されるが、そもそも修養を求める内面的な動機が欠けているということを意識したうえで、「健全なる信念」の必要性を強調しているわけである。このような「信仰」を中心に据えた彼の修養論は、新仏教徒の立場を貫いたものとして捉えることができるだろう。オリオン・クラウタウが指摘したように、「他力」の伝統を持つ真宗系仏教者は、修行など身体的行為と簡単に結びつく修養と向き合うに際して、「信仰」による修養というアプローチを案出した。[27]真宗的な雰囲気のなかで育った加藤も、「健全なる信仰」を軸として修養の方法を論じ、あるべき道徳宗教を構想したといえる。

本節で確認したように、一八九〇年代に展開した比較宗教学と一九〇〇年代前後の宗教学は、宗教進化論に基礎づけられる宗教類型論により理想的な宗教の構築を図った。そして新仏教徒である加藤の議論に見られるように、道徳的な宗教を探求する過程で、修養の方法が「宗教」の特徴と関わるかたちで模索された。次節以降では、本章の主題である姉崎の宗教学における「信仰」と「儀礼」を扱い、彼がいかなる修養論を提示したかを考察する。

第二節　姉崎正治『宗教学概論』における「信仰」と「儀礼」

本節では、まず『宗教学概論』の出版までの姉崎の生涯を簡潔に紹介し、そして姉崎の議論を分析することによって、彼がいかに比較宗教学の立場を批判的に継承し、また彼の宗教学では「信仰」と「儀礼」の語りがいかに錯綜しているかを検討する。

姉崎正治は、一八七三年に京都府下京（現・京都市下京区）にある真宗寺院・佛光寺の絵所で生まれた(28)。一八八一年、八歳にして父を失った。一八八四年頃から、川端仁王門にある劉家塾で漢学を習い、また、近代日本における神智学の導入に大きな役割を果たした平井金三のオリエンタルホールで学び始めた。一八九三年、姉崎は帝国大学文科大学哲学科に入学し、その後に文壇で足跡を残した高山樗牛や幸田露伴（一八六七―一九四七）、泉鏡花（一八七三―一九三九）の知己を得た。また、この時期には井上哲次郎の「比較宗教及東洋哲学」を受講したことがある。一八九六年、姉崎は帝国大学文科大学を卒業した。同年九月、一八九三年のシカゴ万国宗教会議で演説した釈宗演（一八六〇―一九一九）らが組織した宗教家懇談会に雑誌『太陽』の記者として出席。そしてこの時期に、ユニテリアンとその機関誌の編集に関わっていた岸本能武太と比較宗教学会の創立を図り、一一月には第一回比較宗教学会を開いた。

かくして比較宗教学の研究に力を注いだ姉崎であるが、一八九六年には浄土宗高等学院で「宗教学」を開講するなど、「宗教学」をも念頭に置いていた。『宗教学概論』も、姉崎が東京専門学校で講演した記録である『比較宗教学』（一八九八年）の内容をさらに充実させたものである。しかし、姉崎は比較宗教学の知識や方法を吸収し、それを踏まえながらも、意識的に従来の比較宗教学とは異なるかたちの「宗教学」を構想していた。一九〇〇年、姉崎は『宗教学概論』を出版し、文部省留学生としてヨーロッパへと出発し、一九〇三年に帰国した。一九〇五年三月、東京帝国大学文科大学に宗教学講座が開設され、姉崎はその初代教授となった。

姉崎は比較宗教学の流行という時勢のなかで自らの「宗教学」の構築に着手したが、各宗教の「具象的な把握」に物足りなさを覚え、宗教を「すべての人間に通底する意識の現われ」と捉えることにより、固有な領域としての「宗教」を確立したとされている[29]。この意味で『宗教学概論』は、姉崎の初期の代表作の一つであるとともに日本の宗教研究のメルクマールの一つとして挙げられるだろう。そしてそこには、「宗教学者」の立場と生家の真宗の影響がともに読み取れる。ここで注目すべきは、姉崎が「科学」としての「宗教学」の性格を強調したことである。彼が従来の比較宗教学とは峻別される領域として「宗教学」を認識していることは、次の記述からもうかがえる。

而して宗教の科学的研究は、古来の宗義教会の討究と新文運の事実蒐集比較研究とに依りて養成せられ、今や一切宗教の現象より帰納し来りて、之が統一研究を目的とする宗教学なる新学科は、幾多の反対あるに係らずして、諸学者の希望し企図する所となれり。(30)

このように、姉崎はフリードリヒ・マックス・ミュラー（Friedrich Max Müller 一八二三―一九〇〇）に代表されるその比較宗教学のアプローチ――諸宗教の現象を集め、「比較」するだけにとどまると姉崎は主張している――よりも、「一般に宗教の特質及発達を明にする宗教学（Religionsiwissenchaft, Science of religion）」という客観的な立場を主張する「学問」の領域に可能性を見出した。(31)

さて、世紀転換期から「個」の存在を意識した「信仰」言説が広まったことが注目されてきたが、同時期の「儀礼」論も、たとえば新仏教徒同志会の機関誌『新仏教』に見られるように、「個」との関連性で語られることが多い。そしてそこでは宗教の進歩主義的な段階論に基づき、従来の「形式的」な「儀礼」が当時の時代に適合していないものとして批判的に論じられている。(32)こうした状況のなかで、姉崎はなぜ、そしていかに「儀礼」を主題として取り上げ、自らの「宗教学」の体系に組み込もうとしたのか。

姉崎の『宗教学概論』は、「宗教心理学」「宗教倫理学」「宗教社会学」「宗教病理学」からなっており、「信仰」と「儀礼」が中心的に叙述された部分は第二部にあたる「宗教倫理学」においてである。彼は「宗教学」の範囲を説明するに際し、「宗教」の「心的機能」「社会的発表」「歴史的発達」を観察し、それらを「統一的」に捉え、「普遍の特性理法」を追求することを宗教学者の要務としている。(33)

「宗教倫理学」に関しても、彼はこの三つの側面から論じていく。「宗教倫理学」の冒頭で、姉崎はその概要を次のように説明している。

> 宗教的的《（ママ）》意識は意志力行とならずんば止まず、此力行なる儀礼、即宗教的道徳は、宗教倫理学の題目なり。儀礼には主我、他律、自律三種の理想あり、其理想に達する方法各異にして、儀式に重きを置く者、神法に重きを置く者、徳行に重きを置く者なり。此等儀礼は神人融合の必至方法なるが故に、之を行ふ自然の結果として、神人融合の実現を希図する宗教的団結を生じ、或は国民的宗教となり、或は普遍的教会となる。此等は皆宗教が意識の事実より行為の事実となりし者、即倫理学の題目なり。[34]

かくして「主我」すなわち「儀式」に代表される「儀礼」の理想、「他律」すなわち「神法」に重きを置いたものと、「自律」すなわち「徳行」を重視するものが、宗教についての進歩主義的な発想によって区別される。姉崎によれば、「主我」の「儀礼」は人類が「意欲感情」を「天然の偉力」に投影させ、それを「畏怖し又信頼する」段階においておこなわれるものであり、その多くが「自家の満足」を求めるものであるという。そして「主我」から「他律」に進歩した「儀礼」は、「神法」に「服従」し、「神意と我との調和したる状態」を保つためにおこなわれるものである。それに対して「自律」の段階では、「専制」していた神が「賢明正義」となり、「良心道徳」の進歩が「宇宙秩序の協力増進」と「自己人格の向上醇化」をもたらすとともに、「見性仏化若くは神意発現」に導くものとして強調されている[35]。

このように、姉崎は「宗教の発達」という発想に基づき、「主我主義」から「他律主義」へ、そして最終的には「自律主義」へと到達するという「儀礼」の段階を説いている。また姉崎によれば、「主我主義」の「儀礼」は「個人的」であり、その神が「天然的に交替神教或は多神教」である。「他律主義」の「儀礼」は「国家的民族的」であり、その神は「守護神或は祖神の主要なる者を中心とする統一的多神教」である。「自律主義」は「国民的唯一神教」であり、それゆえにその神は「普遍的唯一神」「万有単一神教」である[36]。かくして異なる動機と対象、方法を持つ「儀礼」が、一つの体系のなかで位置づけられている。

姉崎によると、「儀礼」は「信仰」との相互作用により神人関係で機能するという。具体的には、姉崎は「宗教的意識には自己中心的方面と之が結果にして而も反対の動機たる神格委托の方面との二面あり」と述べ、「此二面は意志に現れて、自己主張と服従となるが故に、其行動発表たる儀礼亦常に此二方面を包括し、二方面の動機を有し、其手段として行はる」としている[37]。そして、「人間自らは其儀礼祭儀の壮大に接して、愈神力の宏大なるを感覚的に印象せられ、其場の光景に依りて一層信仰熱情を増進するなり」と論じていることからうかがえるように[38]、姉崎は「儀礼」や「祭儀」を、本来自らの欲求を満たすために神に祈る行為であるとともに、「神力」を実際に知り、感じることによって「信仰」がますます篤くなるという二つのベクトルが存在するものと捉えていた。そしてここでは、「信仰」と「儀礼」が影響し合う関係にあるということが強調されている。また姉崎は、「儀礼」の性質がこうした神人関係の二つの側面から由来することを説き、「儀礼」を通して神の大いなることを感得することにより、神への「信仰熱情」も高まるという論理を立て、「儀礼」そのものを積極的に評価しようとしているといえる[39]。そして、「儀礼は神的冥想を獲得するの機関たるのみならず、其必然的媒介、必至の規定即神人の結合力実力にして、儀礼其物が理想到達の力を有するを信ず」とも述べている[40]。ここからうかがえるように、姉崎にとって「儀礼」は、単に目的を達成するための一つの手段（「方便」）ではなく、それ自体が直接的に「宗教的意識」の表れであり、宗教的な「理想」に必要なものなのである。

このように姉崎は、「信仰」と「儀礼」をともに「宗教的意識」の表明であるとし、両者の相互作用を強調したのである。そして「主我主義」「他律主義」「自律主義」をもって「宗教」を分類し、それぞれの「儀礼」を説いているが、そこで修養概念が「宗教学」の文脈で登場してくる。次節では、『宗教学概論』における「修養」の語り方に着目し、その視角から姉崎の「宗教学」の再検討を試みたい。

第三節　姉崎正治の修養論
――主我主義・他律主義・自律主義をめぐって――

本節では、姉崎の『宗教学概論』と同時代における「修養」との関わりについて考察する。それは、後述するように、姉崎にとって「儀礼」が「宗教的意識」の表れであると同時に、「宗教的道徳」の涵養に導くための重要な手段でもあるからである。

『宗教学概論』における「主我主義」「他律主義」「自律主義」の「修養」がいかに論じられている

かについて、まず姉崎によれば、「主我主義」では「道徳を修練するを要せず」、「儀礼の修練」（たとえば「供犠祈禱讃歌」）があるのみである。[41]「他律主義」では「道徳の修練は入聖式と法律確守との二点」にあるが、「法律確守」にも神への「信頼服従」が必要である。「自律主義」については、姉崎は「其道徳養修の第一動機は外より受くる戒命受礼にあらずして、自らの心情が自ら宗教中の罪人たるを意識し、罪悪を脱して道徳を増進せんと憤励するを以て、其初の入門となす」としている。[42]

ここで留意したいのは、「自律主義」の「修養」の具体的な事例として、姉崎が「念仏」の実践を挙げていることである。彼は次のように論じている。

仏者は之を仏摂取の光明に摂せられて善行に進むと観じ、念仏三昧（念仏とは仏名を唱ふるのみにあらず、一心に仏を信じて之に帰命委托するなりの）帰命修善となし、基督教にありては神の恩寵に依りて善道に進む者と信じ、神に依属しての修善にして、救済を来らしむる信仰（fides salvifica）を以て善を行ふなり。[43]

この記述から、姉崎が幼少期から薫陶を受けた真宗の影響がうかがえるが、それよりも重要なのは、「念仏」が単なる「仏名を唱ふる」という行為のみならず、「帰命委托」と「一心に仏を信じる」という内面的な動機づけによって強調されているということである。ここでは仏教の「念仏三昧」とキリスト教の「信仰 fides salvifica」がともに「自律的道徳」の領域に入るものとされ、宗教間の垣根を越えた「宗教的意識」のレベルでその同一性が主張されていることにも、目を向ける必要があるだろう。

この点に関して、『宗教学概論』では「個」の「儀礼」のみならず、それとは区別される「社会」の「儀礼」がやや異なる視角から論じられ、その意義が評価されていることにも少し触れてみたい。姉崎は念仏のような「自律主義」の儀礼を「個」の修養の枠組みで語ることが多く、そしてこうした儀礼の意義を普遍性において見出している。他方で、彼は社会的な儀礼にも目を配り、それについては、「主我主義」（祭祀、供物など）と「他律主義」（『旧約聖書』で説かれるような神法への服従、禁欲主義など）の儀礼の範囲を重ねながら扱い、それらの儀礼が「社会的団結」の基礎であると強調している[44]。とくに「他律主義」を中心とする宗教を「社会の団結と相互扶植せる国民的宗教」とし、積極的な評価を下している。

すでに見てきたように、姉崎は「信仰」と「儀礼」の結びつきによる「自律主義」の修養法を勧め、そして「自律的道徳」を修養の一つの到達点としている。換言すれば、内面的な状態と外面的な実践が調和しているところに、姉崎が構想した理想的な宗教があるといえる。ところで、人間の「心」と「身体」の相互作用を強調し、この二つの側面からの修養法を提唱することは、明治後期からの修養書ブームを象徴する人物の一人である加藤咄堂（一八七〇―一九四九）の議論に、その典型を見ることができる[45]。加藤は大著『修養論』において、「修養」における「身体」と「精神」（＝「身心」）について、二元論的な対立を避け、その関連性を説いている。そして、「殊に其の修養する所、人格全般に亘るが故に、唯だ其の目的とする所心田耕耘の一面に存せずして別に身体訓練の一面あり」と、「心田耕耘」と「身体訓練」をともにおこなう必要性があることを論じている。そのため加藤も、姉崎が

「他律主義」の表れとしている「身体を悪視して苦行禁欲、食を断ち体を虐げ、以て精神の慰安を求めん」とする修養法を、「邪道」として批判している[46]。しかし、たとえば加藤が「修養の第一歩は之れを獣と離れざる身体に置くも、修養の根底は之れを神に向ふべき精神に置かれざるべからず」と述べているところからうかがえるように、彼においては、「身体」の鍛錬はあくまでも「精神」の「修養」に向かう一段階にすぎない[47]。ここでは、「獣」の行動とは異ならない身体的行為をコントロールすることにより、最終的には「精神」の向上が図られている。

こうした「心」と「身体」の捉え方の背景には、同時期における心理学の成立と展開があるということは看過できない側面である。深澤英隆は、姉崎が構築した「宗教学」では、「心理（学）主義」の要素が存在していると指摘している[48]。また、加藤玄智の宗教学においても、心理学的な知見が重要な位置を占めていることは、すでに見たとおりである。この点を踏まえて、次に、一九〇〇年代における心理学の先駆的な人物として知られる元良勇次郎の修養論を取り上げてみたい。そして、元良の修養論において、「心」と「身体」がいかに把握されているかを検討する[49]。

元良は、宗教に対して公的な発言を控えているように見える。碧海寿広が端的に指摘したように、宗教に対する元良の立場においては、個別の宗教的伝統や信仰の特色よりも、「それぞれの宗教体験の特別さを、人間の心のメカニズムの一種に還元」することに重きが置かれている[50]。こうした立場は、姉崎の『宗教学概論』の第一部「宗教心理学」の議論とも共通性を有する。具体的には、姉崎は岸本と同じように「生活欲」を「宗教的意識」の「中心原動力」とし、その欲求の「対象」には制限がなく、したがってその欲求に応じる「心機能の活動」も無制限であるべきだと論じている[51]。

元良は一九〇七年から〇八年にかけて「心理学上より見たる品性の修養」を発表し[52]、「心」の活動と「生理的活動」との関連性を論じている。彼によれば、「心の活動、特に意志や高等な情緒を練習すれば、それは身体の他の部分にも変化を及ぼすことができ」るが[53]、その半面として、「各機関はやはり元始的な動物と同じで、生理的活動と当時に無意識感情のようなある種の心的活動をしている」という[54]。このように、元良は当時の心理学の枠組みに基づきながら、「心」に属する内面的活動と身体的行為を区別しつつも、その相互作用を重要な研究対象としている。そしてこうした相互作用が、「修養」の文脈で探究されていることも、当時の修養論における「心」と「身体」の捉え方の可能性を示している。このように元良が提唱した修養法も、「心」と「身体」の統合による「修養」への試みの一つとして挙げられるだろう。そしてそれは、本節で検討した姉崎の学問的営為――すなわち「信仰」と「儀礼」の相互作用のメカニズムを歴史的に説明し、その結びつきとしての実践を最も優れている修養法として提示すること――と共通性を持っているといえる。

本節では、姉崎正治が「主我主義」「他律主義」「自律主義」という宗教に関する進歩主義的な発想による段階論に基づきつつ、それぞれの修養法を提示していること、そして、「信仰」と「儀礼」の結びつきとして、「自律主義」の道徳に理想的な宗教を見出していたことを明らかにした。また、姉崎のように「心」と「身体」の相互作用によって修養の方法を模索する試みは、加藤咄堂や元良勇次郎らによる同時代の議論にも見られることを併せて指摘し、「信仰」と「儀礼」の統合による「修養」を提唱している姉崎の議論を同時代のコンテキストのなかに位置づけることを試みた。「信仰」と「儀礼」を表裏一体のものとして捉える姉崎の「宗教学」は、「一切の道徳を宗教的と見得ると共に、又総て超宗教的ともなり得べし」という言葉に端的に表されるように、(55)「修養」という「超宗教的」な領域と結びついて成立したのである。

おわりに

以上、本章では宗教学の成立の前史的段階である比較宗教学の流行を踏まえつつ、姉崎正治の『宗教学概論』における「信仰」と「儀礼」の交錯という問題、そして姉崎の儀礼論と同時期の「修養」の枠組みとの関わりについて考察し、次のことを明らかにした。

第一節で確認したように、一八九〇年代の比較宗教学から一九〇〇年代前後における宗教学に関する著作のなかでは、宗教をめぐる進歩主義的な発想という基本的な枠組みと、それに基づく道徳的な宗教の構築が共通の特徴として挙げられる。とりわけ「実践躬行」に重きを置いた「修養」のオルタナティブとして、「信仰」による「修養」を主張している加藤玄智は、新仏教徒の立場から「外形的」な儀式にとどまらず、その内面的な動機をも重視している。

第二節と第三節では、近代日本における儀礼研究の先駆者の一人とされる姉崎正治に焦点を当て、彼が「科学」としての「宗教学」を構築する過程で、「宗教的意識」の表れとして「儀礼」を捉え、そして「信仰」と「儀礼」の相互作用を論じることにより「儀礼」を再評価していることを確認した。姉崎は「宗教の発達」という段階的な説明により、「主我主義」「他律主義」「自律主義」の議論を軸として、それぞれの「宗教的道徳」とその「修養」の方法を説いている。しかし、とりわけ彼は自らが理想とする「自律主義」では、「儀礼」を単なる形式として捉えるのではなく、その動機づけである内面的な「信仰」の重要性を強調している。そして姉崎が「信仰」と「儀礼」の結びつきとして「念仏」の実践を評価していることは、仏教の伝統的な修行がいかに修養の枠組みで再解釈されていくかを示す一例として注目に値するだろう。

その後ヨーロッパ遊学から帰国した姉崎は、『宗教学概論』を単なる「骨組み」「骸骨」と反省的に捉え、それよりも「自分の頭脳は段々に宗教の骨組みを作る方を捨てて、肉や血の、実質の方に入った」と述べ、神秘主義的な色合いを帯びた「宗教学」の構築に進んでいく。(56) しかし、本章で検討したように、『宗教学概論』は、同時期の修養言説の一例として見ることができ、その意味で同時代の社会的・思想的なコンテキストのなかに同書を位置づける必要があるといえる。すなわち『宗教学概論』は、「客観的」かつ「実証的」な「宗教学」の方法の試みとして評価されてきたが、同時代の修養言説と問題意識を共有している側面――たとえば、「超「宗教」性」や「倫理＝宗教的な理想」、「自発的実践の重視」など――をも有している。

「修養」における「儀礼」の語り方については、本章で考察したように、加藤玄智が新仏教徒として、基本的には新仏教運動における儀式／儀礼批判に同調し、知情意という「心」の活動によって成立する「健全なる信仰」を通して修養の方法を模索している。そして姉崎は、「儀礼」そのものを「宗教的道徳」の実践として、「儀礼」と「信仰」という内面的な領域との結びつきに、理想的な修養法を見出している。こうした初期宗教学者の試みが示したように、一九〇〇年代前後における「修養」という曖昧なカテゴリーは、宗教学の鍵概念である「信仰」と「儀礼」を再解釈させる方向に導いていったのである。このような姉崎らの学問的営為は、近代日本における「信仰」なる概念の展開を考えるうえでも重要な意義を持っているといえよう。

註

（1）宗教概念の視野から近代宗教学を問い直す研究としては、たとえば磯前順一『宗教概念あるいは宗教学の死』（東京大学出版会、二〇一二年）などがある。

（2）亀山光明『釈雲照と戒律の近代』（法藏館、二〇二二年）、一一―一六頁参照。

（3）武井謙悟「近代仏教研究における儀礼」（『駒澤大学仏教学部論集』五〇号、二〇一九年）、一七七―一七八頁参照。

（4）碧海寿広「儀礼と近代仏教――『新仏教』の論説から」（『近代仏教』一六号、二〇〇九年）参照。

（5）武井謙悟は、近代儀礼研究の先駆者として姉崎を位置づけたうえで、姉崎以降の儀礼研究について、姉崎門下の宇野円空（一八八五―一九四九）が宗教民族学の枠組みで儀礼をさらに積極的に主題としたと述べ、そして宇野から大きな影響を受けた棚瀬襄爾（一九一〇―六四）、竹中信常（一九一三―九二）が宗教儀礼研究というものを定着させたとしている（前掲註（3）武井「近代仏教研究における儀礼」）。

（6）栗田英彦「明治三〇年代における「修養」概念と将来の宗教の構想」（『宗教研究』八九巻三輯、二〇一五年）、六九頁。「修養」というカテゴリーの成立と展開については、たとえば「修養」の起源と、その明治期から大正期にかけての展開を網羅的に考察した王成「近代日本における「修養」概念の成立」（『日本研究』二九集、二〇〇四年）、「青年」に光を当てた和崎光太郎『明治の〈青年〉――立志・修養・煩悶』（ミネルヴァ書房、二〇一七年）、真宗系の仏教者による「修養」への取り組みを扱ったオリオン・クラウタウ「修養としての仏教――村上専精の教育実践とその射程」（同編『村上専精と日本近代仏教』法藏館、二〇二一年）などがある。

（7）たとえば、前掲註（6）王「近代日本における「修養」概念の成立」では、丁酉倫理会の「倫理修養」論が扱われている。

（8）　一八七〇年代における「宗教学」の用例と、それに対する理解については、DENECKERE, Mick. “Shin Buddhist Contributions to the Japanese Enlightenment Movement of the Early 1870s”, In *Modern Buddhism in Japan*, edited by Hayashi Makoto, Ōtani Eiichi & Paul L. Swanson（Nagoya: Nanzan Institute for Religion and Culture, 2014）を参照されたい。

（9）　磯前順一『近代日本の宗教言説とその系譜――宗教・国家・神道』（岩波書店、二〇〇三年）の第二部第一章「宗教学的言説の位相――姉崎正治論」参照。

（10）　鈴木範久『明治宗教思潮の研究――宗教学事始』（東京大学出版会、一九七九年）の第四章「近代宗教学の成立」参照。また鈴木は、姉崎の宗教学が「研究者」と「宗教者」との間の一線を崩さなかったことを評価し、「姉崎の宗教学は、価値中立性、宗教の内的理解、その学問としての意識のいずれにおいても、日本の近代宗教学の創始者としての位置づけを与えるに充分である」と述べている（同前、三〇六頁）。

（11）　岸本能武太の生涯については、主に三並良『日本に於ける自由基督教と其先駆者』（文章院出版部、一九三五年）を参照した。

（12）　岸本能武太『宗教研究』（警醒社、一八九九年）、緒言三頁。

（13）　元良勇次郎「大学教授文学博士元良勇次郎先生書翰」（同前書所収）、三頁。

（14）　たとえば、島薗進「宗教哲学と宗教進化論――近代的知識主体を支える超越原理としての「宗教」」（『宗教哲学研究』二七号、二〇一〇年）参照。

（15）　「斯くの如く宗教の基礎は常に人が幸福を全ふせんと欲する欲望に在りて、吾人の智識も之が為めに働き、意思も亦之が為めに働く」（前掲註(12)岸本『宗教研究』、二一四頁）。また、岸本は「生存の欲望」の具体的な作用を説明するために「智情相互開発律」を提示し、「欲望は増進して之を満たす方法の発達を促がし、智識は欲望を満たすの方法を提出して愈々欲望の膨張を促がす」と述べている（同前、二三九頁）。

（16）　同前、一七一―一七二頁。

（17）　同前、一七六―一七七頁。

（18）　同前、二四七―二五五頁。なお、「宗教」と「道徳」の衝突について、岸本が宗教の「不道徳」的な現象として挙げているのは、「他力信心」を唱えつつも「飲酒放蕩」する「宗教主任者」や、「呪（術）」「祈禱」「巫術」などをもって「愚民を蠱惑するもの」、「迷信」とされる「犬神」「白狐」「老狸」など「劣等なる崇拝物」の存在である。

(19) 同前、二六〇―二六一頁。

(20) 同前、二七一―二七八頁。

(21) 同前、二二五頁。

(22) 加藤玄智が宗教学から神道学へと転換した理由については、島薗進「加藤玄智の宗教学的神道学の形成」（『明治聖徳記念学会紀要』復刊一六号、一九九五年）を参照されたい。その一つとして、東京帝国大学の宗教学講座を姉崎が担うようになり、それによって加藤の宗教学が傍流と位置づけられたことが挙げられる。

(23) 加藤玄智『宗教新論』（博文館、一九〇〇年）、二八六頁。

(24)「是れ今日の科学的心理学がカント以来吾人の精神の三大区分法たる智情意三分法の到底適当なる分類法に非ずして、理論上には最早や此の三分法に由りて心理学を叙述するを廃止したる所以なり」（同前、二一一―二一二頁）。

(25) 同前、三八七―三八八頁。しかし加藤は、祈禱や礼拝などの宗教的儀式を「宗教的意識」の外面的な表れであるとし、そこでの「心的要素」の存在を強調している（同前、二三〇―二三六頁）。

(26) 加藤玄智『宗教の将来』（法藏館、一九〇一年）、一七〇頁。

(27) 前掲註(6)クラウタウ「修養としての仏教」参照。

(28) 姉崎の生涯をまとめるにあたり、主に姉崎正治『わが生涯』（養徳社、一九五一年）、同『新版　わが生涯』（姉崎正治先生生誕百年記念会、一九七四年）、磯前順一・深澤英隆編『近代日本における知識人と宗教――姉崎正治の軌跡』（東京堂出版、二〇〇二年）を参照した。

(29) 前掲註(9)磯前『近代日本の宗教言説とその系譜』、一四七頁参照。

(30) 姉崎正治『宗教学概論』（東京専門学校出版部、一九〇〇年）、序言一頁。

(31) 同前、七頁。

（32）前掲註（4）碧海「儀礼と近代仏教」参照。
（33）前掲註（30）姉崎『宗教学概論』、一頁。
（34）同前、一〇二頁。
（35）「主我」「他律」「自律」については、同前、一一〇―一一七頁において類型論的な詳しい説明がなされている。
（36）同前、一一六―一一七頁。
（37）同前、一〇三頁。
（38）同前、一〇四頁。
（39）儀礼の心理的な作用に着目することは、たとえば一九一〇年代に『新仏教』で展開された「信仰」と「儀礼」にまつわる一連の論争でも見られる。同論争については、前掲註（4）碧海「儀礼と近代仏教」を参照されたい。
（40）前掲註（30）姉崎『宗教学概論』、一〇五―一〇六頁。
（41）同前、一九三頁。ここで姉崎は「祈禱」という実践を「主我主義」としていることが注目に値するだろう。世紀転換期において祈禱は、たとえば新仏教徒によってその非合理性（非科学性）、および祈禱と利己的な動機との関わりという主に二つの側面から批判に晒されていた（前掲註（4）碧海「儀礼と近代仏教」参照）。
（42）同前、一九六頁。
（43）同前、一九七―一九八頁。
（44）同前、二〇〇―二〇一頁。
（45）加藤咄堂は、明治後期から昭和期に至るまで「修養」にこだわり、アカデミックな場から「修養」を語ることよりも、いわゆる通俗的な教育書として多くの修養論を発表した。加藤の修養論については、佐藤拓司「加藤咄堂の「修養」論――明治・大正・昭和初期における一教化運動家の生涯と思想」（『青山学院大学教育学会紀要「教育研究」』六一号、二〇一七年）や山口陽子「加藤咄堂における「倫理宗教」の構想と「修養」」（『宗教哲学研究』四一号、二〇二四年）参照。
（46）加藤咄堂『修養論』（東亜堂書房、一九〇九年）、三―四頁。
（47）同前、五頁。

(48) 深澤英隆「宗教学における心理主義・心理学主義の問題——我が国戦前の諸体系に見る」(田丸徳善編『日本の宗教学説Ⅱ』東京大学宗教学研究室、一九八五年)。また、「宗教学」と「心理学」を自明のものとして把握することに抵抗し、その交錯過程に焦点を当てたものとして、McVEIGH, Brian J. *The History of Japanese Psychology: Global Perspectives, 1875-1950* (London: Bloomsbury, 2017)、堀江宗正『歴史のなかの宗教心理学——その思想形成と布置』(岩波書店、二〇〇九年)、碧海寿広『科学化する仏教——瞑想と心身の近現代』(KADOKAWA、二〇二〇年)を参照されたい。

(49) 本節では、主に佐藤達哉『日本における心理学の受容と展開』(北大路書房、二〇〇二年)を参照し、元良の生涯をまとめた。佐藤は、元良を日本最初の「自立した心理学研究者」と呼んでいる。元良は一八九〇年に、二年前から帝国大学文科大学で講義を始めた「精神物理学」のコースを「心理学」と名を改め、そして一九〇三年には日本初の心理学実験室を創設した。西洋における実験的心理学の誕生において、ヴィルヘルム・ヴント(Wilhelm Wundt 一八三二—一九二〇)が一八七九年に実験室を設立したことが象徴的な事件であるように、元良による心理学実験室の創立も日本心理学史における一つのマイルストーンとされている。

(50) 前掲註(48)碧海『科学化する仏教』、五八頁。

(51) 前掲註(30)姉崎『宗教学概論』、六〇頁。

(52) 元良勇次郎「心理学上より見たる品性の修養(全国師範学校長会に於て)」は、『教育時論』八一五号(一九〇七年一二月)から八二一号(一九〇八年二月)まで連載され、『弘道』の一九八号(一九〇八年九月)から二〇二号(一九〇九年一月)に転載されている。

(53) 元良勇次郎「心理学から見た品性の修養」(『元良勇次郎著作集』一三巻、二〇一六年)、三〇七頁。

(54) 同前、三〇八—三〇九頁。

(55) 前掲註(30)姉崎『宗教学概論』、一一六頁。

(56) 前掲註(28)姉崎『新版　わが生涯』、一〇八—一〇九頁。

第七章　明治後期・大正期の「人格」と「信仰」

――仏陀と阿弥陀仏をめぐる議論について――

はじめに

「修養」という概念と密接に関わった言葉としては、「人格personality」が挙げられる。近代日本における「人格」なる語彙の形成を一八八〇年代にまで遡り、戦後までの展開を検討したイノウエ・キョウコが指摘したように、「人格」という言葉は、英語の「personality」の訳語として明治二〇年代頃から登場した[1]。当初は主に法学者によって使用され、権利と義務を備えた実体を指していたが、東京帝国大学哲学科で教鞭を執った井上哲次郎や中島力造（一八五八―一九一八）などの哲学者、倫理学者の解釈を通じ、道徳的な意味が強く付与されるようになったという[2]。かくして「人格」は、明治二〇年代以降の修養論――近代的な個人になるための自己教育を目指して展開された一群の言説――の枠組みで一般化していく[3]。そのなかで、中村正直（一八三二―一九一一）が翻訳した『西国立志編原名自助論』（サミュエル・スマイルズ著、須原屋茂兵衛、一八七〇年）の語り方が、宗教的な理想としての「人格」へと援用されていく。大正期になると、「人格」という言葉は哲学者の阿部次郎（一八八三―一九五九）が提唱した「人格主義」の隆盛によって一層ブーム化した。しかし、この流れのなかの「人格」は、「修養」よりも大正時代の教養主義が背景となっており、そのため、「人格主義」の主張においては、優れた「人格」を持つ人物をモデルとして自己の品性を養い、「人格」を向上させることよりも、人間の普遍性の探求に重きが置かれている[4]。

明治三〇年代後半から大正期にかけて「人格」と宗教言説との親和性が高まり、宗教が「人格」の養成に役立つというような語り方が成立していくということは、碧海寿広が指摘している[5]。こうして注目を集めた「人格」は、明治後期までに「個々人の内面的な超越性にかかわるものとして言説化されていた宗教をめぐる語りと容易に結びつき」、自らの「見神の実験」を語ることによって反響を呼んだ綱島梁川や村上専精・近角常観などの宗教（学）者によって積極的に用いられるようになり、多様な議論を生み出した[6]。また、明治三〇年代における修養概念の成立を検討した栗田英彦は、宗教史の視角より、諸聖賢の「人格」という語りと修養言説との関わりを明らかにした[7]。たしかに当時の「修養」からうかがえる「人格」は、宗教（学）者にとって、社会・国家に生きる人間のあり方を説く言葉としてのみならず、自らの信仰を新たな枠組みで再解釈するためにも重要な概念であった。

しかしここで留意すべきは、すでに考察したように、「人格」と結びついて語られる「信仰」も、世紀転換期頃に広く議論されるようになった語彙の一つであるということである。先行研究において指摘されたように、明治後期以降の「信仰」概念は、個人の宗教的な「体験」や人間が自己の現実的な存在の問題を問う「実存的宗教論」と密接に関わっていることに特徴を有している。そして、たとえば近角の試みに見られるように、「信仰」を語るうえで釈迦という「人格」は避けられない存在であった[8]。

他方で、大乗仏教は釈迦の直説ではないという大乗非仏説に晒されていた日本の仏教者にとって、自らの「信仰」をいかに歴史的実在とされる釈迦と関連づけて正当化できるかということは、一つのアポリア（哲学的難題）であった。とりわけ釈迦ではなく阿弥陀仏を中心とする浄土宗と真宗系の知識人は、釈迦と阿弥陀仏を同じく「仏陀」の体系で説明しようと試みた。しかし、このように「信仰」の対象をいかに措定するかを模索するなかで、「人格」がいかなる役割を果たしたか、また「人格」論のなかで「信仰」がいかに位置づけられたかといった問題については、十分な検討がなされていない。そこで本章では、かかる「人格」と「信仰」との関連性の問題を考察すべく、「仏陀」の再創造の過程を見ていきたい(9)。

具体的な構成として、まず、いわゆるヨーロッパ仏教学で形成された「人間釈迦」のイメージがいかに日本における「偉人」としての釈迦の創出に影響を与えたかを確認する。そして井上円了や村上専精がいかに「仏陀」を捉え、仏教における「仏陀」の重要性を説いたかを考察する。その補助線として、近代真宗史を代表する知識人・近角常観の議論にも着目する。その延長として、阿弥陀仏をめぐる矢吹慶輝（浄土宗、一八七九―一九三九）と羽渓了諦（浄土真宗本願寺派、一八八三―一九七四）を取り上げ、彼らがいかに「人格」としての釈迦と阿弥陀仏を関連づけて語ったかを検討する。

第一節　「偉人」としての釈迦の創出

本節では、ヨーロッパ仏教学で形成された「科学的」な釈迦のイメージについて、先行研究を踏まえながら確認し、それが日本に導入された後、いかに日本における「偉人」としての釈迦の創出に影響を与えたかを考察する。

いわゆるヨーロッパ仏教学の誕生については、ウジェーヌ・ビュルヌフ（Eugène Burnouf 一八〇一—五二）が一八四四年にパリで出版した『インド仏教学序説』（*Introduction à l'histoire du Buddhisme indien*）がその嚆矢とされる。[10] このヨーロッパ仏教学は、南条文雄（一八四九—一九二七）がドイツ留学から帰国した一八八四年に日本に紹介されたと言われてきたが、マイカ・アワーバックは、八世紀から二〇世紀までの日本列島における釈迦像の変遷を辿る研究のなかで、すでに一八六〇年代には西洋からの新たな知識の流入とともに、このヨーロッパ仏教学も日本で認識され始めたと指摘している。

ここで留意すべきは、南条自身が一八八五年に南アジアに滞在したにもかかわらず、釈迦の伝記に特に関心を示さなかったということである。同様に、日本の仏教者は一八七〇年代から南アジアへと旅行し始めたが、それらの経験も釈迦の語り方に大きな影響を与えなかったようである。アワーバックによれば、ヨーロッパ仏教学の影響を受けた近代日本の知識人が「偉人」としての「仏陀」を作り上げたのは、一八九〇年代から一九一〇年代にかけてのことであった。[11]

また、ドナルド・ロペスによると、「科学的」な「人間釈迦」のイメージの構築は、西洋の東洋学者たちによるところが大きいという。[12] それに加え、リチャード・ジャフィは、こうした釈迦中心の仏教理解が、南（東南）アジアの仏教との交流のなかで構築された側面もあると指摘している。[13] このように、ヨーロッパ仏教学の方法論とその人間としての釈迦像に刺激され、近代日本の知識人は釈迦の歴史的な実在に重きを置きつつも、その地位を「偉人」にまで高めることによって、釈迦の教えとされる仏教の価値を確保しようとした。

さて、「偉人」としての釈迦のイメージの形成に大きな役割を果たした知識人として、美術史家の岡倉天心（覚三、一八六三―一九一三）、哲学者の井上哲次郎などが挙げられる。また、文芸評論家として知られ、一時期に日蓮に傾倒した高山樗牛や姉崎正治など仏教の信仰を有する知識人もいた。そのなかでも、とりわけ批判的な仏教史研究を目指し、一九〇五年に東京帝国大学で宗教学講座の初代教授となった姉崎は、釈迦を一つの「人格」として捉え、それを「信仰」の対象としていることに特徴を有する。前川理子が、「没主体的な従来の宗教史に対抗して、非凡な宗教的人格の宗教形成上に及ぼす力に宗教発達の主因を求めた彼〔姉崎〕の観点は、英雄論的発想を宗教史研究に持ち込んだものであった」と指摘している[14]。このように、英雄論に影響を受けた姉崎の人格論は、宗教的な「偉人」に力点を置き、そこに「信仰」の根拠を求めるものであった。

ここでは、姉崎が「史上現実の仏陀」と「宗教信仰の中心として終に常住永遠の実在神格」となった「法身の仏陀」との関連性を問題としていることに注目する必要がある[15]。その実、姉崎が「現身仏」と「法身仏」を著作のタイトルとしていることからもうかがえるように、彼は三身説を批判的に捉えつつも[16]、それによって歴史的実在としての釈迦と仏教経典から出てくる三世十方の「仏陀」のイメージとの関わりを説明しようとした。

また、釈迦をいかに捉えるかという問題について、宗教学の枠組みで「信仰」を根拠とする「修養」を説いた加藤玄智は[17]、『宗教学上より見たる釈迦牟尼仏』を発表し、当時のヨーロッパ仏教学で主張された仏教＝無神論（atheism）説を批判し、「人格」として認識されている釈迦に「神格」の要素を見出し、仏教が「宗教」であることの証明を試みた。加藤によれば、仏教が一つの「宗教」として成立したのは、釈迦の「人格」の感化力によるものであり、それゆえ、釈迦が一つの「人格」であると同時に、「神格化」された仏教の開祖でもあるという[18]。

先述したように、釈迦を含む「仏陀」は近代日本における多くの知識人によって議論され、そのなかで釈迦の「人格」と、「信仰」の対象としての「仏陀」との関連性をいかに説明するかということは重要な問題であった。このように、いわゆる西洋からの知――この場合は主に文献研究を中心とするヨーロッパ仏教学である――と仏教の信仰との交渉過程で、「仏陀」が語り直されていくのである。次節では、井上円了と村上専精の仏陀論を取り上げ、彼らがいかに歴史的な研究対象である「仏陀」と自らの「信仰」の拠り所である「仏陀」を調和しようとしたかについて考察する。

第二節 「人格」と「信仰」の調和
――井上円了と村上専精における「仏陀」――

本節では、世紀転換期に巻き起こったいわゆる第二次「教育と宗教の衝突」論争を取り上げ、井上哲次郎の「倫理的宗教」論を批判した井上円了の議論に着目し、円了によって仏教の「人格的実在」がいかにイメージされたかを考察する。また、もう一つの仏陀論として、大乗非仏説を含む大乗仏教の位置づけの問題と向き合った村上専精の仏陀論を検討する。そして彼らの議論を「哲学的本体論」として批判した、近角常観の議論の特徴を解明する。

1 「仏陀」の「人格」という争点

一八九九年、井上哲次郎は「宗教の将来に関する意見」を『哲学雑誌』一五四号で発表し、第二次「教育と宗教の衝突」論争を引き起こした。[19] 彼は宗教の革新を提唱しつつも、既存の宗教の形式や、諸宗教に見られる「人格的」に写象された実在を否定し、「倫理的宗教」論と呼ばれる主張を提示している。栗田英彦が指摘したように、「倫理的宗教」論は多くの宗教者の反発を呼び、そしてその結果、超宗教的な次元として「修養」という領域をめぐって議論が展開されるようになった。[20] 井上哲次郎の「倫理的宗教」論における宗教の「人格的」な実在の捉え方が示唆しているように、「仏陀」の「人格」という問題は、「仏陀」を「宗教」としての仏教にいかに再定位するかということと密接に関わっている。

井上哲次郎の「倫理的宗教」論への反発として、井上円了は一九〇一年に「余か所謂宗教」と題する論説を『哲学雑誌』一七三号から一七七号まで連載した。円了も井上哲次郎と同様に宗教の革新を主張するが、そのためには「人格的実在」が必要であるとしている。[21] ここで注目すべきは、円了が「人格的実在」として阿弥陀仏を含む「一切の報身仏」の実在を認めているということである。[22] それは、「宗教の本領は不可知的、其目的は安心立命、其作用は信仰直覚、其方法は相対と絶対」という彼の観点によるものであるが、[23] そこには彼の真宗的なバックグラウンドの影響がうかがえる。[24]

「余か所謂宗教」において円了は、井上哲次郎の「倫理的宗教」論を批判するとともに、村上専精の『仏教統一論　第一編　大綱論』（金港堂、一九〇一年）を糾弾した。円了の理解では、村上の主張は「仏教の本意は普遍的涅槃にありて、擬人的弥陀にあらざる」ということである。[25] たしかに村上は、仏法僧という三宝のなかで「法」を最も重視しているが、それは大乗非仏説の問題に直面し、「仏説」よりも「仏意」を強調している村上の一貫的な立場によるものであると捉えることもできるであろう。(26)

大乗仏教の位置づけについては、大乗仏教が歴史上に実際に存在した釈迦によって説かれたものではないという大乗非仏説を中心的な課題として、世紀転換期に議論が白熱した。(27)その代表となるものが、まさに村上専精の『仏教統一論　第一編　大綱論』であった。また村上は、一九〇五年に『仏教統一論』の第三編として『仏陀論』を刊行し、「宗教」としての仏教を論じるうえで、「仏陀」を研究することが必要であると論じている。西村玲は、近代における釈迦像構築の意義について、「仏教の開祖であり現実の歴史的存在である釈迦は、近代の知識人が求める信仰と科学の要請を二つともに満たしうる存在として、その絶対的な位置を保ち続けた」という重要な指摘をおこなっている。(28)村上の場合からうかがえるように、大乗仏教を含む仏教の統一という彼の事業のなかで、「仏陀」の問題は中心に据えられている。

しかし、村上は『仏陀論』のなかで「本編は歴史上に於ける釈迦を伝述せんとするにあらずして、寧ろ歴史以上に於ける仏陀を講究せんとするにあり」と述べていることからもわかるように、(29)その関心は人間としての釈迦よりも、三世十方の諸仏を含めた「仏陀」の体系を作ることであった。ここでは、「仏陀」が「人格的」な存在であるか「非人格的」な存在であるか――換言すれば、「仏陀」の歴史性と超越性――という問題が浮上してくる。村上によると、歴史的実在である「仏陀」は、仏教の展開過程で「歴史以上の仏陀」と「融合調和」するようになり、そしてこうした仏陀論の「発展」の結果として、「人格的仏陀」は「非人格的性質の者」（大日如来や阿弥陀仏など）に変容したことが問題であるという[30]。村上にとって、この問題に対する一つの回答は、歴史上に存在した「仏陀」とその後に作り上げられた「仏陀」を区別し、その関連性を歴史的に説明することにある。

本項で見たように、第二次「教育と宗教の衝突」論争において、井上円了は井上哲次郎の「倫理的宗教論」に反発するかたちで、「信仰」を中心とする仏教では、釈迦のみならず阿弥陀仏などの「人格的実在」が必要であると強調している。円了が批判を加えた村上専精の『仏教統一論　第一編　大綱論』では、「法」が「仏」より重要な地位を占めているが、一九〇五年に出版された村上の『仏陀論』では、「仏陀」の「人格」と「非人格」の問題が取り上げられた。仏教あるいは大乗仏教の「信仰」を正当化するために、両者ともに「仏陀」の「人格」を中心として議論を展開させたということには、目を向ける必要があるであろう。

また、両者ともに井上哲次郎の「倫理的宗教論」に対して、徳育の枠組みにおける宗教的な「信仰」の重要性を強調するために、「信仰」による「人格」の向上を証明する必要があった。ここで注目したいのは、彼らが自身の「信仰」の告白よりも、「信仰」をいかに近代社会に再定位するかということに関心を寄せているということである。そしてその際に、彼らはやはり「仏陀」を自己の「人格」向上のための模範とするという、井上哲次郎に見られるような「人格」の理解に基づきながら議論を展開させたのである。

2 「信仰」という立場からの批判

「人格」が宗教言説のなかに組み入れられていく過程について、碧海寿広は、近角常観による「人格」の語り方が、「神秘的な宗教体験の力に駆動された真宗の伝統的な教説を、近代社会でその有用性を認められている概念で装飾する」という戦略を取ったものであるとし、当時の青年層を魅了した近角による「人格」の語り方の宗教性に着目している(31)。

先述したように、第二次「教育と宗教の衝突」論争では、「仏陀」の「人格」の問題がしばしば議論の俎上に載せられた。そして本書の第四章・五章で検討したように、世紀転換期には「智」と「信」の関係性は理想的な「信仰」のあり方との関わりで議論されることが多かった。こうした時代状況において、自らの問題関心を「哲学」から「体験」へと転換した近角は、一九〇二年に「哲学の研究が仏教信念の消長に与へし害毒」を著し(32)、仏教に対する哲学的な研究より、「人格」を仰ぎ、それによって「信仰」を育てることを提唱している。この論説は、仏教への特別な保護を政府に求める仏教公認教運動を進めた仏教徒国民同盟会（のちに大日本仏教徒同盟会と改称）の機関誌『政教時報』で発表されている(33)。

同論説において、近角はまず、「過去二十年間に於て仏教の声価を貴からしめたものは哲学である、而して仏教の宗教的真価を暗ましたものも亦哲学である」と回顧し、そして、「理論的に仏教を研究することは、たしかに信仰的に仏教の生命を殺すものである」と述べ(34)、哲学的な研究と「信仰」の獲得を無関係のみならず、むしろ対立的なものとして捉えている。

新仏教の人々が汎神的教理を根本義として信仰が定まらぬのも、村上博士が仏陀を理想としながら切りに之を拝まむと勉めて居らる、のも、井上哲次郎博士が大我の人格を否定して声を聞かんと勉めらる、も、精神主義の人々が如来〳〵と呼び乍ら、兎角汎神的如来に陥るのも結局此哲学的本体論が宗教の中心とみられたからである。(35)

近角にとって、汎神論を説くとされる新仏教運動や、村上専精、井上哲次郎、そして「汎神的如来」への「信仰」を強調している精神主義運動までが批判の対象である。それは、これらの仏教論が「哲学的本体論」に陥って、「信仰」対象を正確に把握していないからである。そして、これらの主張と一線を画した形で、彼は自らの「信仰」を主張していくことになる。(36)

近角は仏教に「哲学」の部分と「信仰」の部分があるとし、それを歴史的に追跡している。すなわち、彼は仏教の「信仰」の部分を大小乗の経文にあると断言し、「是が仏教が宗教としての要義、信仰としての真髄である」と述べている。(37)それに対し、「大小乗の経文」とこれに付随したもの——「宇宙論」「哲学的本体論」など——が「哲学」の部分に属し、「何れも皆此の如く哲学的本体論は時代に従て変更する、されど宗教的要点は毫も変はらぬ」と論じている。(38)このように、彼は宗教における哲学的な要素を時代によって変化するものであるとし、仏教の中核である「信仰」をそれとは対照的に超時代的なものとして捉えることによって、後者を絶対化しようとしたといえよう。

かかる「信仰」の捉え方の延長線上に、近角は自らの「信仰」の拠り所である宗祖親鸞を釈迦の教えを正しく理解した人物として位置づけようとした。彼は、「救済の実際を親しく此世界に示し玉ひて慈悲の徳音を伝へられたのが釈尊である」と述べ、釈迦の「救済」と「慈悲」という二つの側面を強調している[39]。そのあと、親鸞を「此眼光を以て仏教を読破し」た人物と捉え、「其信仰の実感に触れたる霊的文字を書き集められたるが『文類』〔『教行信証』〕と称する聖教である、而して其宗教を名けて『真宗』と名つけられた次第である」と論じている[40]。このように、彼は宗祖である親鸞を釈迦の教えの継承者として位置づけることによって、真宗を正当化しようとしたのであろう。

ここで注目すべきは、近角のいう「釈尊」が、あくまでも「人格的」な「信仰」対象であるということである。彼は当時、しばしば見られた「人格的の仏陀」を「本体」――すなわち哲学的な本体――に置き換えて解釈する語り方を批判し、それをあくまでも哲学の領域に展開される議論であるとしている[41]。それに代わって、「人格」としての「仏陀」を主張し、それを通した「信仰」確立の方法を力説している。こうした論理のなかで、「哲学」は二次的な地位に下げられ、それに頼る必要のない「信仰」が宗教としての仏教の根本的な要素となったといえよう。換言すれば、彼の場合、「人格」こそが「信仰」の対象であり、「信仰」に正当性を与えるものであった。次節では、一九一〇年代における「人格」と阿弥陀仏に関する議論を取り上げ、大正初期前後における「仏陀」の議論の展開について考察する。

第三節　釈迦と阿弥陀仏の問題

――歴史的事実と非歴史的想像のはざま――

本節では、浄土宗系の仏教者・矢吹慶輝と真宗系の仏教者・羽渓了諦の議論を取り上げ、彼らがいかに「人格」としての釈迦と、阿弥陀仏に対する「信仰」の調和を図ったかについて分析する[42]。

東京帝国大学哲学科に入学し、姉崎正治のもとで卒業論文「阿弥陀仏乃研究」を提出した矢吹は、一九一一年二月に『阿弥陀仏乃研究』（丙午出版社）を出版した。同書は近代における浄土教の批判的研究の嚆矢とされ、一九三七年に明治書院より増訂再版された後、一九八一年に臨川書店より第三版が刊行された。姉崎はこの『阿弥陀仏乃研究』に寄せた序文で、教義と信仰上における釈迦と阿弥陀仏の関連性を次のように説明している。

矢吹君は大体に於て、阿弥陀仏に対する信仰を釈尊に対する信仰の発達（若くは変形）に求め、本願救済、慈悲摂取、国土成就等信仰の内容、並にその幇助として神話伝説をも、多くは仏教本来の性質、内部の発達として解釈するの途を執れり……歴史上の仏陀に関する一章は、比例上稍長きに失する感なきにあらざるも、滅後の仏陀と過去仏並に未来仏の信念より進んで本生本願、菩薩の願行、法身並に報身の観念を追跡し来りて、阿弥陀仏の性質を主として内部の発達に依りて解釈せんとしたるは、方法と共に内容に於ても、極めて有益なる結果（仮令へ全く究竟の決論に到らざるも）を得たりといふべし[43]。

姉崎が紹介しているように、『阿弥陀仏乃研究』で矢吹は、あくまでも阿弥陀仏に対する「信仰」を「釈尊に対する信仰」の「発達」あるいは「変形」とし、阿弥陀仏という存在がインドにその源流を辿る仏教の内部から展開した「仏陀」の観念であるということを主張している。また、姉崎はこの序文で、「阿弥陀仏の信仰は、密教と相並んで、元来仏教中最も特異の発達をなしたるもの、釈尊を中心とせずして別箇の仏陀を信仰の中枢におき、理想を現在の諸法におかずして西方の浄土に移し、戒定慧三学の修行を棄て丶他力易行の信仰に移りしものなり」と、「阿弥陀仏の信仰」の特殊性について述べている[44]。他方で、姉崎は日本の阿弥陀仏信仰を正当化するために、「阿弥陀仏教と彼の印度や中央アジアの阿弥陀仏教と、直接に血脈相通はざりしとするも、此の方面の淵源は彼の方面に求めざるべからず[45]」と、阿弥陀仏信仰とインドや中央アジアの仏教との関わりを歴史的研究により明らかにすることの重要性を説いている。仏陀論における阿弥陀仏の位置づけについて、矢吹は次のように論じている。

仏陀論は其発足点に於て、既に現実の仏陀を起本とせり。此故に法身理仏は各種の信仰を説明すべき大本たりと雖も、宗教的崇拝の対象となし、之を一般民衆の帰托とせんには、又再び具象的説明を仮らざるべからず。阿弥陀仏は正しく其一なり[46]。

かくして、矢吹は阿弥陀仏を歴史上に実在した仏陀の教えに「具象的説明」を与える存在として理解している。そして、その阿弥陀仏が「宗教的崇拝の対象」となり、「一般民衆の帰托」のために必要であると主張したのである。矢吹は阿弥陀仏のイメージには「譬喩的神話的痕跡」が見られることを認めつつも、それらの「譬喩」が「人格化」されたことにより、阿弥陀仏という「仏名」も生じるようになったと説明している。このように、彼は「仏陀」としての阿弥陀仏の形成を歴史的に追究したといえる[47]。つまり、阿弥陀仏は釈迦のような歴史的に実在した人物ではないが、一つの「人格」として捉えられるというのである。釈迦の教えである「仏の法」が、釈迦の入滅後には一度「法の仏」となったが、それがまた「仏の仏」となり、その新たな「仏」はまた一つの「人格」となり、それが阿弥陀仏であるとするのが矢吹の阿弥陀仏理解なのである[48]。

さらに、矢吹の議論では、阿弥陀仏を中心とする浄土教の特徴は「信仰的」であるとされ、それはまたそのまま「日本仏教」の特徴として語られていく[49]。具体的には、矢吹は近代の仏教知識人の議論に広く見られる「聖道門」と「浄土門」を区別するレトリックを使用し[50]、『般若心経』『法華経』『涅槃経』などに現れる「史的仏陀」が「智的仏陀」、それらの経典によって創立された涅槃宗、天台宗、華厳宗などが「教理的」「主智的」「自力的」「難行道」であるとする。それに対して、『無量寿経』を中心とする浄土教が「信仰的」「主情的」「他力的」「易行道」であると述べている。しかし、「法に即せる仏陀」をめぐる議論は「宇宙的汎神的」あるいは「本体的形而上学的」となりやすく、「宗教信仰」よりも「哲学思弁」の範疇に入る傾向があるため、「北方仏教」、とりわけ「日本仏教」は阿弥陀仏と密に結びついたかたちで展開したという[51]。

矢吹はあくまでも歴史的研究の手法を用いて阿弥陀仏と釈迦との関連性を追跡し、阿弥陀仏が「信仰」の確立に必要であるということに理論的な説明を与えようとした。こうした矢吹の姿勢は、「人格」や「信仰」の捉え方において彼の師である姉崎の釈迦論と共通性を有するものといえよう。

一方、浄土真宗本願寺派に属する羽溪了諦の『阿弥陀仏の信仰』では、「死生」をめぐる「煩悶」の解決策として阿弥陀仏に対する「信仰」を説き、その「実在」の問題に対して「信仰」の領域で回答を試みたのである[52]。

羽渓はまず、「新宗教」や「新信仰」が叫ばれる一方で「旧信仰」が一概に否定されることを批判的に捉え、「旧信仰」が「自己の真生命」となることができれば、それがむしろ「新信仰」であると論じている[53]。羽渓が「生命」を強調していることは、彼が「死生」の問題に大きな関心を寄せていることに起因している。彼によれば、「生命は最根本であり、第一義であつて、理性や道理、やは生命から産出せられたものである」という[54]。ここでは、「生命」は学説や教義と対極するものとして語られ、そして「真生命」を得るために宗教が必要であるという論理が立てられている。それは、「宗教は真生命に入らむとする、全人の要求に根ざして、死の問題を解決することを以て目的とするものと言ひ得る」からである[55]。

羽渓は、「三世因果の理法」や「輪廻転生」といったことをもはやそのまま事実として信じることができない「現代人」の「灰色の苦悶」を問題視している。そして、このように「浄土の三部妙典なるものが、果して釈尊金口の説であるか何うか」などのことを疑う「歴史的研究」（羽渓はそれとほぼ同義で「科学的研究」も用いている）の立場に対し、「弥陀信者」の「信仰」のあり方を説いていく[56]。そこで注目すべきは、彼が「信仰」をさらに「根本信念」と「教義に対する信仰」に区別し、それにより前者に支えられる「生命としての宗教」と、後者の「信仰」対象である「表現としての宗教」との間に一線を画したということである[57]。羽渓によれば、この「根本信念」は「宗教の本質――生命――信仰」を理解したうえでのものであり、それに対して「三世因果」の教えから「仏如来の実在」に至るまでの「教義」を拠り所とする「信仰」は、「第二義的信念」であるという[58]。

阿弥陀仏の実在に関して、羽渓は「われは阿弥陀如来の実在は信ずる」と主張し、阿弥陀仏に対する信仰はほかでもなく「救済」の信仰であると説いている[59]。

救済が信ぜられたのと、弥陀の実在が信ぜられたのとは、同時否同一の事であるが、強て前後を立てれば、救済を信ずる方が先である。救済者の実在の模様などは如何やうでもよい。これを人格的のものとするも、非人格的のものとするも、根本信念には関する所では無い[60]。

このように、羽渓は阿弥陀仏の実在を「救済」への「信仰」と結びつけ、「根本信念」という内面的な領域を確保することにより、阿弥陀仏が「人格的」な存在か「非人格的」な存在かという問題を戦略的に回避した。また羽渓は、阿弥陀仏という「救済者」に対する「信仰」が個人の「人格」の向上を促すことができるため、「信仰」によって「自己発展」が見込めることを説き、「危険」な「個人主義」に対抗する「健全」な「個人主義」を説いている[61]。ここでの「個人主義」は、日露戦争以降における「個」の析出にともない流行し始めた思潮の一つであるが、明治後期と大正期の政府は、「個人主義」と国民道徳の理想との間に断絶があると考え、「個人主義」を警戒していた。羽渓が「健全なる個人主義」を強調している背景には、こうした時代状況があるといえる[62]。

本節で見たように、浄土宗あるいは真宗系の仏教者である矢吹慶輝と羽渓了諦にとって、歴史上に実在した釈迦と阿弥陀仏の関連性を説明し、阿弥陀仏に対する「信仰」を正当化することは、自身が属する宗派の伝統と「釈迦の教え」とされる仏教を調和するために不可欠な作業であった。

とはいえ、両者の説く「信仰」には決定的な相違点がある。矢吹は、厳密な文献研究に基づき、阿弥陀仏が釈迦の教えの「具象的説明」であると論じている。それに対して羽渓は、「救済」に重きを置きつつ、「健全なる個人主義」の形成における阿弥陀仏に対する「信仰」の必要性を力説し、阿弥陀仏の「人格」をめぐる複雑な問題を「根本信念」というレトリックにより克服しようとした。浄土宗で得度した矢吹であるが、彼はあくまでも宗教学者の立場から、自身の信仰のあり方よりも、阿弥陀仏に対する「信仰」の歴史的展開に関心を寄せている。他方で羽渓は、「弥陀信者」という自己のアイデンティティーを表明しつつ、自身の「信仰」の告白をおこなっている。彼は自己の「人格」の向上を大正期生命主義という新たな枠組みで説いていくが、その際、「人格」のモデルとされる阿弥陀仏の実在は、もはや科学的に証明せざるを得ない問題ではなくなる。その代わりに、彼は真宗の伝統的な救済を「信仰」と結びつけ、「救済者」である阿弥陀仏に対する「信仰」が「人格」の向上を促すという新たな論理を立てたのである。

おわりに

以上、明治後期から宗教言説と結びつけられるようになった「人格」という概念を中心として、いわゆる西洋の知とされるヨーロッパ仏教学の影響を受けつつ、近代日本における「仏陀」のイメージがいかに形成されたかを考察した。その結果、「人格」が「信仰」を語るうえで諸課題を克服するために重要な概念であったことが確認できた。第二次「教育と宗教の衝突」論争の引き金となった井上哲次郎の「倫理的宗教」論は、「宗教」と「倫理」を混同するものとして多くの宗教者から批判を浴びせられた。そこで一つの争点となったのは、「宗教」における「人格的実在」、仏教に即していえば「仏陀」の「人格」をいかに措定するかという問題である。と同時に、「仏陀」の「人格」は大乗非仏説に晒された日本の仏教者にとって、自らの「信仰」を正当化するために対峙せざるを得ない問題でもあった。かかる時代状況のなかで、井上円了と村上専精は、「仏陀」の「人格」をめぐる歴史的事実と神話的想像とされる内容の調和を試みているが、両者の意見は「報身仏」である阿弥陀仏の位置づけに関して分かれた。円了は宗教の目的を「安心立命」として強調することなどを通して、「報身仏」である阿弥陀仏の「人格的実在」を認める必要性を主張しているが、対して村上は阿弥陀仏を含む「仏陀」の「人格」と「非人格」の問題――阿弥陀仏は後者のカテゴリーに属するとされている――を歴史的に整理し説明することに力を注いだ。そして当時の青年層を主な対象として「人格」を説き続けている近角常観は、むしろ阿弥陀仏ではなく釈迦の「人格」に「信仰」の拠り所を見つけたのである。

また、近代日本における浄土宗と真宗系の仏教者にとって、「人格的」な釈迦の教えとされる仏教のなかで、いかにして自らの「信仰」の拠り所である阿弥陀仏を説明するかという複雑な問題が存在した。矢吹は阿弥陀仏に対する「信仰」の形成を釈迦への「信仰」に遡り、阿弥陀仏に一つの「人格」を見出し、それが「法」の「具象的説明」に与える存在であるとしている。対して羽渓は、信仰のあり方から「根本信念」と「教義に対する信仰」を区別し、前者の次元で阿弥陀仏の実在の捉え直しを試みた。それによって彼は、阿弥陀仏の「人格」と「非人格」の問題を巧みに回避しただけでなく、「人格」を根拠とする「信仰」よりも、「救済」を信じるという伝統的な「信仰」を新たな時代状況において再解釈したのである。矢吹と羽渓は、阿弥陀仏の「人格」へのアプローチの方法に相違があったものの、「仏陀」のイメージにおける歴史性と超越性という、一見矛盾しているかのように見える問題を乗り越えようとしたことにおいては、むしろ共通しているといえよう。

「人格」への「信仰」から救済論における「信仰」——本章で取り上げた近代日本の宗教（学）者たちは、釈迦の教えとされる仏教と、日本列島における仏教の「信仰」をいかに関連づけるかという課題に直面し、その回答を模索した。そのなかで、たとえば矢吹による「日本仏教」の語り方は、「日本仏教」の特殊性という主張に導かれる可能性を有しているが、こうした「日本仏教」をめぐる歴史叙述と「信仰」の問題については、次章で詳しく論じたい。

註

（1）INOUE, Kyoko. *Individual Dignity in Modern Japanese Thought: The Evolution of the Concept of Jinkaku in Moral & Educational Discourse* (Ann Arbor, Mich.: The University of Michigan, 2001), pp. 24-31.

（2）道徳的な意味で用いられる「人格」という言葉については、たとえば井上哲次郎は中学校の修身教科書において、国民道徳を涵養する方針として、「(一) 其の身体を保全し、(二) 其の精神を修養して、円満なる発達を遂げしめ、(三) 一定の職業を択んで、自立自営の道を講じ、(四) 又能く徳性を滋養して、自己の人格を高尚にすること」を挙げている（井上哲次郎『中学修身教科書　巻三』金港堂、一九〇二年、四頁）。ここでは身心の鍛錬、職業による自立の道に加え、「人格」を向上させることは、国民としての重要な道徳的義務とされている。また、中島力造はイギリスのトーマス・ヒル・グリーン（Thomas Hill Green 一八三六—八二）の自我実現説に依拠しつつ「人格実現説」と総称される倫理学説を展開し、社会との関わりのなかで人間は自己の努力によって、理想的な状態に近づく過程が「人格」の向上であると説いている。中島の人格論については、山村奨「近代日本における「人格」の意味──修養と陽明学の関係性から」(『日本研究』六二集、二〇二一年)参照。

(3)「人格」という観念の成立については、佐古純一郎『近代日本思想史における人格観念の成立』(朝文社、二〇〇九年)を参照されたい。

(4)阿部次郎の「人格主義」と大正期の教養主義との関連性については、竹内洋『教養派知識人の運命──阿部次郎とその時代』(筑摩書房、二〇一八年)参照。また、瀬川大「「修養」研究の現在」(『東京大学大学院　教育学研究室　研究室紀要』三一号、二〇〇五年)の整理によると、戦後に活発な評論活動をおこなった唐木順三(一九〇四─八〇)は「修養」と「教養」を区別しているが、その問い直しとして、筒井清忠は「修養」と「教養」が「人格主義」という点で一致するという観点を提示した(筒井清忠『日本型「教養」の運命──歴史社会学的考察』岩波書店、一九九五年)という。

(5)碧海寿広『近代仏教のなかの真宗──近角常観と求道者たち』(法藏館、二〇一四年)、とりわけ第四章「人格の仏教──近角常観と明治後期・大正期の宗教言説」参照。

(6)同前、一三一頁。

(7)「人格」と修養言説との関連性については、栗田英彦「明治三〇年代における「修養」概念と将来の宗教の構想」(『宗教研究』八九巻三輯、二〇一五年)、六〇─六五頁参照。

(8)前掲註(5)碧海『近代仏教のなかの真宗』の第四章参照。

(9)「修養」「人格」と近代仏教をテーマとする研究については、王成「近代日本における「修養」概念の成立」(『日本研究』二九集、二〇〇四年)、前掲註(5)碧海『近代仏教のなかの真宗』、前掲註(7)栗田「明治三〇年代における「修養」概念と将来の宗教の構想」、オリオン・クラウタウ「修養としての仏教──村上専精の教育実践とその射程」(同編『村上専精と日本近代仏教』法藏館、二〇二一年)などが挙げられる。また、明治後期から大正期にかけての「修養ブーム」と近代仏教の教祖論との関わりに着目した研究としては、大澤絢子『親鸞「六つの顔」はなぜ生まれたのか』(筑摩書房、二〇一九年)などがあるが、「人格」のモデルの一つとされた「仏陀」の語り方という問題については、管見の限りでは未検討のままである。

(10) 下田正弘はビュルヌフを「近代仏教学の父」と呼んでおり（下田正弘「近代仏教学の形成と展開」〈『新アジア仏教史2 インドⅡ 仏教の形成と展開』佼成出版社、二〇一〇年〉）、また、ドナルド・ロペスはビュルヌフの貢献を仏教研究のインド化、梵語化、テキスト化、人間化としている（ドナルド・ロペス「ビュルヌフと仏教研究の誕生」〈末木文美士編『近代と仏教 第四一回国際研究集会』国際日本文化研究センター、二〇一二年〉）。

(11) AUERBACK, Micah L. *A Storied Sage: Canon and Creation in the Making of a Japanese Buddha* (Chicago; London: University of Chicago Press, 2016), pp. 165-233. また、アワーバックは、一八九〇年代となると、一九世紀のドイツで展開しつつあった歴史学の方法は一部の仏教知識人によって用いられていたことを指摘し、その一例として、近代日本初の仏教史専門誌である『仏教史林』の創刊に携わった一人である境野黄洋を取り上げている。しかし、一八九〇年代における境野の関心は、主に経典の解釈法に集中することであり、「人間釈迦」の問題は言及にとどまっていた。一八九〇年代における境野の仏教史研究については、本書の第三章で詳しく考察した。

(12) LOPEZ, Donald S. Jr. *The Scientific Buddha: His Short and Happy Life* (New Haven: Yale University Press, 2012), pp. 21-46参照。

(13) JAFFE, Richard M. *Seeking Śākyamuni: South Asia in the Formation of Modern Japanese Buddhism* (Chicago: The University of Chicago Press, 2019), p. 15.

(14) 前川理子『近代日本の宗教論と国家――宗教学の思想と国民教育の交錯』（東京大学出版会、二〇一五年）、一四九頁。

(15) 姉崎正治『現身仏と法身仏』（有朋館、一九〇四年）、一頁。

(16) 仏法僧のなかで「法」を強調する三身説について、姉崎はそれを釈迦の「人格」を中心とする仏教から逸脱したものであるとして捉えている（前掲註(14)前川『近代日本の宗教論と国家』、一六七頁）。

(17) 加藤は新仏教運動に積極的に参加し、その延長線上にある「修養」の方法として内面的な「信仰」を強調している（加藤玄智『宗教新論』博文館、一九〇〇年）。

(18) 加藤玄智『宗教学上より見たる釈迦牟尼仏』（弘道館、一九一〇年）、二八―四〇頁参照。加藤は「人格」を

「personality」の訳語、「神格」を「divinity」の訳語として用いている。

(19) 世紀転換期におけるこの第二次「教育と宗教の衝突」論争については、繁田真爾『「悪」と統治の日本近代――道徳・宗教・監獄教誨』（法藏館、二〇一九年）の第二章「一九〇〇年前後日本における国民道徳論のイデオロギー構造――井上哲次郎と二つの「教育と宗教」論争にみる」を参照されたい。また、同論争においてとりわけ井上哲次郎と井上円了の差異を考察するものとしては、長谷川琢哉「円了と哲次郎――第二次「教育と宗教の衝突」論争を中心として」（『井上円了センター年報』二二号、二〇一三年）が挙げられる。

(20) 前掲註(7)栗田「明治三〇年代における「修養」概念と将来の宗教の構想」参照。

(21) その理由として、円了は「宗教」が「哲学」とは異なり、「宗教」の目的が「人をして此体と融合し此地に体達せしめんとする」ことであるため、「其実在をして人に接近せしめざるべからず」と述べている（井上円了「余が所謂宗教」〈『甫水論集』博文館、一九〇二年〉、四六頁。初出は「余か所謂宗教」〈『哲学雑誌』一七三―一七七号、一九〇一年〉）。

(22) 同前、四五頁。

(23) 同前、三〇頁。

(24) 真宗大谷派の寺院に生まれた円了は、通宗派的な活動をおこなった仏教知識人として知られるが、「仏教改良」をめぐる彼の思想と行動は真宗大谷派と密接な関わりを持っていた（長谷川琢哉「井上円了の仏教改良と真宗大谷派」〈『現代と親鸞』四四号、二〇二一年〉）。

(25) 前掲註(21)井上「余が所謂宗教」、四四頁。

(26) 蓑輪顕量によると、村上専精は大乗非仏説に同調しているように見えるものの、彼の意図はむしろ「仏説」ではない大乗仏教の正当化であったという（蓑輪顕量「〈大乗非仏説論争〉再考――村上専精の意図」〈前掲註(9)クラウタウ編『村上専精と日本近代仏教』〉参照）。

(27) 近代日本における大乗非仏説の問題については、末木文美士『思想としての近代仏教』（中央公論新社、二〇一七年）、とりわけ第五章「大乗という問題圏」の三四五―三七四頁参照。

(28) 西村玲「釈迦信仰の思想史的展開――大乗非仏説論をめぐる近代化とは何か」（『東方』二六号、二〇一〇年）、三〇一頁。
(29) 村上専精『仏教統一論　第三編　仏陀論』(金港堂、一九〇五年)、凡例(一)。
(30) 同前、四九七—五〇六頁。
(31) 前掲註(5)碧海『近代仏教のなかの真宗』、一四〇—一四一頁。
(32) 近角常観「哲学の研究が仏教信念の消長に与へし害毒」(『政教時報』八八号、一九〇二年一〇月)。
(33) 近角が総務員を務め、その中枢を担った大日本仏教徒同盟会の創立と『政教時報』については、岩田文昭『近代仏教と青年——近角常観とその時代』(岩波書店、二〇一四年)、四五—五七頁に詳しい。
(34) 前掲註(32)近角「哲学の研究が仏教信念の消長に与へし害毒」、一頁。
(35) 同前、四頁。
(36) 近角が批判を加えた新仏教徒の汎神論的な信仰言説をめぐっては、同運動の中心人物の一人である田中治六(一八六九—?)の議論がその典型的なものとして挙げられる。田中は信仰の対象としての「人格」について、「神人同形説」、すなわち、「神体を擬人視する」ことを「迷信」とし、批判的な態度を示した後、それに代わり、「万有即神たる絶対的実在」をいかに「写象」するかということを重要視している(田中治六「宗教上に於ける人格」〈『新仏教』一巻四号、一九〇〇年一〇月〉、一九四頁)。こうした田中の観点は、彼自身の認識によれば、「汎神論に立脚するもの」であるという(同前、一九八頁)。
(37) 前掲註(32)近角「哲学の研究が仏教信念の消長に与へし害毒」、三頁。
(38) 同前。
(39) 同前、五頁。
(40) 同前。
(41) 同前、六頁。
(42) 近代におけるヨーロッパ仏教学では、釈迦以外の「仏陀」——たとえば大日如来や阿弥陀仏など——はあまり顧みられることはなかった。その例外として、阿弥陀仏を「仏耶一致論」のなかで位置づけようとする動向が見られる。すなわち、浄土教を仏教の系統に属するものと見なすことよりも、浄土教とキリスト教の類縁性を歴史的に証明しようとする動きが存在した。ヨーロッパで形成された阿弥陀仏のイメージについては、AMSTUTZ, Galen. *Interpreting Amida: History and Orientalism in the Study of Pure Land Buddhism* (Albany: State University of New York Press, 1997), pp. 55-82参照。

(43) 姉崎正治「矢吹文学士の「阿弥陀仏の研究」につきて」（矢吹慶輝『阿弥陀仏乃研究』丙午出版社、一九一一年）、九―一〇頁。

(44) 同前、四頁。

(45) 同前、五頁。

(46) 前掲註(43)矢吹『阿弥陀仏乃研究』、一七九頁。

(47) 同前、一八〇頁。

(48) 同前、一九五頁。歴史的実在としての「仏陀」と阿弥陀仏との関連性について、矢吹は「現実仏陀の慈悲覚他の余薫は発して終に他力救済の阿弥陀仏を生ずる」と説明している。

(49) 近代における「日本仏教」という語り方の展開については、オリオン・クラウタウ『近代日本思想としての仏教史学』（法藏館、二〇一二年）を参照されたい。なお、ここで矢吹は注意深く浄土教と「迷信」の区別を述べ、浄土教のなかにある現世利益的な要素は、阿弥陀仏信仰の「本来」のかたちとは異なり、「密教経典の阿弥陀仏」の影響を受けて形成されたものであるとしている。そして阿弥陀仏信仰の「特色」は、「本願」と「慈悲」に重きが置かれたことであると主張している（前掲註(43)矢吹『阿弥陀仏乃研究』、一九三―一九四頁）。

(50) 「聖道門」を「智」の領域に属するものとし、「浄土門」における「情」の要素を強調する語り方については、たとえば井上円了『真理金針　続々編　仏教は智力情感両全の宗教なる所以を論す』（法藏館、一八八七年）がその典型的な事例である。

(51) 前掲註(43)矢吹『阿弥陀仏乃研究』、一九〇頁。

(52) 羽渓は「阿弥陀仏の信仰」という言葉を用いているが、同書の主な内容は「弥陀信者」としての信仰の告白や、親鸞の「阿弥陀仏に対する観念」などを探究するものである。すなわち「阿弥陀仏」に対する「信仰」を説明するものであるといえる。

(53) 羽渓了諦『阿弥陀仏の信仰』(興教書院、一九一三年)、二頁。なお、羽渓が「生命」を強調している背景には、大正期における生命主義の流行があるということに注目する必要があるであろう。鈴木貞美により「大正生命主義」と名づけられたこの思潮については、鈴木貞美『「生命」で読む日本近代――大正生命主義の誕生と展開』(日本放送出版協会、一九九六年)のほか、島薗進・末木文美士・大谷栄一・西村明編『近代日本宗教史　第三巻　教養と生命』(春秋社、二〇二〇年)、とりわけ碧海寿広が執筆した第二章「大正の教養主義と生命主義」参照。

(54) 前掲註(53)羽渓『阿弥陀仏の信仰』、一九頁。

(55) 同前、二一頁。

(56) 同前、三九―四〇頁。

(57) 同前、四一―四二頁。

(58) 同前、四三頁。

(59) 同前、六八頁。

(60) 同前、七一頁。

(61) 同前、二六四頁。

(62) 近代日本における「個人主義」の変容過程については、それを思想史的に追跡した先崎彰容『個人主義から〈自分らしさ〉へ――福沢諭吉・高山樗牛・和辻哲郎の「近代」体験』(東北大学出版会、二〇一〇年)参照。

第八章　日本仏教論における「信仰」
――「他者」としての中国仏教と日本仏教の自己認識――

はじめに

インド、中国などの地域を経て日本に伝来したとされる「仏教」は、プロテスタント諸国から導入され、土着伝統との再編成を通して産み出された「宗教」の下位概念として、明治以降に定着した。他方で、近代日本仏教史においては、仏教の「宗教」としての普遍性を主張しつつも、「支那仏教」や「日本仏教」といったカテゴリーを設けることで、それぞれの仏教の差異化を図った動向が多く見られる。かかる過程において、「日本仏教」などのカテゴリーの構築に着目した研究として、オリオン・クラウタウ(1)やエリック・シッケタンツ(2)、諸点淑(3)などの成果が挙げられる。

そのなかで、たとえばクラウタウは、「日本仏教史」が「堕落」の物語として描かれたと同時に、その構築のプロセスにおいて「日本仏教の特色」という語り方が成立したことに着目し、そこで「宗教的信仰」や仏教と国家との関係性が強調されていくことを指摘した。クラウタウはまた、戦後日本仏教論にまで射程を広げ、鎌倉時代の「新仏教」を「日本仏教」の一つの到達点と見なす傾向を、東京帝国大学印度哲学講座の初代教授を務めた村上専精にまで遡り、それがその後の「鎌倉新仏教中心史観」へと展開していく過程を展望している。また、「支那仏教」に関していえば、たとえばシッケタンツは、一つの「普遍的」な仏教史の叙述に不可欠なものとして「支那仏教」が語られ、そこには近代における「三国仏教史観」の再生産を看取することができるという重要な指摘をしている。そして近代日本で形成された他者認識では、「支那仏教」が「理論的」「学問的」な仏教であるとされ、さらに隋と唐の時代から「堕落」していると述べている。シッケタンツは、「宗派」という概念に目を向け、「宗派」のレンズを通して「支那仏教」が把握され、こうした思考様式が中華民国期の密教復興運動へと繋がっていくことを精緻に描き出している。

さて、しばしば指摘されてきたように、近代日本の歴史叙述において他者としての中国は、あたかも沈黙した存在であるかのように語られ、同時に鏡のように日本の自己認識を反映している。たとえば、シュテファン・タナカはこの点について、「日本の過去として再歴史化された「支那」は、(通史的には、一時の間ではあるが) 劣等者として位置づけられたのである」と論じている[4]。タナカは、中国の語り直しを通して、中国は日本の「過去」として位置づけられ、その特殊性を強調する「支那」という言葉で呼ばれるようになった過程を綿密に分析している。タナカは「支那」の表象に焦点を当てるに際し、東洋史学者の白鳥庫吉（一八六五―一九四二）を取り上げた。タナカのように、近代日本が「帝国」への道を邁進する過程で「支那」がいかに想像されたのかという課題を設定し、「東洋学」や「東洋史学」の成立と展開という視角からそれを検討した研究はある程度蓄積されてきたものの、明治期から昭和期にかけての知識人の中国観とその思想的背景を考える際には、当時の仏教者らが果たした役割も視野に収めて検討を進めていくべきではないだろうか[5]。

また、それに加えて、「日本仏教」の特色／特徴とされる「信仰」という言葉が、なぜ「日本仏教」を「支那仏教」などのカテゴリーから区別する概念として近代アカデミズムの枠内で創造されるようになったかに関する研究もほとんど見られない。そこで本章では、「日本仏教」創出の過程で、近代漢語としての「信仰」がいかに機能し、そこには当時の帝国としての日本を取り巻く政治性がいかに潜在しているのかを明らかにすべく、一九〇〇年代後半から盛んになる「日本仏教」の特色／特徴に関する議論、およびその行方に注目したい。

具体的には、近代日本初の仏教史研究の専門誌『仏教史林』の創刊に携わった仏教史学者であり、「日本仏教」や「支那仏教」というカテゴリーの形成に大きな役割を果たした村上専精・境野黄洋・鷲尾順敬を対象として、明治後期から大正期にかけての彼らの日本仏教論を分析する。そしてさらに、第一次世界大戦中に日本が当時の中華民国に突きつけた対華二十一カ条要求における布教権問題を扱い、中国での布教権獲得の必要性を主張した日本側の仏教者たちは、いかに「日本仏教」という語り方を用いて「支那仏教」に対する「日本仏教」の優越性の証明しようとしたのかについて考察する。

第一節　「日本仏教」の誕生における「信仰」の位相
——村上専精と鷲尾順敬の日本仏教論——

本節では、「日本仏教」の語り方に関する先行研究を踏まえつつ、一九〇〇年代後半の日本仏教論において、「信仰」がいかに議論されたかを考察する。そのため、明確に「信仰」を「日本仏教」の特有のものとした村上専精と鷲尾順敬の日本仏教論を検討する。その思想的背景として、まず「日本仏教」や「支那仏教」のカテゴリーに潜在する「三国仏教史観」を概観する。

近代日本における仏教学の成立は、単なるヨーロッパ仏教学の影響を受けていく過程ではなく、アジア諸国との関係のなかで展開されるものでもあった。換言すれば、学知の領域としての仏教学は、「世界における日本の位置づけ」を探ろうとする当時の動向と密接に関わっている。(6) その実、中国仏教史研究の先駆者として知られる境野黄洋が、当該研究を始めた直接的な動機について、当時の師でもあった村上専精とともに『仏教史林』の事業に没頭し、その過程で村上の中国仏教教理史の研究からヒントを得て関わるようになったと回顧している。(7)「支那仏教」研究の先鞭をつけたともいえる吉水智海（一八七二―一九〇四）の『支那仏教史』は、仏教学者の望月信亨（一八六九―一九四八）が吉水の遺著として刊行したものであり、その「緒言」に「支那仏教史」を体系的に――仏教の伝来から清朝に至るまで――まとめる必要性に関する議論が見られる。

隣邦支那に於ける〔仏教の〕伝通は、尤も盛にして且尤も久し、自ら仏教史の中、腹を形造るものにして、其の研究の重要なる言を俟たざるなり……印度を源泉とすれば、支那は之に比して河海なり、而して日本を初め朝鮮、満洲等は之を其の支流と見做さゞるべからず、支那仏教の価値是に於てか極めて重きを覚ゆ。(8)

ここからうかがえるように、吉水はインドから発祥した仏教を大成し、そして日本や朝鮮の仏教に影響を与えたことを根拠に中国仏教とその研究の価値を強調している。それは吉水以降の「支那仏教」の歴史叙述においても、共通して見られる特徴である。

こうした「三国仏教史観」は、鎌倉時代の東大寺僧・凝然の『八宗綱要』（文永五〈一二六八〉年）と『三国仏法伝通縁起』（応長元〈一三一一〉年）にもすでに見られ、近代日本の仏教者に大きな影響を与えたものである。(9) その内容を簡潔に述べるならば、インド・中国と日本に伝わっている仏教が同一の源流から発せられ、優劣高低のないものであるとする仏教史観である。この三国仏教史観の近代的変容について考察した陳継東は、三国仏教史観に文明論が導入されていくことに着目し、「普遍的な同一仏教を説く前に、国家という単位に基づく仏教の個別性がまず明確に意識された」ことを指摘している。(10) そのため、近代国民国家の成立とともに「印度仏教」「中国仏教」「日本仏教」といったカテゴリーが文明論という新たな枠組みで明確化されていくこととなる。こうしたコンテキストのなかで、境野の「支那仏教」に関する最初の大著『支那仏教史綱』が刊行されたのである。同書に序文を寄せた村上専精は、次のように中国仏教史研究の必要性を論じている。

今や印度の仏教を研究せんとするも、支那の翻訳に依らざるを得ぬのである。又日本の仏教を研究せんとするも、根本を支那に求めざるを得ぬのである。然のみならず、教理上の発展は何れにありやといへば、印度にあらず、日本にあらず、実に支那に於て多く発展したものである。……故に史的研究の最も必要なるは支那にありといはざるを得ぬのである。(11)

ここからうかがえるように、村上は「支那仏教」をめぐる研究の必要性を「印度仏教」と「日本仏教」との関連性から認識しており、吉水と同じく明らかにインド・中国・日本の仏教史から構成される三国仏教史観に依拠している。また、村上に師事した境野も、「支那仏教」を構想するのに際し、こうした伝統的な「三国仏教モデル」を用いていた。すなわち、境野は一九〇一年の『仏教史要　日本之部』（鴻盟社）の出版以降、一九三三年に死没する直前まで仏教史の研究を続けたが、その対象はインド・中国と日本という三カ国にわたる壮大なものであった。ここで留意すべきは、彼の中国仏教史研究の多くは、インド仏教史研究あるいは日本仏教史研究と姉妹編となっていることであり[12]、彼の中国仏教史研究は、常に「印度仏教」「日本仏教」を念頭に置いたものであったといえる。

さて、一八八〇年代から一九一〇年代にかけて、「支那」の言語や歴史に関する研究は、伝統的な「漢学」の枠組みから再編成され、「東洋学」と「東洋史学」の領域に組み入れられていく[13]。かかるコンテキストのなかで、村上や鷲尾・境野は「三国仏教モデル」に依拠した仏教史研究に没頭し、それによって東西世界における「日本」と「日本仏教」の位置づけを探った。そのなかで「日本仏教」というカテゴリーは、近代国民国家の成立を背景に構築されたものというべきものであり、そこでは「支那仏教」などとは異なる独自の概念として「日本仏教」が語られていく。こうした動向のなかで、「印度仏教」「支那仏教」「日本仏教」それぞれの特色を論じる必要性が生じてきたのである。

たとえば村上は、「日本仏教の特徴」という講演のなかで、仏教における戒・定・慧をそれぞれ「規律的制度」「哲学的理想」「宗教的信仰」と解釈している。そして、やはり「規律的制度」すなわち戒律が「印度仏教」で最も守られ、「哲学的理想」が「支那仏教」の特徴であり、「宗教的信仰」とりわけ「下等社会」に浸透している「信仰」が「日本仏教の特徴」であると、図式的な説明を試みている[14]。また、日本における「宗教的信仰」の展開において、やや意外ではあるが、村上が密教の重要性を強調していたことに注意を向ける必要があるだろう。彼によれば、鎌倉時代の「新仏教」のなかで、「座禅宗」が「支那の方が勝れて居る」ため、「日本の特色」ではないと述べ、「念仏宗」と「題目宗」が密教から生み出されたと説いている。ここで村上は、密教を「哲学的高尚な理屈を宗教化して説明して居るものである」と幅広く把握し、密教の影響力について、「上は皇室より、下は一般の民衆に信仰を固結した」と述べている。こうした論理の立て方により、「中流以上」と「下等社会」の「信仰」を確立した密教は、「日本仏教の特色」を方向づけたという結論に至ったのである[15]。

さらに村上は、「日本仏教史の特色」という講演で、「日本仏教の特色」を、「仏教の国家的関係」「僧侶の風俗の変遷」「教理上の変遷」という三つの側面から論じている[16]。彼は教理上の「特色」をさらに「哲学的理論」と「宗教的信仰」に分け、「日本仏教」が「宗教的信仰の方面に於ては他国に見ることの出来ない特色を現はして居る」と力説している。村上によると、その「特色」が鎌倉時代から現れ、とりわけ「座禅宗」「念仏宗」「題目宗」に顕著に見られるという[17]。

一方、鷲尾順敬は「日本仏教の特長」という短い論説で、「日本仏教」を「印度の仏教」「西域の仏教」「支那の仏教」と比較し、「日本仏教」が仏教全体に見られる「実際的」な側面に加え、これと密接に結びついた「社会的」な要素を含めていることを論じている[18]。また彼は、「日本仏教の発達と真宗」で、日本仏教の歴史における浄土教の発達が特徴的であると主張し、「支那の仏教の歴史を見ればば、禅宗の発達が注目せらるゝ」ことに対し、「日本の仏教の歴史を見れば、浄土教の発達が注目せらるゝ」と述べている[19]。また、「支那仏教」は「哲学」であり、「日本仏教」こそが「宗教」であるとしている。さらに、日本仏教にも「理論」の側面が備わっているが、「実際」の側面において「更に偉大なるものがある」と鷲尾は述べる。すなわち、それは仏教が「宗教」として展開したことであり、その「宗教」という要素こそが「日本仏教の特長」であるのだという。ここでは、「理論」と「実際」という対比が注目されるが、[20]その内実について、鷲尾は「実際」の内容として、「現世利益の祈禱の興隆」と「浄土往生の信仰」を挙げ、それを再評価した。[21]鷲尾によると、人間の「欲求の向上」、すなわち現世から来世に関心を抱くようになることにより、「浄土往生の信仰」が生み出されたという。[22]

本節で確認したように、村上専精と鷲尾順敬の日本仏教論では、「信仰」が三国仏教史観という基本的な認識枠組みのなかで、「日本仏教」の特色／特徴として語られていく。村上は「印度仏教」「支那仏教」「日本仏教」の特色をそれぞれ「規律的制度」「哲学的理想」「宗教的信仰」と解釈し、「規律的制度」すなわち戒律が「印度仏教」で守られ、「哲学的理想」が「支那仏教」の特徴であり、「宗教的信仰」とりわけ「下等社会」に浸透している「信仰」が「日本仏教の特徴」であると、図式的な説明を試みた。それと類似したかたちで、鷲尾は「日本仏教」を「印度の仏教」「西域の仏教」「支那の仏教」と比較し、「日本仏教」の「実際的」「社会的」な要素を特色／特徴として論じている。

両者の違いとしては、村上は「印度仏教」と「支那仏教」における「信仰」の存在を否定こそしないものの、「日本仏教」においては、密教と鎌倉時代の「新仏教」の「信仰」が「下等社会」までに浸透していることを主張し、一方の鷲尾は、より限定された「浄土往生の信仰」を「祈禱」とともに再評価したことが挙げられる。しかし、いずれにせよ、この両者は日本仏教史上の「信仰」を強調している点で共通性を有しているといえよう。次節では、「健全なる信仰」を掲げた新仏教運動において、理想の「新仏教」のかたちを「日本仏教」の語り方に当てはめていく境野黄洋の日本仏教論について分析をおこなう。

第二節　「新仏教」から「日本仏教」へ
――境野黄洋における日本仏教論の展開――

本節では、境野黄洋が一九〇三年一二月に発表した「余の信ずる仏教」という論説に着目し、彼がいかに克服すべき「旧仏教」の語りを「支那仏教」に、そしていかに理想の「新仏教」の語りを「日本仏教」に当てはめたかを考察する。またその語りのなかにおいて、彼がいかに「印度仏教」と「支那仏教」とは一線を画すものとして、「日本仏教」の特色を語っていたかを検討する。

本書の第三章から第五章で述べたように、新仏教運動の六条の綱領のなかでは、「健全なる信仰」と「自由討究」が主張され、討究の実践により彼らが真正なものと考えた「信仰」の確立が、運動の基本的なスタンスであったといえる。この運動で目指された「新仏教」とその批判対象である「旧仏教」について、いかなる議論が展開されたかについては、その初期の論説で、以下のような図式が立てられていることを確認したい。「我徒の宣言」において、「旧仏教」に「習慣的」「形式的」「迷信的」「厭世的」「空想的」といったレッテルが貼られ、新仏教徒がそれと反対する立場を取ることが宣明された[23]。そして、この「新仏教」の「信仰」の特徴として、境野は、「智識的」「感情を重んじる」「現世的」「活動的」「倫理的」であると主張している[24]。

また、同運動では、「自由討究」の一つの具体的な方法として歴史の研究が強調され、「学理上宗教

（仏教）の歴史的成立を明に」することと、「実際上由りて以て其の迷信及び誤謬の伝説を排除」することが「新仏教」の成立の基礎として位置づけられている。[25]『新仏教』誌上で提唱されたこの立場は、仏教史の研究を進めている境野の立場と合致したものである。たとえば彼は、『新仏教』誌上において、以下のように「日本仏教」を含めた批判をおこなっている。

> 即ち旧仏教とは如何なるものぞといへば、人と神との神秘的冥合を旨趣とした坐禅教は其の一であり、坐禅教に附随した思想で、現世を妄想夢幻視する所の厭世教は其の二であり、理論の高遠を貪つて現世倫理主義に密接の交渉を有せなかつた学問仏教は其の三であり、現実の物質的欲望を満足せしめんと願ふ卑陋の希求に応ぜんとする祈禱仏教は其の四であり、現生活の不満に失望して、他生に満足を求めんとする未来教は其の五である。[26]

これに続くかたちで境野は、「坐禅教」と「厭世教」が「印度仏教」の特色であり、「学問仏教」「厭世教」と「祈禱仏教」が「支那仏教」の特色を形成し、そして「祈禱仏教」と「未来教」が「日本仏教」の特色であるとしている。[27]そして彼は、「日本仏教」なるものに対しても内部の革新を求め、「祈禱仏教」「未来教」といったその特質を批判的に見ている。換言すれば、「印度仏教」「支那仏教」の「特色」を挙げて「旧仏教」としている批判には、「日本仏教」に対する批判も内包されており、これに代わるのがまさに「新仏教」であった。

かくして新旧仏教の交代を論じることで仏教革新の基準を定めた境野は、仏教なるものが時代、地域によって変わりつつあることの証明を試みている。ここでの「旧仏教」とは、インド・中国と日本でおこなわれてきた、新時代に不適合な形態の仏教のことを指している。「旧仏教」という用語の曖昧性は、すでに先学によって指摘されてきたが(28)、ここにおいて、境野はむしろ歴史的な視角から「旧仏教」の範囲を定めようとしていることがうかがえよう。すなわち、彼にとって「旧仏教」を仏教史の立場から追跡することは、それとは異なる「新仏教」を確立させるための実践であったともいえる。

このように境野は、「旧仏教」批判の延長線上に「支那仏教」の特色を論じていくが、彼は「支那」における仏教の受容過程から、「支那人」の特徴について論じている。彼によれば、「支那人」は「現実的」な側面と「迷信的」な側面を有するが、その「現実的」な側面として、彼は次のように述べている。

> 支那人の精神を支配したのは孔子の教であつて、老荘の教ではなくなつたことが証明して居る如く支那人の特色は寧ろ現実的なる所にある様である。ところが此の現実的の方面は、儒教の占有する所であつたので、仏教は此の方面には余りひどく喰ひこむ余地がなかつたので、終にこゝに学問的仏教が出来上つたのである(29)。

一方の「迷信的」な側面について彼は、「密教の祈禱主義」と「道教の仙人説」を挙げ、これらの思想が「超俗的の意義があると共に、非常に現実の欲望を満足せんと企つるより出た一種の迷信」であると論じている(30)。このように、重層的な「支那人」のイメージが「支那仏教」の歴史叙述のなかに編み込まれ、近代国民国家の成立とともに、「支那仏教」と「支那人」なるものが、「日本仏教」と「日本人」と異なる固有の性質を有する存在として構築されたのである。

そして、やがて一九一〇年代頃になると、新仏教運動で掲げられた「人格」や「汎神論」など、きわめて積極的な意味を持つ言葉が、境野によって「日本仏教の特色」を語る概念となったことは、注目に値するだろう。たとえば、境野は一九一三年六月に、「日本仏教の特色」という論説を発表し、そこでは「人格」や「汎神論」などの概念によって「日本仏教」の特徴を際立たせていくのである。彼はまず、「三国仏教史観」における日本仏教の特徴として、インドと中国における仏教が「専ら観念を主とせるもの」であるのに対し、日本で発展した仏教が「寧ろ汎神的の神に人格を与へて之を客観化せるもの」であると主張する[31]。それを説明するために、密教・浄土教と日蓮宗を「純然たる日本仏教」とし、具体的に考察していく[32]。

ここで境野がこれまで批判の対象としてきた密教を「純然たる日本仏教」のグループに加えていることが注目されるが、境野は、「蓋し天台並に真言二宗の如きは大に哲学的の宗旨である」とともに、「概して支那の仏教や印度の仏教に比較すれば、大に神てふものを客観的に人格化せる傾向を有する事、大要之を以ても知る事が出来るのである」と述べている[33]。そして、その次の段階とされる日蓮宗について、三つに区別される法華経、すなわち、「文字の法華経」「理想の法華経」「事実の法華経」のなかで、日蓮が「此二つに重きを置かず、即ち文字によりても哲学によりても法華経を知る事は出来ない」とし、日蓮宗においては「釈迦の人格を自己に活現する」ことが重要視されていると論じている[34]。さらに、日蓮宗よりも釈迦の「人格」を強調しているとされる浄土門について、「殊に全然主観を離れて純客観的なる仏を立つるものである」と評している[35]。ここにおける「純客観的」という言葉について、境野は次のように具体的な例を挙げながら説明している。

阿弥陀とは我心なりとか、浄とは我精神上の悟境なりとか、所謂唯心の弥陀、己心の浄土と云ふが如き説明は絶対に之を排斥して、どこ迄も指方立相、即ち弥陀は西方に居る、浄土は客観的に二十九種荘厳の国土があると主張する[36]。

そして境野は、浄土門の日本的な特徴を主張するには、中国の浄土教と区別する必要があると考え、両者の相違点を「世間」に対する姿勢に見出したのである。すなわち、中国浄土教について、「善導大師には隠遁的出世間的の傾向が頗る強いので、これは善導大師に限らず、支那に於ける念仏者は多くは隠遁者である」と述べている[37]。それに対して、日本の浄土門を法然から親鸞へと系譜的に説明している。すなわち境野によれば、法然は善導の「隠遁的」な傾向より「世俗的」な傾向が強く、そして親鸞に至っては、「平生業成」を提唱し、「未来往生」に加え、「現実生活」にも重きを置いているという[38]。

先述のように、境野は「日本仏教」の発展図式として、密教から日蓮宗、そして浄土門へと至る道を示している。また、こうした「日本仏教」の特色は、「支那仏教」が「支那人」と密接に関わっているように、「日本人」の固有の性質と深い関連性を有するとされている。すなわち、「内容空虚なる概念のみにて成れる汎神論、或は極めて温情に乏しい自然論的の汎神論は、日本人を満足させる事が出来ないので、汎神論なるものは其間に人格的の内容を要求する事を示して居るのではあるまいか」と、いわば日本的な汎神論が構想されている。(39)

このように、中国仏教が日本仏教の「過去」つまり前段階的なものとして位置づけられる一方、とりわけ中国仏教と日本仏教に関心を持つ境野にとって、「支那仏教」の特色に関する議論はそのまま新仏教運動の枠組みで展開される「旧仏教」への批判と連なるものであった。そして、彼による「日本仏教」の特色の語りには、汎神論的な立場を強く打ち出した「新仏教」の理想が内在していることもうかがえよう。本節で確認したように、世紀転換期において「旧仏教」への批判を「印度仏教」「支那仏教」「日本仏教」の語りに当てはめた境野は、一九一〇年代となると、「新仏教」の理想をむしろ「日本仏教」のなかに見出そうとしたのではないであろうか。

また、「新仏教」像の変遷に関していえば、一九一〇年代になると、「新仏教」は「日本仏教」、とりわけ真宗のイメージと重ね合わせられるようになったともいえるだろう。たとえば、日本真宗協会に元新仏教徒の高島米峰や境野が参加し、さらに新仏教徒同志会の結成を支えた村上専精が顧問を務め、鷲尾順敬も評議員を務めている。また、その趣意書には、「我々は無意味な旧伝統を斥けあらゆる迷信を排除し形式に拘泥しない合理的宗教を求める、こゝに於て我々は親鸞上人の教義信条に逢著《ママ》したのである。その汎神的哲理、平明簡易な信条は我々をして仏陀の慈光に浴せしめる」とあり、「旧伝統」や「迷信」の排除、「合理的宗教」や「汎神的」な教理の追求など、新仏教運動の主張との共通点が多く見られる。(40)

本節で検討したように、世紀転換期に巻き起こった新仏教運動の旗手の一人である境野は、一九〇三年に発表した「余の信ずる仏教」で「日本仏教」を含めた既存の仏教を批判した。しかし、一九一〇年代になると、「新仏教」の対極に置かれた論難の対象としての「旧仏教」というイメージは、「日本仏教」とは異質な「支那仏教」などのイメージと重なっていく。それに対して、「日本仏教」とりわけ浄土門を、中国の浄土教とは一線を画したものとしたうえで、前者を「現実生活」を重視するものと再評価している。次節では、「過去」としての「支那仏教」がいかに構築されたかを考察し、そして境野が「支那仏教の特色」の延長線上に「支那人」と「支那思想」の特色／特徴をいかに結びつけたかについて見ていきたい。

第三節　「支那仏教」と「支那思想史」

――「支那人論」への展開――

本節では、境野の『支那仏教史綱』とそれに対する批判について考察をおこなう。それに加え、一九一四年四月に発表された「支那思想史と仏教に就いて」を対象として、「支那仏教史」をめぐる営為がいかに「支那思想史」や「支那哲学」と結びついたのかを解明する。

一九一〇年代における仏教史研究の状況については、漢訳仏典文献を中心とする研究者とサンスクリット語などを専門とする研究者に二分され、とりわけ後者は新たな文献学の方法を用いることなどで主流をなしていた(41)。『支那仏教史綱』は、境野自身が書いた序によれば、もともとは『印度仏教史綱』の姉妹編ともいうべきものだったが、出版社の要求に応じ、より詳細なものとなったという(42)。同書の構成は、「第一章　仏教東伝の期／第二章　仏教伝訳の初期／第三章　四大翻訳／第四章　南地仏教の中心／第五章　仏教の弘伝と道教／第六章　隋唐以前の二大系統（一）／第七章　隋唐以前の二大系統（二）／第八章　禅の由来／第九章　極楽往生と兜率往生／第十章　天台宗の起原其の開創／第十一章　嘉祥の三論宗／第十二章　会昌以前の仏教概説／第十三章　唐の諸宗／第十四章　華天の再興、唐武周世の破仏／第十五章　宋以後の仏教」からなっている(43)。そのなかで、とりわけ第八章から第十四章、すなわち、隋唐期の仏教の展開に重きが置かれている。その理由としては、エリック・シッケタンツが強調したように、「宗派」を中心とする語り方が潜在している。すなわち境野が中国仏教を描くに際し、日本仏教の宗派意識をそのまま中国仏教の「宗」という概念に投影させ、そのため中国仏教の隆盛期と「堕落」の過程は「宗派」のあり方によって叙述されている(44)。境野は隋唐期を「支那仏教」の隆盛期として捉えているのは、当時に「宗派」が林立し、各「宗派」の教理も組織化され体系化されているからである。そして境野は隋唐期の仏教を詳細に論じる一方で、宋以降の「支那仏教」の展開については、「堕落」の過程として極めて簡略に述べるにとどまっている。

『支那仏教史綱』が出版されてから間もなく、『新仏教』で真宗本願寺派の僧侶・島地大等（一八七五―一九二七）の論説「『支那仏教史綱』を読む」（『新仏教』八巻七号、一九〇七年七月）が発表され、それに対して境野も回答をおこなった。このように、出版時には大きな反響を呼んだ『支那仏教史綱』であるが、その刊行直後に発表された島地の論説では、「東洋学」という新たな学問分野における位置づけが試みられている。島地は、当時揺籃期にあった東洋学なる領域と史学研究の重要性について、「爾かく混沌揺動的なると共に、又当代の史実に対する吾人の研究は、極めて分解的なるを要すると共に、其断案は極めて持重的ならむことを要す。予は支那仏教史を、出来得る限り広き仮定に立て、研究せむことを欲するものなり」と述べている。[45] 同論説で注目すべきは、「信仰史」と「支那思想史」という二つの視座である。前者に関しては、「更に叙述せられたる仏教が時代民族に与へたる信仰史の一面に於ては、全く記載を闕かれしこと」という論述からうかがえるように、[46]『支那仏教史綱』において仏教と「信仰」の展開過程との関連性が論じられなかったことを「信仰史」という言葉を用いて批判している。そして後者については、「支那思想史と関連する問題に於て多少の叙述に吝ならざりせばとぞ思ふ」と述べ、[47] この著作が「支那思想史」の問題と向き合う姿勢に欠けていると指摘している。

このように、『支那仏教史綱』は、当時確立されつつあった東洋学なる学問領域との関連性において理解され、評価されたのである。そして、『支那仏教史綱』の刊行から七年後にあたる一九一四年の論説「支那思想史と仏教に就いて」において、境野自身も自らの「支那仏教史」研究を独立した領域ではなく、むしろ「支那思想史」というより広い東洋史的な文脈のなかに位置づけようとしたのである。そこで彼は、「漢学」と「国学」の専門家の仏教知識の不足を嘆き、「殊に支那の思想史哲学史などを御研究になります御方」に対し、[48]「支那哲学とか、支那思想史とかいふのならば、仏教を除いては、其の全体は出来ない筈である」と、[49]「支那思想史」中における仏教の重要性を訴えている。

すなわち、境野は当時の「支那哲学」「支那思想史」研究における仏教の不在を指摘し、中国仏教研究の必要性を論じている。そして、彼は仏教がインドから伝来されたものであり、「支那哲学」ではないとする説に対し、仏教の「外来性」という課題をいかに説明するのかという問題にせまられたのである。そこで彼は次のように論じている。

支那の仏教といふものも、成程其の最初は印度から伝はつたものには違ひないが、然し隋唐以後の仏教といふものは、全く漢人種の頭で鍛錬して出来たもので、即ち全然支那的仏教であつて、決して印度的仏教ではないのであります。儒教と違つた方面に於ての支那人の思想の発展した、一面を示して居るものであります[50]。

すなわち、彼は「支那仏教」と「支那人の思想」を結びつけて語り、中国思想史のなかにおける仏教の位置づけを探ったのである。境野によれば、中国仏教は二つの時期に分けることができ、そして、「支那仏教の初期に於ては、専ら消極的の大乗仏教が盛んに支那に迎へられた」のであり、そこで「脱塵超世の特色」を帯びていると述べている[51]。後期の中国仏教について、彼は仏教と「老荘思想」「儒教」との融合によってはじめて「支那仏教」が誕生したと論じている。すなわち、「斯くして、仏教は支那人の思想と緊密に結合し、特に南人の思想である、老荘派の思想と結合し、以て支那仏教発展の端緒をなしたものであります」ということである[52]。彼によれば、この結合の過程を通して新たな展開を見せたのは禅宗であり、これこそが中国の特色を持つ「支那仏教」であるという[53]。彼がここでいう「支那仏教」は、ただ単に「支那」という地域における仏教というより、「支那」の特色を帯びた固有の仏教を指しているといえよう。

このように、境野は儒教・道教との関連性から中国仏教史に説明を与えることで、「支那仏教」を「支那思想史」に位置づけようとした。それについて、彼自身が次のように論じている。

つまり支那人の思想としては、儒教の様な、極めて現実的な方面の考もある。之と同時に老荘思想、それが一歩進んで一層内観的、冥想的方面に深入りをした仏教の方の考もある。之を一とまとめにして頭に入れなければ、支那人の思想といふものが、完全に了解されないわけであらうと思ふのであります。(54)

右に述べたように、『支那仏教史綱』という先駆的な著作を刊行した境野は、自らの中国仏教史研究を「支那思想史」のなかで位置づけようとしたのである。そして、本節で確認したように、中国仏教が「過去」と「他者」として構築された『支那仏教史綱』の語り方は、当時確立されつつあった東洋学の動向とも関わっているところがあった。

第四節　「他者」としての中国仏教
――対華二十一カ条要求における布教権問題をめぐって――

本節では、これまでに考察してきた「日本仏教」と「支那仏教」の語り方が、一九一〇年代頃の中国大陸における布教権にまつわる問題でさらに展開されていく過程を追跡する。具体的には、対華二十一カ条要求（一九一五年）に関する議論において論点となった布教権問題の経緯と、中国側へ布教権の領有を強要するよう政府に働きかけた仏教徒有志大会という組織の動向を考察する。本節で詳しく考察するように、仏教徒有志大会は「文明」や「人道」「平和」をスローガンとして中国大陸での布教権の必要性を主張しているが、ここで留意すべきは、彼らが「支那仏教」に対する「日本仏教」

の優越性を強調しているということである。同じ仏教圏の中国での布教がどうして必要なのか、ということを説明するために、「他者」として構築された「支那仏教」のイメージが利用され、一層強化された。本節では、これらの議論を分析することで、布教権を要求する論理の構造では、同じ仏教であるという普遍性の共通認識があるとともに、「日本仏教」の優越性がすでに暗黙の前提となっていることを指摘したい。

中国での布教権問題をめぐっては、仏教と天皇制国家との関係性や仏教者の戦争責任などの問題意識から出発し、戦後以降にある程度の研究が蓄積された(55)。そのなかで、たとえば藤田賀久の研究では、対華二十一カ条要求は「侵略」の象徴とされるが、日本の仏教関係者はそのなかの布教権によって「中国人との精神的融和と連帯」を図ったことに焦点が当てられている。そしてこの「矛盾」を理解することこそが、藤田の問題関心である。ここでの「侵略」と「連帯」の交錯は、竹内好のアジア主義に関する議論でも見られ、竹内はその線引きの困難さについて述べているが(56)、これらの研究では、「日本仏教」の存在を既成事実として認めたうえで中国への「布教権」の妥当性をめぐる議論に着目しており、「日本仏教」という言説がいかに「布教権」の要求に際して機能しているかについて考えられていないことを見逃すことはできない。なぜなら、そもそも「布教」が成立するには、「日本仏教」と「中国仏教」という二つの異なる語り方の存在が前提となっているからである(57)。

対華二十一カ条要求については、外務省政務局長・小池張造(一八七三—一九二一)を中心に案文が作成され、当初は第五号条項の七番目に「日本人の布教権の公認」が含まれていたが、最終案で「他日ノ交渉ニ留保スル」と、事実上削除され、一九一五年五月七日に駐華公使・日置益(一八六一

—一九二六）から袁世凱（一八五九—一九一六）に最後通牒が渡された。その実、三月三〇日の日中間第一六回会議では、すでに布教権の交渉が難航し、事実上放棄されたように見えた[58]。

このように布教権の交渉が失敗したことに対し、日本の仏教界は強く反発し、そのなかで一部の仏教徒は仏教徒談話会主催のもと仏教徒有志大会の活動に携わった。仏教徒有志大会は、浅草に本部を置き、布教権の交渉を推し進めるためにロビー活動や抗議をおこなった。メンバーには、実行委員として安藤正純（『東京朝日新聞』主筆兼記者・政治家、一八七六—一九五五）、水野梅暁[59]（浄土真宗本願寺派僧侶、一八七七—一九四九）、島地大等（浄土真宗本願寺派僧侶）、田中弘之（仏教運動家、一八六二—一九三四）、冨田斅純（真言宗豊山派僧侶、一八七五—一九五五）、高島米峰らが名を連ねた。また、例えば参加者の伊東知也（一八七三—一九二一）は「黒龍会」のメンバーであり、同会は大アジア主義を掲げ、対華二十一カ条要求の作成に積極的に関与した。そして安藤、伊東、佐々木安五郎（一八七二—一九三四）、小川運平（一八七七—一九三五）などは「国民外交同盟会」の活動にも関わり、同組織は一九一四年一一月の日本による青島占領直後に設立され、強硬な対外拡張政策を推進することを目的とした。このように、仏教徒有志大会は僧侶、在家仏教者、記者、政治家、アジア主義活動家など多様なバックグラウンドを有するメンバーから構成されたものであることがわかる[60]。

一九一五年四月三〇日、仏教各宗派の僧俗百余名は、日比谷公園に集合し、同大会の開催に参加した。同大会では、次のような宣言が渡辺海旭（浄土宗僧侶、一八七二—一九三三）により起草され、決議された。

東洋永遠の平和を確保し、人道仁愛の精神を発揮するは国家百年の長計也。日支両国民の思想を融会し、相互の親善関係を増進するは此の大計に達成する唯一の方法也。而して日支の歴史的関係に鑑み、彼我共鳴の仏教に依て精神的交通を計り、唇歯輔車以て我に頼らしめ、指導啓沃以て我に聴かしめ、始めて真実正大の成果を挙ぐるを得べし。然るに此平和と人道の一大要素たる布教権は、基督教徒既に久しく之を享有し、欧米列国は自由に伝達するにも関らず、独り我国は列国と均等の権利を欠く国、辱良に之より甚しきは無し。茲に於て吾人仏教徒は我対支提案の貫徹を期待し、殊に布教権問題の剴切なる解決を熱望す。大正四年四月三十日。仏教徒有志大会。(61)

つまり、仏教徒有志大会の論理では、欧米諸国はキリスト教を自由に布教できるが、歴史的に見れば、中国と長い関係を築いてきた日本仏教こそが布教権を獲得すべきであるという。ここから欧米諸国のキリスト教への対抗意識がうかがえるが、それよりも注目すべきは、日本仏教が布教権を有することで「彼我共鳴の仏教に依て精神的交通」を図り、それによって「平和」と「人道」の理想を実現できるという語り方だろう。すなわち、ここでは日本仏教と中国仏教の「差異」より、普遍的な価値が主張されている。また、「精神的交通」が強調されているのは、当時の政府が「物質事業」のみを重視し、「精神問題」を後回しにしているという現状認識に由来するものであろう。(62)

大会の後、実行委員の冨田斅純・田中弘之・安藤正純・水野梅暁は、小川運平を伴って、政府当局と交渉した。同時に佐々木安五郎・高島円（生没年不詳）・伊東知也・和田幽玄（?—一九四二）は、東京宗務庁にある真言宗智山派・曹洞宗・浄土宗・日蓮宗・真言宗豊山派の宗務所と、築地・浅草にある両本願寺の出張所を歴訪し、陳情と交渉をおこなった。

結局、この活動は実を結ぶことはなかった。こうした布教権問題をめぐる議論は、『新仏教』の特集にまとめられている。『新仏教』一六巻六号には、布教権問題をめぐって多くの仏教系知識人やジャーナリスト、教育者などの論説が掲載された(63)。それに考察を加えることで、「日本仏教の特色」であったものがいかに中国仏教を日本仏教の「他者」と「過去」として描く際に機能したか、という問題の一断面を見ることができる。

『新仏教』の特集では、沢柳政太郎の「支那布教権と仏教徒の実力」と内藤湖南（一八六六―一九三四）の「日支交渉批評」をはじめ、掲載された大部分の論説において日本仏教者による布教権要求の正当化が試みられた。沢柳と内藤は、布教権要求に反対しているわけではなく、むしろこの交渉によって従来の布教者の無能ぶりが露呈したことを批判している(64)。布教権要求を積極的に推し進めている側の論理について、たとえば高島米峰は、次のように布教権を仏教倫理で重要な概念である「報恩」と結びつけて語っている。

> 過去の日本は、精神界に於ても、物質界に於ても、支那の恩恵を蒙ること、実に多大なるものがあつた。而して、将来の日本は、支那に対して、正にその報恩の業を励まなければならない、順序となつて居る。報恩の業は、もとより一にして足らないが、曽て支那より得たるところのものにして、今現に支那に泯滅して居る仏教を、逆に彼等に宣伝するが如きは、即ち最も有力なる報恩業の、一つでなくてはならない(65)。

仏教徒有志大会では、仏教の言葉よりも政治・外交の場面で多く見られる語りが用いられているが、ここでは「報恩」や「業」など、仏教に由来する概念が布教権を正当化する論理的根拠として提唱されている。また、高島の議論は、中国仏教はすでに「泯滅して居る仏教」とされ、換言すれば、中国での仏教正統の不在というところに帰着している。

それに対し、日本仏教の指導のもとで中国仏教の「改良」を主張したのが、島地大等である。島地は「なぜ支那へ仏教の逆輸入を要するか」で、「支那の現代の仏教は其の形式から云つても内容から云つても雑乱性のものにして堕落性に富んで居るから、之れを根本的に整理し之れを浄めてやると云ふことは、日本仏教の使命であつて支那の国民の思想統一を期する所以である」と述べ、「支那仏教」に対する「日本仏教」の優越性を主張し、布教権要求の正当化を図った[66]。

その「雑乱性」と「堕落性」の具体的な内容として、まず「支那仏教の形式」を挙げている。島地によれば、「支那の国民性と平行して仏教の教会制（ママ）が個人性となり……迷信を除いて外は周囲の社会と没交渉」であり、すなわち「支那仏教」は個人主義的でありかつ社会性の欠如という欠点があるという。こうした社会性に関する批判は、本章第一節で見た鷲尾順敬の日本仏教論を想起させる。鷲尾にとって社会性は、「日本仏教」においてしか見出せない特徴であった。しかし布教権をめぐる議論では、そういった「日本仏教の特徴」が中国仏教の劣化を証明するものとなっている。つまり島地においては、「日本仏教の特徴」が中国仏教に対する新たな価値判断の基準となっているのである。それに加え、「支那仏教」の制度面での改良も必要であり、そのモデルとなったのも「日本仏教」である。島地は「日本では宗派の制度の上に法脈相承もあり血脈相承も並び行はれて居るが、孰れも釈尊の教会精神を継承しつゝ、変遷して来て居る、支那の仏教は恁う云ふ風になつてゐない」と述べ、日本における「宗派」と釈迦の教えとの関連性を強調するとともに「支那仏教」の問題点を指摘している。

島地はさらに「教育機関の不備」を挙げ、中国では「王朝の変遷が激しい」ため、「師資相承」が断たれてしまっているとする。また、「支那仏教」の「教義内容の雑乱」を挙げ、その結果として「進んで日本の法然上人親鸞上人《ママ》なる能はず、退いて戒律を守る能はずと云ふ有様である、天台の学問と称しても純乎たる天台にあらずして雑乱を極めて居る」とする。(67) 最後に「仏教研究の凋落」を取り上げ、たとえば「天台」や「真言密教」「念仏宗」の展開から見ればいずれも日本仏教のほうが優越しており、「日本には法然、親鸞の高僧が現はれて、信心正因の如き徹底せる念仏法門が現はれたが、支那では善導大師以後第二の善導出でず徹底せる信仰を発揮することが出来なかつた」と述べる。(68)

このように、島地によれば、「日本仏教」が「支那仏教」より優れているため、「自然の儘に放任して置いても日本仏教が西漸して支那へ流れ行くに相違なからうと思はれるが、支那国民をして思想的に復活せしめんには是非日本仏教を逆輸入して整理を図ることが必要であると信ずる」のであるが、それが「日本仏教徒の使命」でもあると結論づけた。(69)

本節では、対華二十一カ条の布教権要求について、それを推し進めようとした仏教徒有志大会の論理を検討し、それが近代国民国家の成立にともない構築された日本仏教と中国仏教の語り方を踏まえたものであることを明らかにできた。その際、「日本仏教の特徴」は、島地の論説に見られるように、「中国仏教」に対する「日本仏教」の優越性を証明する根拠となったのである。布教権の要求を支持した島地にとって、中国仏教もまた過ぎ去った「歴史」であり、「現実」ではなかった。

おわりに

以上、明治後期から大正期にかけての日本・中国仏教史研究における「日本仏教」と「支那仏教」の表象を、「日本仏教」の特色／特徴というテーマに絞って考察した。

村上専精・鷲尾順敬・境野黄洋の日本仏教論では、「信仰」の内実はそれぞれ異なるが、境野と鷲尾の語り方から読み取れるように、「浄土往生」の「信仰」が「実際的」あるいは「世間的」な傾向を有するものとして、「支那仏教」などのカテゴリーとは区別された「日本仏教」という語りのなかで再解釈・再評価されていくということがまず指摘できるだろう。また、新仏教運動で提示された「新仏教」は、世紀転換期における仏教批判の言葉として機能したと捉えることができるが、一九一〇年代になると、「新仏教」の理想の対極に置かれた「旧仏教」は、境野によって「日本仏教」とは異質な「支那仏教」を指す言葉となっていた。換言すれば、近代国民国家の成立にともない誕生した「日本仏教」と「支那仏教」という語りは、一九一〇年代頃となると、「日本仏教」の完全性を証明するもののみならず、かつて新仏教運動の対極に置かれた「旧仏教」をモデルに「支那仏教」が語られることとなり、そのなかで「日本仏教」が再構築されたといえよう。

今まであまり注目されてこなかったが、かかる歴史叙述の変遷は、当時の中国仏教史研究を新たな学問的な枠組みである「支那思想史」や「支那哲学」に位置づけることができよう。ここでは近代日本の知的空間における「支那」の創出を検討するに際し、村上や鷲尾・境野のような仏教者の言説を見過ごすことができないということを指摘しておきたい。

近代に誕生した「日本仏教」という言葉は、近代国民国家が形成されていく過程における日本仏教者の自己認識を表象している。対華二十一カ条要求の際の布教権問題をめぐる議論から見られるように、一九一五年の段階では、「日本仏教の特色」であったものがすでに日本仏教の優越性を証明する暗黙の前提となった。そして中国仏教はまるで日本仏教の過ぎ去った「歴史」のようなものとなったのである。「日本仏教」をめぐる語りのなかで中国仏教が「他者」となっていく過程は、同時に日本が帝国へと邁進する歩みを反映している。

境野の場合に顕著に見られるように、一九〇〇年代後半から「日本仏教」のイメージが積極的な方向に変わっていくが、その変化の理由については、日露戦争後における「日本人種」と「日本民族」という観念の展開と関わっているように考えられる。この問題については、今後の課題としたい。

註

（1）オリオン・クラウタウ『近代日本思想としての仏教史学』（法藏館、二〇一二年）。

（2）エリック・シッケタンツ『堕落と復興の近代中国仏教――日本仏教との邂逅とその歴史像の構築』（法藏館、二〇一六年）。

（3）諸点淑『植民地近代という経験――植民地朝鮮と日本近代仏教』（法藏館、二〇一八年）。そして亀山光明は、「朝鮮仏教」について日本仏教者の言説における「戒律」と肉食妻帯の問題を検討している（KAMEYAMA, Mitsuhiro, “Shaku Unshō in Korea: The Buddhist Precepts and Colonialism in Modern East Asia”〈*Japan Review*, v.37, 2022〉）。

（４）TANAKA, Stefan. *Japan's Orient: Rendering Pasts into History* (Berkeley, Calif.: University of California Press, 1993), p. 20.

（５）近年、近代日本の仏教者と中国との関わりに着目した研究が徐々に蓄積されてきている。日本語で出版されたものとしては、前掲註(2)シッケタンツ『堕落と復興の近代中国仏教』、陳継東『小栗栖香頂の清末中国体験——近代日中仏教の開端』（山喜房佛書林、二〇一六年）などがあり、中国語で出版されたものとしては、楼宇烈『中日近現代仏教の交流と比較研究』（宗教文化出版社、二〇〇〇年）、何勁松『近代東亜仏教』（社会科学文献出版社、二〇〇二年）、「太虚——近代中国と世界」を特集テーマとした王頌編『北大仏学』一輯（二〇一八年）と二輯（二〇二〇年）などが挙げられる。これらの研究を通して、近代における日中仏教者の交流や、日本の植民地布教の諸相が解明されつつあると同時に、近代国民国家の成立とともに創出された「語り」としての中国仏教史研究というテーマも注目されるようになった。

（６）前掲註(2)シッケタンツ『堕落と復興の近代中国仏教』、一七九―一八〇頁。また、南アジアに焦点を当てたJAFFE, Richard M. *Seeking Sakyamuni: South Asia in the Formation of Modern Japanese Buddhism* (Chicago: University of Chicago Press, 2019) では同じ問題が扱われている。

（７）境野黄洋「自序」（同『支那仏教史講話』上下巻、共立社、一九二七―二九年）、七―八頁参照。

（８）吉水智海『支那仏教史』（金尾文淵堂、一九〇六年）、一―二頁。句読点の一部は筆者によるものである。

（９）近代日本における中国仏教の歴史叙述の特徴については、前掲註(2)シッケタンツ『堕落と復興の近代中国仏教』、一七八―一九九頁参照。

（10）陳継東「他者として映された日中仏教——近代の経験を通して」（末木文美士編『近代と仏教　第四一回国際研究集会』国際日本文化研究センター、二〇一二年）、四七頁。また、境野の仏教史研究でも、こうした文明論に基づく普遍性と、国民国家の論理に基づく特殊性の併存が見られる（エリック・シッケタンツ「境野黄洋の仏教史研究とその思想的背景」〈『國學院雑誌』一二二巻五号、二〇二一年〉）。

（11）村上専精「支那仏教史綱序」（境野黄洋『支那仏教史綱』森江書店、一九〇七年）、二頁。

（12）たとえば、境野の『支那仏教史綱』は『印度仏教史綱』（森江書店、一九〇五年）と姉妹編となっており、『印度支那仏教史要』（鴻盟社、一九〇七年）は一九〇一年に『仏教史要・日本之部』という書名で出版され、一九〇七年に再版された『日本仏教史要』（鴻盟社）と姉妹編となっている。「印度仏教」「支那仏教」と「日本仏教」という構成から仏教を捉える発想は、境野の最晩年まで続いた。彼が一九二七年から二九年にかけて大作『支那仏教史講話』を刊行し、その二年後に『日本仏教史講話　平安朝以前　第一巻』（森江書店、一九三一年）を著したことは、それを物語っている。

(13) 近代日本における東洋学と東洋史学の形成に関しては、前掲註(4)TANAKA. *Japan's Orient* や、岸本美緒・山本武利等編『岩波講座「帝国」日本の学知　第三巻　東洋学の磁場』（岩波書店、二〇〇六年）参照。

(14) 村上専精「日本仏教の特徴」（『六大新報』二〇二号、一九〇七年七月）、五頁。

(15) 村上専精「日本仏教の特徴　接前」（『六大新報』二〇三号、一九〇七年七月）、六頁。

(16) 村上専精「日本仏教史の特色」（真谷七三郎編『仏教大講演集』中外日報社、一九一〇年）、四〇頁。

(17) 同前、四六―四七頁。

(18) 鷲尾順敬「日本仏教の特長」（『成功』二〇巻五号、一九一一年）、一三四―一三五頁。

(19) 鷲尾順敬「日本仏教の発達と真宗」（『真宗叢書』一輯、一九二三年）、一一六頁。

(20) 前掲註(10)シッケタンツ「境野黄洋の仏教史研究とその思想的背景」。

(21) 前掲註(19)鷲尾「日本仏教の発達と真宗」、一一七―一一九頁。

(22) 同前、一一九頁。

(23) 新仏教徒同志会「我徒の宣言」（『新仏教』一巻一号、一九〇〇年七月）、一―二頁。

(24) 境野黄洋「健全なる信仰の要件」（『新仏教』六巻一〇号、一九〇五年一〇月）、七四三―七五一頁参照。

(25) 前掲註(23)新仏教徒同志会「我徒の宣言」、三頁参照。

(26) 境野「余の信ずる仏教」（『新仏教』四巻一二号、一九〇三年一二月）、九六一頁。

(27) 同前。

(28) 吉永進一「はじめに」（新仏教研究会編『近代日本における知識人宗教運動の言説空間――『新仏教』の思想史・文化史的研究』科学研究費補助金基盤研究B〈研究課題番号二〇三二〇〇一六、代表・吉永進一〉研究成果報告書、二〇一二年）参照。
(29) 前掲註(26)境野「余の信ずる仏教」、九五七頁。
(30) 同前、九五九頁。
(31) 境野「日本仏教の特色」（『神学之研究』四巻四号、一九一三年六月）、二二頁。
(32) 同前。
(33) 同前、二四頁。
(34) 同前、二五頁。
(35) 同前、二六頁。
(36) 同前。
(37) 同前、二七頁。
(38) 同前、二七—二九頁参照。
(39) 同前、二九—三〇頁。
(40) 日本真宗協会「趣意書」（『真宗叢書』一輯、日本真宗協会、一九二三年）、一—二頁。
(41) 井上哲次郎は、境野の『支那仏教精史』に寄せた序文で、「梵語に通じて居る専門家は力を印度哲学に用ふること多くして、兎角日本、支那の仏教史を研究する所迄及ばないことが多い。要するに此の方面の研究は兎角怠られて居る」と述べているが、これはその時期の仏教史研究の状況を反映しているといえる（井上哲次郎「序」〈境野黄洋『支那仏教精史』境野黄洋博士遺稿刊行会、一九三五年〉）。
(42) 境野黄洋「序言」（前掲註(11)境野『支那仏教史綱』）、一頁。
(43) 「目次」（同前書）、一—七頁。
(44) 前掲註(2)シッケタンツ『堕落と復興の近代中国仏教』、とりわけ第三章「近代中国仏教における宗派概念とそのポリティクス」参照。
(45) 島地大等「『支那仏教史綱』を読む」（『新仏教』八巻七号、一九〇七年七月）、四六五頁。
(46) 同前、四七六頁。

(47) 同前。
(48) 境野「支那思想史と仏教に就いて」(『新仏教』一五巻四号、一九一四年四月)、二七四頁参照。
(49) 同前、二七四頁。
(50) 同前、二七五頁。
(51) 同前。
(52) 同前。
(53) 同前、二七六頁。
(54) 同前、二七八—二七九頁。
(55) たとえば、佐藤三郎「中国における日本仏教の布教権をめぐって——近代日中交渉史上の一齣として」(『山形大学紀要　人文科学』五巻四号、一九六四年)、入江昭「中国における日本仏教布教問題——清末日中関係の一断面」(『国際政治』二八号、一九六五年)、赤松徹真「近代日本における政治と宗教——新仏教運動の場合〈宗教と政治〉」(『仏教大学総合研究所紀要』一号、一九九八年)、小川原正道「対華二十一箇条要求と仏教——布教権をめぐって」(『近代仏教』二〇号、二〇一三年)、藤田賀久「侵略と連帯の交錯——日本仏教の布教権要求と対華二十一カ条を中心に」(『コスモポリス』七号、二〇一三年)、木場明志・程舒偉編『日中両国の視点から語る植民地満洲の宗教』(柏書房、二〇〇七年)などがある。
(56) 丸川哲史・鈴木将久編『竹内好セレクションⅡ——アジアへの／からのまなざし』(日本経済評論社、二〇〇六年)、二五八—二六〇頁。
(57) いわゆる「仏教アジア主義」に関する先行研究については、辻村志のぶ「明治期日本仏教のアジア布教とその思想——「仏教アジア主義」試論」(『國學院大學紀要』四三号、二〇〇五年)、同「石川舜台と真宗大谷派の東アジア布教——仏教アジア主義の形成」(『近代仏教』一三号、二〇〇七年)、藤井健志「戦前における仏教の東アジア布教——研究史の再検討」(『近代仏教』六号、一九九九年)参照。
(58) 奈良岡聰智『対華二十一カ条要求とは何だったのか——第一次世界大戦と日中対立の原点』(名古屋大学出版会、二〇一五年)、とりわけ付録三「二十一カ条要求関係年表」参照。

(59) 水野梅暁は、中国大陸における布教権獲得を推し進めた重要な人物である。水野の思想と活動については、辻村志のぶ「近代日本仏教と中国仏教の間で――「布教使」水野梅暁を中心に」(洗建・田中滋編『国家と宗教――宗教から見る近現代日本』上巻、法藏館、二〇〇八年)、簡冠釗「大陸布教と対外策をめぐる議論の展開――水野梅暁の思想と行動を例として」(『求真』二四号、二〇一八年)を参照されたい。

(60) OKAMOTO, Yoshiko. "Buddhism and the Twenty-One Demands: The Politics behind the International Movement of Japanese Buddhists" In *The Decade of the Great War: Japan and the Wider World in the 1910s*, edited by Tosh Minohara et al. (Leiden: Brill, 2014).

(61) 仏教徒有志大会「仏教徒奮起」(『新仏教』一六巻六号、一九一五年六月)、五四四―五四五頁。句読点は筆者による。

(62) 仏教徒有志大会「支那内地布教権問題宣言書」(『新仏教』一六巻六号)、五四八頁参照。

(63) 『新仏教』の特集で掲載された論説は、『東京朝日新聞』「仏教徒奮起」、『中外日報』「仏教徒の各省及び各宗訪問」、『中外日報』「対支布教権問題の善後運動」、仏教徒有志大会「支那内地布教権問題宣言書」、島地大等「なぜ支那へ仏教の逆輸入を要するか」、水野梅暁「支那布教権の起源及現状」、上野専一「南支開教沿革と希望」、高島米峰「支那内地布教権と各宗当局者」、和田対白「奮起せよ各宗当局」、渡辺海旭「浦塩開教と支那布教」、沢柳政太郎「支那布教権と仏教徒の実力」、安藤鉄腸「支那の布教権」、小川平吉「布教権延期は大失敗」、内藤湖南「日支交渉批評」からなっている。

(64) 沢柳政太郎「支那布教権と仏教徒の実力」、内藤湖南「日支交渉批評」(いずれも『新仏教』一六巻六号)参照。

(65) 高島米峰「支那内地布教権の獲得」(『新仏教』一六巻五号、一九一五年五月)、五二三頁。

(66) 前掲註(63)島地「なぜ支那へ仏教の逆輸入を要するか」、五五一頁。

(67) 同前、五五二頁。

(68) 同前。

(69) 同前、五五二―五五三頁。

終　章

本書では、近代日本における「信仰」という概念の構築過程を追跡し、「信仰」を「宗教」の中核的な要素と理解する観念が、いかに紆余曲折を経て形成されてきたものかを考察した。本章では、八章にわたって述べてきた内容を要約した後、全体的な結論と意義を述べる。そして最後に、今後の研究の展望について、いくつかの視点を提示し、本書を締めたい。

第一節　近代日本における「信仰」の歴史的展開

第一章では、島地黙雷に着目し、江戸期との連続と断絶を念頭に置きつつ、「文明」がキーワードとなった明治初期の時代思潮のなかで、いかなる「信仰」論が展開されたのかを解明した。そして島地はプロテスタンティズムに特徴的な「信」を真宗の真俗二諦論の枠組みで再解釈し、内面的かつ自律的な「信」を確立しようとしたことを指摘した。

「信仰」に関する用語は大部分、belief や faith の訳語として、世紀転換期から定着していく。浄土系の宗派を中心に、「信心」や「仰信」というタームはすでに前近代から使用されていたものの、「宗教」が「信」の対象となっていく近代において、その語り方は他宗にも波及していく。宗教概念が形成される過程を通じて、真宗の枠組みで親鸞から継承された「信心」がいち早く「宗教」と結びついて再解釈されていく。(1) こうした再解釈の結果、真宗の伝統的な教義が「宗教」という新たな枠組みで説かれるようになったと同時に、真宗そのものも「宗教」というカテゴリーに含まれることによって変貌していった。さらに第一章では、江戸期からの連続と断絶、具体的には真宗の教義がいかに近代において展開したか、という課題について、真俗二諦論の枠組みで語られていた「信」に焦点を絞り検討した。

第二章では、明治二〇年代頃における「信仰」の語り方を扱った。明治一〇年代後半に入ると、仏教を「改良」して近代社会にふさわしい「宗教」たらしめんとする動きが現れてくる。それに際して、「宗教」としての仏教の本質を探るべく、キリスト教が宗教概念のモデルとして認識されるようになり、そのなかで、仏教を「宗教」のカテゴリーに入れると同時に、「信仰」という言葉を仏教に当てはめようとする試みが見られたのである。こうした「信仰」を仏教の枠組みで語り直すことは、当時のキリスト教認識の転換という動向と密接に関わっているといえる。第二章で確認したように、『令知会雑誌』などの仏教系雑誌や、この時期に盛んに出版されている仏教書などにおいて「仏教改良」が唱導されるなかで、理想的な仏教のあり方をめぐって議論が展開された。しかし、一口に「仏教改良」といっても、理想的な「宗教」のあり方を「改良」された仏教や「新仏教」に求めるのか、それともキリスト教に求めるのかによって、正反対の議論が提示された。「信仰」の強調はそのなかの一つの主張にすぎないが、キリスト教を意識した「信仰」の語り方が、田島象二に見られるように、ほかでもなく真宗と結びつけられたということは注目に値するであろう。明治二〇年代頃における「仏教改良」と「信仰」の結びつきは、宗派ごとにいかに示されたのか（あるいは結びつかずに、別の方向の「改良」が主張されたのか）を考察する必要があるように思われるが、それについては稿を改めて論じたい。

第三章では、第二章に続き「仏教改良」の風潮における「信仰」を考察した。その際、明治期における「迷信」の排除という官民一体のプロジェクトにおいて、「迷信」と「信仰」との間の線引きがいかになされかについて焦点を当てた。「迷信」はしばしば「信仰」の対極にある概念とされるが、第三章では、青年仏教徒が中心となり、世紀転換期に巻き起こった新仏教運動の旗手の一人である境野黄洋の経典解釈法を取り上げ、「迷信」と「信仰」との関係の重層的な把握を目指した。境野は仏教経典のなかで「迷信」とされうる部分を問題視し、それを「事実」として捉えるのではなく、「文学的」な表象として理解する経典解釈法――「詩的仏教」――を提示した。この「詩的仏教」はまた、境野の仏教改良論とも結びついた構想であった。すなわち、一八九〇年代頃の「迷信」批判のなかで、境野は「迷信」の要素を含んだ「旧仏教」を「新仏教」たらしめる「改良」の方策として新たな経典解釈法を模索し、「詩的仏教」を打ち出したのである。第三章では、「詩的仏教」の背景となった自由主義神学を提唱したオットー・シュミーデルにも光を当て、境野自身も認めたとおり、「詩的仏教」が自由主義神学の聖書解釈法と共通性を有するものであったことを指摘した。このように、境野は歴史的研究の必要性を説きつつ、「詩的仏教」によって、「迷信」として窮地に立たされていた仏教を救い出そうとした。しかし一方で、阿弥陀仏の実在に関する読者からの質問に対して境野は、その実在を証明するのではなく、「信じる」という次元で回答を試みたのである。

第四章では、自由キリスト教の一派であるユニテリアンと新仏教徒の「対話」を取り上げ、新仏教運動の機関誌『新仏教』でいかなる「信仰」が両者の間で交錯したのかについて考察した。明治憲法の発布によって、少なくとも形式上では「信教の自由」が保障されるようになった。それにともなって、仏教とキリスト教の関係が、近世近代移行期の排耶論に見られるような「対立」から「対話」へと変容していく。第四章で述べたように、日本におけるキリスト教、とりわけユニテリアンがいかに受容されたか、またそれによって「信仰」がいかに「宗教間対話」の場で議論されていったかについては、すでにある程度の研究が蓄積されている。これらの研究では、一八八九年に『宗教革命論』を著して大きな反響を呼んだ中西牛郎、元真宗大谷派の僧侶で日本ユニテリアン協会の代表となった佐治実然、一八九三年のシカゴ万国宗教会議に登壇した平井金三など、ユニテリアンと深く関わった宗教者の役割が検討されてきた。対してこの第四章では、これまであまり注目されていなかった『新仏教』の常連寄稿者の一人である広井辰太郎の思想と活動を考察した。広井の信仰論の特徴としては、「智」と「信」の二項対立ではなく、その「調和」の強調と、彼の「人道教」という主張からうかがえるように、道徳的な要素に重きを置いた宗教理解が挙げられる。そして、広井が「神仏耶三教統一」という理想を表明し、「日本化」したユニテリアンを謳い上げていることを確認した。異なる宗教間の垣根を越えようとする「普遍性」への志向は、国民国家という意識と表裏一体のものであったといえよう。

第五章では、第四章の結論を踏まえつつ、新仏教運動で掲げられている「信仰」の性格について考察した。境野黄洋が一九〇二年に著した「羸弱思想の流行――ニイッチェ主義と精神主義」は、新仏教運動で掲げられた「健全なる信仰」の立場から精神主義運動とニーチェ主義を批判した論説である。これまでの研究では、主に新仏教運動と精神主義運動との「対立」が注目されてきた。かかる捉え方は、戦後の近代仏教史研究を牽引した吉田久一・池田英俊・柏原祐泉が描いた図式、すなわち社会的活動に積極的な新仏教運動と、内面的な信仰の確立を追求した精神主義運動という二元論的な理解を反映するものである。それに対してこの第五章では、新仏教運動の理論的指導者とされる境野の「信仰」論をめぐる内在的な分析により研究史の上書きを図った。具体的には、『新仏教』の論説を取り上げ、新仏教運動でいかなる「信仰」論が提示されたか、そしてそれが同時代の「信仰」論と競合するなかでいかなる特徴を有するものかを考察した。その結果、世紀転換期にかけて「信仰」とその内実をめぐる議論が白熱するなかで、新仏教運動の最も重要な主張の一つである「健全なる信仰」の確立を推進した境野は、「信仰」の根本的な地位を強調しつつ、「智」と「情」のバランスが取れた「健全なる信仰」を提唱することで、知識と宗教の併存を前提として「信仰」に新たな位置づけを与えようとしたことを明らかにすることができた。そしてこの立場は、第四章で考察したように、ユニテリアンなどの自由主義神学で強調される「自由討究」を方針として、当時のユニテリアンと仏教系知識人の議論の場として知られる『新仏教』誌上において多く見られるものでもあった。

第一章から第五章にかけては、「信仰」がいかに「国民教化」や「仏教改良」「迷信」「新仏教」などほかの諸概念との複雑な絡み合い（discursive entanglement）を経て形成されたかについて考察した。続く第六章から第八章にかけては、このように仏教の文脈で議論される「信仰」が、明治三〇年代から大正期において、いかにある程度の規範性を有する言葉として語られたかについて検討した。

第六章では、アカデミックな場に成立した「宗教学」という領域で「信仰」がいかに語られたかという問題を扱った。宗教概念研究の視角より「宗教学」の成立を反省的に把握するために、東京帝国大学の宗教学講座の初代教授となった姉崎正治の『宗教学概論』を取り上げた。そして、姉崎が「信仰」と「儀礼」を結びつけ、その相互作用を強調していたことを確認できた。さらに、姉崎の『宗教学概論』の同時代性を明らかにするために、一八九〇年代における比較宗教学の展開や、明治三〇年代頃の修養言説にも目を向けた。当時の「宗教学」において、「宗教」の中核的な要素とされる「信仰」と、「宗教」の身体的実践の一つである「儀礼」がいかに語られたかについては、あまり考察されていない。その最大の理由は、近代に確立された精神的・内面的な信仰と身体的・外面的な宗教的実践という二元論的な認識枠組みの影響に求められるであろう。第六章で考察したとおり、姉崎正治の『宗教学概論』は、同時期の修養言説の一例として見なすことができる。それゆえに、『宗教学概論』は「客観的」かつ「実証的」な「宗教学」の方法の試みとして評価されてきたが、同時代の修養言説と問題意識を共有している側面――たとえば、「超「宗教」性」や「倫理＝宗教的な理想」「自発的実践の重視」など――があったといえる。そして第六章では、近代に確立された、精神的・内面的な信仰と身体的・外面的な宗教的実践という二元論的な認識枠組みの問い直しとして、こうしたアカデミックな場に成立した「宗教学」において「信仰」と「儀礼」が交錯するさまを描き出すことができた。

第七章では、第六章で触れた「修養ブーム」における「信仰」の語り方という問題をさらに敷衍させ、仏陀と阿弥陀仏の「人格」の問題について取り上げた。近代日本における「人格」は、井上哲次郎や中島力造などの解釈を通じ、道徳的な意味が強く付与されるようになった。そして明治後期から大正期にかけて「人格」と宗教言説との親和性が高まり、その過程で「偉人」としての釈迦が構築されたことは、すでに先行研究により指摘されたとおりである。他方、こうした「人格」としての釈迦をいかに自らの「信仰」の拠り所――すでに見てきたように、明治初期から belief や faith の訳語として成立した「信仰」についての議論も、世紀転換期から様々な方向に展開していく――とするかは、大乗非仏説に晒されていた日本の仏教者にとって重要な問題であった。とりわけ阿弥陀仏を崇拝していた浄土宗・真宗系の知識人は、釈迦と阿弥陀仏を同じく「仏陀」の体系で説明しようと試みた。より具体的には、明治後期・大正期における「人格」と「信仰」の関連性を解明すべく、井上円了や村上専精・矢吹慶輝・羽渓了諦などの浄土宗あるいは真宗系のバックグラウンドを有する知識人を取り上げ、彼らがいかに「人格」としての釈迦と自身の「信仰」を結びつけたかを考察し、そして彼らの議論における阿弥陀仏の位相を検討した。この作業により、釈迦と阿弥陀仏の「人格」をめぐる議論では、「仏陀」のイメージにおける歴史性と超越性の矛盾をいかに克服できるか、というのが重要な課題として存在していたことを示すことができた。

第八章では、明治後期から大正期にかけて、「信仰」がいかに「日本仏教」の言説と結びつけられ、「日本仏教」の優越性を証明するものとして機能したかを考察した。「宗教」としての仏教の普遍性を主張した日本の仏教者たちは、近代国民国家の枠組みで「支那仏教」や「日本仏教」といったカテゴリーを設け、それぞれの仏教の固有性を証明しようとし、差異化を図った。すでに先行研究で指摘されたように、「日本仏教」の語り方が成立する過程で、「日本仏教の特色」というような固有性にまつわる叙述が見られ、その際に「宗教的信仰」が「日本仏教」の特徴として強調される一方で、「理論的」「学問的」といったラベルが「支那仏教」に貼られていた。こうした諸相に光を当てるべく、一九〇〇年代後半から盛んに議論された「日本仏教」の特色／特徴というテーマに着目し、そこで「信仰」がいかに「日本仏教」との関連性において再定位されたかについて考察した。具体的には、村上専精・境野黄洋と鷲尾順敬を対象として、明治後期から大正期にかけての彼らの「日本仏教」論を分析した。そして第一次世界大戦中の対華二十一カ条要求における布教権問題を扱い、中国での布教権獲得の必要性を主張した日本側の仏教者たちは、「日本仏教」という語り方を用いて「支那仏教」に対する「日本仏教」の優越性を証明しようとしたことを確認した。その際、「旧仏教」対「新仏教」という図式が「非日本仏教」対「日本仏教」に転換され、「信仰」の喪失が仏教の「堕落」の表れと見なされたのである。

第二節　「信仰」と宗教概念

近年、徐々に蓄積されてきた宗教概念研究により、日本における「宗教」なるものは、単なる欧米諸国のプロテスタント的な発想の受容ではなく、土着伝統の再構築や当時の社会的・思想的なコンテキストとの関わりのなかで形成されたことが指摘されてきた。しかし、これら「宗教」をめぐる研究では、「信仰」への言及が見られるものの、「信仰」という語の内実や、それにまつわる認識枠組みの転換などの諸問題についてはは触れられていない。ここから本書では、「信仰」そのものを一つのテーマとして研究する必要があると考え、考察をおこなってきた。以下では、本書の考察から得られた全体的な結論と、その研究史上の意義を述べたい。

まず第一に、本書では、「信仰」が「宗教」の中核的な要素であり、宗教の「本質」と関わるものであるという観念自体が歴史的に構築されてきたものであるということを解明した。その意味で、本書で考察した「信仰」の問題は、近代日本における宗教概念研究という領域にも位置づけることができよう。すなわち、これまでの研究では、仏教が近代社会に適合する「宗教」として再編成される過程を内面的な領域が中心となる物語として叙述されてきたが、本書では、今までほとんど問われなかった「信仰」概念の内実とその展開過程を考察し、そうした物語の相対化を図った。

明治初期における島地黙雷の議論に見られるように、プロテスタンティズムに特徴的な「信」は、幕末維新期から展開した真俗二諦論の枠組みで語られた。その背景には、明治新政府が主導する新たな国民教化のプロジェクトにおいて、真宗がいかなる役割を果たすべきかという島地自身の問題関心がある。それゆえに、島地は内面的かつ自律的な「信」を提示した。明治二〇年代には、「仏教改良」を主張する際に、キリスト教の「信仰」をそのまま仏教に当てはめた動向が見られたが、やがて世紀転換期に至って、「信仰」が「宗教」としての仏教の中核的な要素であるという認識に基づいて、何が「正しい信仰」なのかを議論する局面が次第に生まれてくる。本書で検討したように、世紀転換期に巻き起こった新仏教運動では、「智」と「信」のバランスの取れた「信仰」が「健全なる信仰」として提唱されていた。しかし、かかる「信仰」の語り方は、しばしば阿弥陀仏の実在やその「人格」の有無などに関するアポリアに逢着せざるを得なかったのである。

明治三〇年代以降には、「信仰」がある程度の規範性を有するものとして語られていくが、そこで留意すべきは、「信仰」が常に科学的な知によって支えられた近代国民国家との緊張関係のなかで再解釈され、その過程で「信仰」の意味とそれが語られる枠組みも変化していったということである。たとえば、明治三〇年代からの「修養ブーム」のなかで、姉崎正治は「信仰」と「儀礼」を結びつけ、その相互作用から導かれる「修養」の方法を提示している。ここで「信仰」は内面性の重視を表しつつも、常に外面的・身体的な「実践」を生み出し得るものとされているといえよう。そして近代国民国家の成立を前提とする「支那仏教」や「日本仏教」の歴史叙述において、「信仰」は「日本仏教」の特色／特徴として語られ、それに対して「日本仏教」ではない仏教」における「信仰」の喪失はその「堕落」を証明するものであると見なされた。

以上から、「信仰」は――それが言語化できる認識として表れるものであれ、特定の行為を導くものとして捉えられるものであれ――その語り方が置かれた社会的・思想的な文脈と切り離しては理解できない概念であるといえよう。

第二に、「信仰」が近代日本の仏教者たちの自他認識を反映しているのみならず、その転換に際しても大きな役割を果たした可能性を指摘することができた。本書で見てきたように、「信仰」の語り方はキリスト教に対する認識の転換とともに、「仏教改良」の文脈で積極的に提示された。島地黙雷はキリスト教を警戒しつつも、プロテスタンティズムに特徴的な「信」の重要性を強調し、明治二〇年代頃の「仏教改良」の主張でも、「信仰」を中心とするキリスト教こそが近代社会に適合している「宗教」であるとされ、「信仰」の役割が評価された。また、新仏教運動の展開で見られるように、キリスト教の自由主義神学やユニテリアンの「自由討究」の理念と実践は、「仏教改良」の思潮に大きな影響を与えた。しかし、こうしたキリスト教への関心は、とりわけ日露戦争以降となると、「「日本仏教」ではない仏教」と「日本仏教」の特殊性に対する関心へと次第に移っていったと考えられる。その際、「日本仏教の特色」が「信仰的」であるとされ、それに対して「信仰」の欠如あるいは喪失は「他者」としての中国仏教の「堕落」の表れであるとされた。このように、「信仰」の語り方には、プロテスタンティズム的な「信仰」を仏教の文脈でいかに語り直すかということから、「日本仏教」という言説枠で「信仰」をいかに再定位するかという問題への自他認識の転換が反映されていたと読み取れるであろう。

第三に、何が正しい「信仰」なのか、という問題が常に「信仰」に関する議論の中心に据えられていたことを確認できた。「信仰」が宗教の「本質」と関わるものであるという認識が成立した後も、「信仰」を核とした宗教理解が単なる戦略的な語り方のみならず、宗教（学）者によって内在化されていく。本書では、「信仰」が「智」「学問」などの言葉をそのなかに含む「科学」というカテゴリーや、「迷信」「儀礼」など「信仰」と対置されたものとの交錯のなかで形成されたことを確認してきた。そのうえで、こうした二元論的な認識枠組みを乗り越えようとする試みがなされてきたことも明らかにできた。このように、近代日本における「信仰」は、この「分離」と「再統合」の併存のなかで構築されたといえよう。

このように、「信仰」は決して内面的な領域に限定されるものとして片付けられる概念ではなく、むしろその境界線が曖昧なところに位置していた。本書は、「信仰」とは何か、という宗教学上の大きなテーマに対して、何らかの回答を試みるものではない。あくまでも、近代日本において「信仰」がいかに歴史的に語られていたか、という視座から、その手がかりを提示したものである。

第三節　今後の展望

最後に、本書で十分に論じられなかった点と今後の展望を述べたい。

まず、本書では主に真宗のバックグラウンドを有する、もしくは真宗から大きな影響を受けていた仏教者を中心として取り上げてきた。序章で述べたように、本書は「真宗中心史観」という近代仏教史研究に埋め込まれた認識の枠組みを意識したうえで、近代仏教史において真宗が果たした役割の再検討を目指した。他方で、近代日本仏教史における「信仰」の全体像に迫るには、やはり他宗派の「伝統」と結びついたかたちの「信仰」と、真宗的な「信仰」とがいかなる点で共通し、いかなる点で相違しているかということを、今後解明していく必要があると考えている。

もう一つの今後の課題として、日本国内のみならず、東アジア世界全体における「信仰」の交渉という方向に本書の考察を展開させたいと考えている。近年、東アジア世界における宗教概念に着目した研究では、東アジア文化圏における「宗教」の形成は、一九世紀後半頃に見られる共時的な現象であり、「宗教」をめぐる思想的・文化的交渉とその影響は、現代へとつながっている。(2)その意味で、東アジア世界全体における「宗教」の再考は、西洋由来のプロテスタントモデルに対するオルターナティブを模索するためにも必要であろう。(3)そして、東アジア文化圏に共通した問題として「信」の変容に焦点を当てるアプローチも現在注目されつつあるが、(4)本書では、「交渉 negotiation」される「信仰」という視角から近代日本における「信仰」をめぐる諸課題を考察し、「信仰」はいかに構築されたかという問題に回答を試みた。こうした本書の議論をさらに展開させ、人・物・情報の交流に重きが置かれる従来の東アジア仏教交渉史研究に対し、言説史の立場から新たな視点を提供したいと考えている。

以上は本書で残された課題であるが、それは「信仰」の問題が近代日本仏教という場に限定されたものではないということを示しているともいえる。また、歴史が常に未完の物語であるように、「信仰」に関する議論は現代に至っても絶えず変容しており、それにともない「信仰」の言説史も、常に新たな視点から書き直すことが求められている。「信仰」が「宗教」の中核的な要素として一般的に理解されている現状に対し、本書はその語り方の相対化を試み、「信仰」をめぐる物語の一環を描いたのである。

註

（1）KRÄMER, Hans M. *Shimaji Mokurai and the Reconception of Religion and the Secular in Modern Japan* (Honolulu: University of Hawai'i Press, 2015).

（2）たとえばNEDOSTUP, Rebecca. *Superstitious Regimes : Religion and the Politics of Chinese Modernity*（Cambridge: Harvard University Press, 2009）や SUN, Anna. "The Study of Chinese Religions in the Social Sciences: Beyond the Monotheistic Assumption", In *Religion and Orientalism in Asian Studies*, edited by Kiri Paramore（London, New York: Bloomsbury Academic, 2016）参照。

（3）前掲註（2）SUN. "The Study of Chinese Religions in the Social Sciences"。また、「プロテスタント仏教」という概念に関しては、GOMBRICH, Richard & OBEYESEKERE, Gananath. *Buddhism Transformed: Religious Change in Sri Lanka*（Princeton, N.J.: Princeton University Press, 1988）、「プロテスタント仏教」としての日本近代仏教については、末木文美士『近代日本の思想・再考Ⅱ　近代日本と仏教』（トランスビュー、二〇〇四年）、大谷栄一『近代仏教という視座――戦争・アジア・社会主義』（ぺりかん社、二〇一二年）を参照されたい。

（4）たとえば、MEYER, Christian & CLART, Philip eds. *From Trustworthiness to Secular Beliefs: Changing Concepts of xin 信 from Traditional to Modern Chinese*（Leiden: Brill, 2023）が挙げられる。

あとがき

本書は二〇二三年三月に東北大学へ提出した学位請求論文「〈信仰〉の近代――明治・大正期における日本仏教史の一側面」に、加筆・修正を施したものである。各章の初出は以下のとおりである。

序　章　書き下ろし
第一章　「〈文明〉の時代における〈信〉の位相――島地黙雷の宗教論を中心として」（『学際日本研究』二号、二〇二二年）
第二章　「〈仏教改良〉の語り方――明治中期における仏教知識人の言説空間を中心として」（『宗教哲学研究』三九号、二〇二二年）
第三章　「迷信と信仰のはざま――境野黄洋における〈詩的仏教〉の構想」（『宗教研究』九六巻一輯、二〇二二年）
第四章　書き下ろし
第五章　「新仏教の夜明け――境野黄洋の信仰言説と雑誌『新仏教』」（『近代仏教』二七号、二〇二一年）
第六章　「近代日本における〈信仰〉と〈儀礼〉の語り方――姉崎正治の修養論と宗教学の成立をめ

ぐって」(『日本研究』六七集、二〇二三年)
第七章　「明治後期・大正期の〈人格〉と〈信仰〉――仏陀と阿弥陀仏をめぐる議論について」(『宗教と倫理』二二号、二〇二二年)
第八章　書き下ろし
終　章　書き下ろし

学部研究生として仙台で生活を始め、「近代日本仏教史」という世界と出会ったのは、五年ほど前のことである。中国で生まれ、学部も日本語学や日本文学について勉強していた筆者は、「宗教」という他者のような存在をもっと知りたいという素朴な動機で日本宗教研究の長い伝統を有する東北大学に入学した。同大学国際文化研究科国際日本講座で研究に取り組み、境野黄洋の個人研究から本書のような明治・大正期の「信仰」概念史研究へと、自身の課題とするテーマを展開させた。いま振り返ってみると、この五年間には、実に多くの先生や学友たちからご助力を賜った。

まず、東北大学の「近代日本ゼミ」の諸先生に、心より感謝を申し上げたい。とくに筆者を研究の世界に導いてくださった主指導教員のオリオン・クラウタウ先生からは、「宗教」にまつわる一連の問題のみならず、「言葉」そのものが持つ可能性について、ご教授いただいた。副指導教員のクリントン・ゴダール先生は、いつも大きな問題を考えることを強調され、自身の研究意義について悩んだときには何度も励ましていただいた。また、「近代日本ゼミ」というコミュニティーでは、鈴木道男先生、繁田真爾先生からも丁寧なご指導をいただいた。

そして、日本近代仏教史研究会の諸先生からも、多くのことを教えていただいた。同研究会は、筆者が初めての学会発表を経験した場であり、現在でも筆者にとって最も落ち着いて発表ができるところである。当初、境野黄洋の「信仰」論に焦点を当てていた筆者に対し、その研究を継続しつつ、近代日本仏教における「信仰」というより大きな問題へと導いてくださった星野靖二先生をはじめ、吉永進一先生、大谷栄一先生、碧海寿広先生、大澤絢子先生、近藤俊太郎先生からも、各章の内容から本書全体の構想に至るまで貴重なご意見をいただいた。二〇二〇年のパンデミックが始まってから二〇二二年までの三年間はあまり対面で開催される機会がなかったが、その温かい雰囲気の中で活発な議論を交わしたことが懐かしい。

そのほか、佐藤弘夫先生、末木文美士先生、引野亨輔先生、ジェームス・ケテラー先生、曽根原理先生、安達宏昭先生、大野晃嗣先生には、「近代日本仏教史」とはやや異なる視点から本書の展開に不可欠なアドバイスをいただいた。心よりお礼を申し上げたい。

また、ドイツのハイデルベルク大学に交換留学生として一年間滞在し、「文化越境」の視角を学びつつ自身の研究を進めていた際には、ハンス・マーティン・クレーマ先生、マイケル・ラディッチ先生、ハラルド・フース先生に大変お世話になった。心より感謝を申し上げたい。

同じゼミの先輩である亀山光明氏には、最初の原稿作成の段階からサポートをしていただいた。氏との交流のなかで「戒律」の視点から見る「信仰」の再検討の必要性を改めて知らされた。また、武井謙悟氏と楽星氏は、博士論文の段階で校閲作業を快く引き受けてくださった。ここで深く感謝したい。

お世話になったすべての人のお名前を挙げることはできないが、「金曜社中」の皆さん、東北大学文学研究科日本思想史講座の皆さん、その他の学内外の友人たちにも感謝の意を表したい。いま思い返すと、皆さんと過ごした時間は、研究の緊張感と充実感に溢れた日々のみならず、仲間たちと励まし合い、お互いの悩みに共感していたとても贅沢なものであった。

二〇二三年六月から上海師範大学に奉職し、本書の成果をいかに中国のアカデミアに伝えるか、そして本書の課題をいかに近代東アジア世界というより広い視野で捉え直すかについて、劉峰先生、康昊先生、王侃良先生、そして「長三角東アジア研究ワークショップ」の皆さんから多くのアドバイスをいただいた。ここでお礼を申し上げたい。

なお、本書のベースとなった博士論文の執筆にあたっては、日本学術振興会特別研究員奨励費の助成を得た。

本書に出版の機会を与え、鋭い洞察力で的確なアドバイスと細やかなフィードバックをしてくださったのは、法藏館の丸山貴久氏である。本書の完成までの道のりを共に歩んでくださったことに心より感謝する。

最後となるが、筆者が研究者の道を選んでから、いつも支持してくれた両親、近くて遠い中国にいながら、研究の楽しさと辛さに共感してくれた夫に感謝の言葉を述べたい。なかなか先が見えない時代に、精神的な支えとなってくれて、ありがたい限りである。

二〇二四年九月二〇日秋の上海にて

呉　佩遥

索　引

I　人名

あ行――

アーサー・M・ナップ……112
暁烏敏……138, 146
渥美契縁……32
姉崎正治……24, 114, 127, 157-160, 164-179, 185, 193-195, 202, 244, 248
阿部次郎……181, 201
安藤正純(鉄腸)……227, 228
池田英俊……13-15, 57, 131, 132, 148, 151, 243
石川舜台……36-39, 48, 53, 159
伊藤証信……14, 143
伊東知也……227, 228
井上円了……56, 57, 59, 60, 64, 73, 75, 80, 82-87, 89, 97, 102, 103, 110, 127, 144, 152, 160, 183, 186, 187, 189, 199, 203, 205, 245
井上哲次郎……103, 120, 127, 144, 158, 164, 181, 185-187, 189, 191, 198-200, 203, 236, 245
イマヌエル・カント……162, 178
内村鑑三……18, 21
大内青巒……31, 36, 111, 113
大洲鉄然……31, 36
岡倉天心……185
小川運平……227, 228
オットー・シュミーデル……94, 104, 241

か行――

柏原祐泉……13, 15, 32, 41, 148, 151, 243
加藤玄智……117, 119-121, 123, 128, 146, 158, 159, 162-164, 172, 174, 175, 178, 185, 186, 202
加藤咄堂……171-173, 179
河上肇……14
岸本能武太……108, 159-162, 165, 172, 177
凝然……85, 211
清沢満之……14, 18, 98, 103, 130, 138, 139, 141-143, 146, 147
クレー・マコーレー……110-113, 117, 122
小池張造……226
コルネーリス・P・ティーレ……154, 161

さ行――

境野黄洋……23, 24, 81-99, 103, 105, 106, 119, 125, 131-133, 136, 137, 139-151, 155, 202, 209-212, 215-225, 232-236, 241-243, 246
佐々木安五郎……227, 228
佐治実然……108, 110, 112-114, 127, 242
沢柳政太郎……147, 229

島地大等……… 222, 227, 230, 231, 238
島地黙雷……· 22, 30–33, 36, 37, 39–51, 53–56, 59, 62–64, 74, 102, 239, 247, 248
釈迦……24, 25, 41, 91, 97, 98, 121, 139, 182–186, 188, 189, 191–193, 195, 197–200, 202, 204, 218, 231, 245
釈雲照…………………69, 72, 73, 78, 147
白鳥庫吉……………………………………208
親鸞………… 19, 33, 48, 146, 151, 191, 192, 205, 219, 220, 231, 240
杉村縦横……………………… 86, 113, 127
鈴木大拙……………………………………136
善導……………………………19, 219, 231
福沢諭吉…………………29, 46, 112, 163

た行——

高島米峰…………83, 119, 143, 220, 227, 229, 230
高山樗牛………… 98, 142–144, 164, 185
田島象二…………………65–74, 77, 241
田中治六…………………… 142, 145, 204
田中智学………………………………… 66
田中弘之……………………………227, 228
近角常観…………83, 138, 139, 182, 183, 186, 190–192, 199, 204
津田真道………………………………… 35
綱島梁川……………………………143, 182
土宜法龍………………68, 69, 72–74, 102
冨田斅純……………………………227, 228

な行——

内藤湖南……………………………………229
中西牛郎……… 58, 63–65, 71, 108, 109, 112, 134, 242
中村正直（敬宇）……………………… 181
南条文雄……………………………………184
西周……………………34–37, 39, 51, 52
日蓮………………………………185, 218

は行——

羽渓了諦…·25, 183, 192, 195–200, 205, 206, 245
原坦山…………………………… 36, 37, 48
平井金三…………………… 108, 164, 242
広井辰太郎……………23, 107, 110–119, 121–126, 128, 146, 242
フリードリヒ・マックス・ミュラー…166
フリードリヒ・W・ニーチェ………154
古河老川…· 83, 109, 133–137, 148, 149
ヘンリー・オルコット…………………76
法然…………………………19, 219, 231

ま行—

水野梅暁…………………… 227, 228, 238
三並良………………… 94, 104, 111, 160
村上専精…… 81–83, 87, 139, 144, 145, 147, 152, 182, 183, 186–189, 191, 199, 203, 207, 209–214, 220, 232, 245, 246
元良勇次郎…………144, 160, 161, 172, 173, 180

や行——

吉田久一…… 13–15, 27, 130, 131, 148, 151, 243

吉谷覚寿……………………59, 61, 62, 75
吉水智海…………………………210, 212
安丸良夫……………………………32, 50
矢吹慶輝…25, 183, 192-195, 197-200, 205, 245

ら行・わ行――

蓮如………………………………………33
鷲尾順敬……81-83, 87, 209, 212-214, 220, 230, 232, 246
渡辺海旭…………………………………227

Ⅱ　事項

あ行・か行――

アジア主義………………226, 227, 237
「戒律」……15, 124, 157, 212, 214, 231, 233
「旧仏教」…………15, 23, 25, 64, 65, 86, 88, 89, 95, 98, 124, 129, 132, 140, 143, 144, 157, 215-217, 220, 221, 232, 241, 246
経典解釈……23, 80-83, 92, 93, 95, 97, 98, 241
教導職………………………31, 40, 45, 53
「儀礼」……16, 24, 156-159, 161, 164, 166-171, 173-176, 179, 244, 248, 249
近代漢語…………………………11, 209
近代国民国家……19, 25, 44, 211, 212, 218, 231-234, 246, 248
近代宗教学(「宗教学」)………24, 38, 39, 53, 84, 106, 150, 154, 156-159, 162, 164-166, 169, 171-175, 177, 178, 180, 185, 244
近代的二元論(「二元論」)……14, 17, 24, 35, 44, 148, 171, 243, 244, 249
経緯会……74, 80, 81, 83-87, 100, 101, 109, 133, 134, 137, 149
現象即実在論……………………149, 158
「健全なる信仰」…24, 81, 99, 101, 107, 119, 121, 125, 131-133, 136, 137, 140, 142, 147-150, 162, 163, 175, 214, 215, 243, 248
浩々洞………………………98, 138, 143
国民外交同盟会……………………227
国民教化…………22, 33, 40, 41, 43-45, 47, 48, 54, 55, 80, 150, 243, 247
国民道徳(論)…………46, 124, 197, 200
個人主義…………………197, 198, 230
護法論………………………39, 40, 42, 44

さ行――

三条教則……………………31, 40, 50, 53
「支那仏教」……25, 207-226, 230-232, 235, 236, 246, 248
宗教概念…………11, 12, 16-18, 20, 22, 25, 29, 32, 48, 156, 240, 244, 246, 247, 250
宗教進化論……113, 133, 158, 161, 162, 164
自由キリスト教…95-97, 100, 101, 106, 159, 242
自由主義神学……80, 82, 92, 93, 95, 97, 98, 101, 106, 111, 160, 241, 243, 249

自由討究…………80, 81, 83, 85-87, 94, 99-101, 106, 109, 112, 119, 124, 129, 133-135, 150, 159, 215, 243, 249
「宗派」………………… 81, 208, 222, 231
「修養」……………24, 25, 150, 158, 159, 162-164, 169-175, 179, 181, 182, 185, 187, 200-202, 244, 245, 248
条約改正………………………29, 46, 61
「人格」…………… 24, 25, 91, 121, 150, 157, 167, 171, 181-183, 185-195, 197-202, 204, 218, 220, 245, 248
「信教(の)自由」………… 29, 39, 46, 242
真俗二諦(論)…… 22, 33, 39, 41-43, 47, 48, 239, 240, 247
神道非宗教論…………………………… 32
「新仏教」…………15, 23, 25, 63-65, 71, 73, 74, 76, 84, 85, 87, 95, 96, 98, 103, 110, 117, 134, 136, 137, 145, 150, 157, 207, 213-217, 220, 221, 232, 240, 241, 243, 246
新仏教運動………………… 14, 15, 17, 23, 24, 63, 74, 80, 81, 83, 95, 99-101, 106, 107, 112, 113, 118, 120, 121, 123-125, 130-137, 148-151, 159, 162, 175, 191, 202, 214, 215, 218, 220, 232, 241-243, 248, 249
新仏教徒同志会………81, 86, 109, 113, 119, 133, 136, 137, 162, 166, 220
心理学……………84, 95, 160, 162, 166, 172, 173, 178, 180
政教関係……………… 22, 31, 32, 42, 46
精神主義……… 14, 15, 17, 98, 130-133, 139, 142-149, 151, 191, 243
生命主義…………………………198, 206

た行――

対華二十一カ条要求…… 209, 225-227, 231, 233, 246
大教院…………… 31, 32, 41, 44, 50, 53
体験…… 12, 16, 132, 133, 138, 146, 149, 155, 172, 182, 190
大乗非仏説……………25, 139, 183, 186, 188, 199, 203, 245
第二次「教育と宗教の衝突」論争…186, 187, 189, 190, 198
堕落(論)…… 25, 67, 207, 208, 222, 230, 246, 248, 249
丁酉倫理会……………………… 158, 176
哲学館…………57, 82, 84, 87, 112, 160
「伝統」と「近代」………… 18, 30, 33, 49
東京(帝国)大学…… 60-62, 83, 157, 164, 165, 178, 180, 181, 185, 193, 207, 244
東洋学…… 184, 208, 212, 222, 223, 225

な行――

ニーチェ主義…142-145, 147-149, 154, 243
日蓮主義………………………………… 66
日露戦争…… 12, 18, 118, 162, 197, 233, 249
「日本仏教」……… 12, 25, 195, 200, 207, 209, 211-216, 218-221, 225, 226, 229-233, 235, 245, 246, 248, 249
「人間釈迦」………………… 183, 184, 202

は行――

廃仏毀釈…………………………………… 31
『八宗綱要』………………………… 85, 211
万国宗教会議……………… 160, 165, 242
汎神(論)………114, 142, 149, 191, 195, 204, 218-220
比較宗教学………………… 112, 157-160, 164-166, 174, 244
「ビリーフ」中心………… 13, 17, 22, 131
仏教改良(論)…………23, 25, 49, 57-60, 62-65, 72-74, 83, 113, 134, 150, 203, 240, 241, 243, 247-249
仏教徒有志大会…… 225, 227, 228, 230, 231
仏教滅亡(論)………… 65, 66, 71-73, 77
文明(開化)…………22, 25, 29, 30, 33-37, 39-41, 43, 46, 48, 51, 53, 55, 56, 64, 65, 79, 105, 118, 138, 211, 225, 234, 239

ま行――

「迷信」…………17, 23, 74, 79-92, 94, 95, 97-101, 105, 108, 130, 140, 150, 178, 204, 205, 215-217, 220, 230, 241-243, 249
「黙従教」………………………… 23, 67-74

や行・ら行――

ユニテリアン……………… 23, 94, 96, 99, 100, 106-113, 117, 118, 120-125, 127-129, 133-137, 154, 159, 160, 165, 242, 243, 249
妖怪学……………………… 80, 84, 86, 87
「倫理的宗教」………… 158, 186, 187, 189, 199

著者略歴

呉　佩遥（ウー・ペイヨウ）
1994年中国生まれ。東北大学大学院国際文化研究科博士課程修了。博士（国際文化）。専門は宗教学（近代日本宗教史）。現在、中国上海師範大学人文学院准教授。主な論考に「新仏教の夜明け——境野黄洋の信仰言説と雑誌『新仏教』」（『近代仏教』第27号、2020年）、「迷信と信仰のはざま——境野黄洋における「詩的仏教」の構想」（『宗教研究』第96巻第1輯、2022年）、「近代日本における「信仰」と「儀礼」の語り方——姉崎正治の修養論と宗教学の成立をめぐって」（『日本研究』67集、2023年）など。

近代日本の仏教思想と〈信仰〉

二〇二五年四月一五日　初版第一刷発行

著　者　呉　佩遥
発行者　西村明高
発行所　株式会社　法藏館
京都市下京区正面通烏丸東入
郵便番号　六〇〇-八一五三
電話　〇七五-三四三-〇〇三〇（編集）
〇七五-三四三-五六五六（営業）

装幀　濱崎実幸
印刷・製本　中村印刷株式会社

ISBN 978-4-8318-5588-6 C1014